NOUVELLE BIBLIOTHÈQUE LITTÉRAIRE

## JULES LEMAITRE
### DE L'ACADÉMIE FRANÇAISE

# IMPRESSIONS

## DE THÉATRE

### PREMIÈRE SÉRIE

## PARIS

### SOCIÉTÉ FRANÇAISE D'IMPRIMERIE ET DE LIBRAIRIE

ANCIENNE LIBRAIRIE LECÈNE, OUDIN ET Cᶦᵉ

15, rue de Cluny, 15

# IMPRESSIONS

## DE THÉATRE

# EN VENTE A LA MÊME LIBRAIRIE

## DU MÊME AUTEUR

**Les Contemporains.** ETUDES ET PORTRAITS LITTÉRAIRES.
*Sept séries.* Chaque série forme un vol. in-18 jésus, br.   3 50
*Ouvrage couronné par l'Académie française.*
Chaque volume se vend séparément.

**Impressions de Théâtre.** *Dix séries.* Chaque série forme
un vol. in-18 jésus, broché. . . . . . . . . . . 3 50
Chaque volume se vend séparément.

**Dix Contes.** Un superbe volume grand in-8° jésus, illustré
par Luc-Olivier MERSON, Georges CLAIRIN, LUCAS, CORNILLIER,
LOÉVY, couverture artistique dessinée par GRASSET, édition de
grand luxe sur vélin, broché. . . . . . . . . 20 »

**Myrrha**, vierge et martyre, un volume in-16 jésus, sous
couverture illustrée, huitième mille, broché . . . . 3 50

**En marge des vieux livres**, CONTES ET LÉGENDES, *Première
série.* Un vol. in-16 jésus, sous couverture illustrée, broché,
*quatorzième mille.* . . . . . . . . . . . . . 3 50

**En marge des vieux livres**, CONTES ET LÉGENDES, *Deuxième
série.* Un vol. in-16 jésus, sous couverture illustrée, broché,
*huitième mille.* . . . . . . . . . . . . . 3 50

**Opinions à répandre**, 4e édition, revue et augmentée.
Un volume in-18 jésus, broché. . . . . . . . 3 50

**Théories et Impressions**, un volume in-18 jésus,
broché . . . . . . . . . . . . . . . . . 3 50

**Quatre discours**, Racine et Port-Royal, Les Prix de vertu,
La Réponse à M. Berthelot, Les Femmes du monde.
Un volume in-18 jésus, broché . . . . . . . . 2 »

**Discours de réception à l'Académie française** et réponse
de M. GRÉARD. Une brochure in-18 jésus. . . . . 1 50

**Discours de réception** de M. M. BERTHELOT à l'Académie
française, avec réponse de M. Jules LEMAITRE.
Une brochure in-18 jésus. . . . . . . . . . 1 50

**Corneille et la poétique d'Aristote**, une brochure in-18
jésus. . . . . . . . . . . . . . . . . . 1 50

# IMPRESSIONS
# DE THÉATRE

---

## CORNEILLE

---

### I

COMÉDIE FRANÇAISE : *le Cid*.

15 juin 1886.

La Comédie Française a fêté l'anniversaire de Corneille en nous donnant *le Cid*, c'est-à-dire le plus jeune et, tout le monde le sent, quoique tout le monde ne l'avoue pas, le plus beau de ses drames; j'ajoute bravement : le seul que j'aime sans réserve et de tout mon cœur.

La représentation a été, dans son ensemble, brillante et chaleureuse. Les comédiens semblaient soulevés d'un vent d'enthousiasme; les grands vers et les beaux vers héroïques et amoureux sonnaient avec allégresse. Le beau chevalier protégé de Dieu et adoré des femmes, qui porte en lui la patrie et traîne après lui tous les cœurs; la belle fille aux longs voiles noirs,

si forte et si faible, si courageuse et si tendre ; le grand
vieillard majestueux et familier, le seigneur rude et
chenu à l'âme droite et pure comme un lys, en qui vit
l'antique honneur et toute la gloire des siècles passés ;
le roi débonnaire, naïf et malicieux comme un bon
roi de légende ; la douce petite infante romanesque
aux soliloques alambiqués et précieux, toute nourrie
de gongorisme et d'histoires de chevalerie... ah ! quel
monde charmant ! quelle délicieuse vision ! Quelles
belles et bonnes âmes, ingénues, passionnées, sublimes ! Ce n'est qu'amour, fierté, dignité, courage, dévouement, sacrifice. Pas un mauvais sentiment, sauf
la jalousie du comte, lequel disparaît dès le premier
acte. On est transporté dans un monde candide, énergique et croyant, où la vie morale est cent fois plus
intense que chez nous, et où la vie extérieure est
aussi plus active, plus colorée, plus divertissante aux
yeux. Ces grands coups d'épée, ces braves Maures si
lestement battus par une poignée d'hommes ; ces duels,
ces jugements de Dieu, ces belles assises de la justice
royale, cet appareil éclatant de vie guerrière et
galante, cette image d'une société reposant sur la foi
jurée et sur la fidélité personnelle, d'une société de
grands enfants très bons et très forts, — tout cela
délecte et repose un moment nos âmes de citoyens
émancipés par la Révolution et régis par des Consti-
tutions fondées essentiellement sur la défiance. Le
décor, Séville la nuit, ou la salle du trône dans un
palais mauresque, complète merveilleusement le

drame. Cela est singulier, magnifique et lointain. Il
reste d'ailleurs dans le *Cid*, ou, si vous voulez, nous
y découvrons, dans certaines rimes, dans des coins de
vers, au détour d'un hémistiche, plus de moyen âge,
de chevalerie et de poésie pittoresque que Corneille
n'avait eu dessein d'en mettre. On peut bien dire que,
même après le théâtre de Victor Hugo, — surtout
après, — la « tragi-comédie » du *Cid* est le plus beau
de nos drames romantiques.

M. Maubant est à peu près parfait dans le rôle de
don Diègue. Il est impossible de mieux ressembler à
un très vieux et très vénérable portrait de famille. Il
donne cette sensation, que je ne sais combien de
siècles « vibrent » par sa bouche. Même la manie
qu'il a d'éviter toutes les sonorités pleines, d'éteindre
les *a* et de fermer les *e* ouverts, ajoute à cet air d'antiquité. — M. Mounet-Sully est un Rodrigue idéal.
Non seulement il a su exprimer avec puissance les
divers sentiments de son personnage : tendresse,
colère, douleurs, enthousiasme, mais il a répandu sur
tout le rôle une grâce exquise, la grâce d'une âme
naturellement héroïque, qui n'a point à faire effort
pour être grande et belle, qui ne se roidit point dans
sa gloire (car elle s'y trouve du premier coup comme
chez elle), et qui, portée si haut par l'amour et l'admiration d'un peuple, heureuse d'être tant fêtée, n'est
que douceur et gentillesse. Le grand récit de la bataille contre les Maures a été un enchantement.
Outre qu'il a su colorer par sa diction la sobriété un

peu grise de certains détails, M. Mounet-Sully a dit
tout ce morceau avec une simplicité et une espèce de
joie ingénue qui m'ont ravi. Je me rappelais les Olivier, les Renaud, les Aymerillot, les héros tout jeunes,
presque enfantins, semblables à des jeunes filles, des
antiques chansons de Gestes. Et, dans les deux entrevues avec Chimène, comme il a été doux, caressant,
enveloppant! Comme on sentait bien qu'en lui offrant
sa tête il était sûr de la réponse! M. Mounet-Sully a
rendu, avec une poésie qui ne peut guère être dé-
passée, la figure du héros adolescent, d'essence supérieure et quasi divine. Il l'a même, à mon avis,
quelque peu féminisé, et je trouve qu'il a bien fait.

Pour en revenir au *Cid*, ce n'est pas seulement la
plus jeune, la plus vivante des pièces de Corneille : il
se pourrait qu'elle fût, dans son théâtre, une exception
unique, non précisément par la forme, mais par
l'esprit. D'ordinaire, lorsqu'on pense à Corneille, ces
formules vous montent à la mémoire : « Poète du
devoir..., triomphe du devoir sur la passion..., les
hommes tels qu'ils devraient être..., le plus moral des
poètes... » Et en effet ces formules s'appliquent assez
bien à plusieurs de ses tragédies. Conviennent-elles
au *Cid*? J'ai des doutes là-dessus. Le *Cid* est d'une
autre espèce: le *Cid* est à part. Et justement ce que
lui reprochait surtout l'Académie, c'est de heurter la
pudeur, de glorifier des faiblesses indignes et des
actions manifestement contraires à la décence et
même à la vertu. Chimène est, contre la bienséance,

« amante trop sensible et fille trop dénaturée ». Les
deux entrevues de Rodrigue et de Chimène sont « in-
convenantes », et il y a de la « lâcheté » dans la conduite de Rodrigue. Voilà ce qu'on disait. Le succès
du *Cid* fut en partie un succès de scandale. Le *Cid*
parut à beaucoup d'honnêtes gens immoral, comme
de nos jours l'*Ami des Femmes* ou la *Visite de noces*,
— pour des raisons toutes différentes, cela va sans
dire. Car M. Alexandre Dumas fils lui-même partage,
sur la tragédie de Corneille, le sentiment de l'Académie
et de Chapelain, et, comme de raison, l'exagère
encore.

Voici ce qu'on lit dans la préface de la *Femme de
Claude* :

« Chimène a vu son père tué par Rodrigue, il y a
deux heures. Vous croyez que cette jeune fille va
maudire le meurtrier de son père, le tuer peut-être,
en tout cas le chasser à tout jamais de sa présence?
Pas le moins du monde. Don Gomez n'est pas encore
enterré que sa fille déclare qu'elle ne peut pas résister
davantage à son amour pour Rodrigue, et le roi est
forcé de lui dire que le mariage n'aura lieu qu'un an
plus tard pour ne pas trop blesser les convenances.
Charmante fille vraiment! Si vous avez une fille,
monsieur, j'espère pour vous qu'elle n'est pas faite de
cette sorte. Quant à moi, je recommande bien ici aux
miennes de ne pas imiter Chimène le cas échéant.
Rodrigue est le seul espoir de son pays; l'Espagne a

les yeux fixés sur ce jeune capitaine. Des millions
d'existences, des millions d'âmes sont suspendues à
son bras. Vous croyez que c'est pour lui d'un intérêt
suffisant? Pas le moins du monde. Il vient trouver
Chimène et lui déclare que, si elle ne lui pardonne
pas, si elle ne l'aime pas, si elle ne l'épouse pas, il se
fait tuer par don Sanche et laisse son pays se tirer
d'affaire comme il pourra. Pour Chimène il n'y a plus
de famille; pour le Cid il n'y a plus de patrie. Qu'est-ce
qu'il y a donc pour eux au-dessus de cela? Il y a
l'A-a-mour, comme dirait Bridoison. Aussi les femmes,
le lendemain de la première représentation de cette
pièce où elles avaient vu immoler à l'amour les plus
saintes traditions de leur sexe et les plus grands
devoirs du nôtre, ont-elles énoncé cet axiome : « Beau
comme le *Cid* ! »

Je ne relèverai pas les inexactitudes volontaires de
cette page de haut goût. J'y trouve quand même un
fond de vérité. Ce n'est nullement le triomphe du
devoir sur l'amour que nous présente le *Cid*, mais
tout au plus la conciliation tardive de l'un et de
l'autre. Regardez-y d'un peu près. Il est très certain
que, d'un bout à l'autre du drame et même tout de
suite après la mort du comte, Chimène aime mieux
son amant que son père (ce qui, au reste, ne dépend
point d'elle), mais que, de plus, elle confesse cet
amour, y consent, s'y abandonne, quoiqu'elle fasse
*extérieurement* son devoir. Chimène est la plus faible

des héroïnes de Corneille. Et Rodrigue est le plus tendre de ses héros et le moins scrupuleux. Il exploite cette grande faiblesse qu'il sent chez son amoureuse; il lui demande la mort tout en sachant fort bien qu'elle ne la lui donnera pas. Supprimez ce que les deux amants disent en public et pour le public, les vers sur l'honneur, sur le devoir : le fait est qu'ils ne cessent de s'aimer éperdument, et que la mort du comte n'entame pas un instant cet amour.

Est-ce à dire que la pièce soit réellement « immorale », comme le veulent l'auteur de la *Pucelle* et l'auteur de *Denise?* M. Dumas tout le premier, si dur pour Rodrigue et Chimène dans une de ses préfaces, les absout dans une autre sans y prendre garde :

« ... Je ne nie pas non plus, écrit-il dans la préface de la *Dame aux Camélias*, qu'il n'y ait (en dehors du mariage) de ces passions irrésistibles, fatales, qu'aucune loi ne peut combattre, qu'aucun raisonnement ne peut vaincre, qui emportent ceux et celles qui les subissent, non seulement au delà des règles du monde, mais au delà même des bornes de la terre. Ces passions-là portent avec elles leur pardon. Elles prennent toute la vie de leurs victimes. C'est Héloïse et Abeilard dans la réalité, Roméo et Juliette dans la fiction. Mais ces légendes d'amour sont rares... Ces femmes-là connaissent et connaîtront des émotions contre lesquelles nos arguments et tous ceux de la philosophie ont la valeur et la résistance d'un fétu de paille. Je

les honore d'ailleurs et suis prêt à les chanter.
L'amour à cette puissance est presque l'état de la
vertu. »

Rodrigue et Chimène peuvent d'autant mieux béné-
ficier de l'exception qu'ils s'aiment, eux, pour le bon
motif et que non seulement chez eux l'amour est « à
une telle puissance » qu'il peut se dire « presque
l'égal de la vertu », mais que, dans l'étrange situation
où le poète les a placés, leur amour s'accroît par
l'effort même de la vertu qui le combat. Plus ils se
font du mal, plus ils s'admirent d'en avoir le courage
et plus ils s'aiment. Il est horrible, dites-vous, qu'une
fille consente à épouser le meurtrier de son père? Il
est horrible qu'un amant, après avoir tué le père, continue à poursuivre la fille de ses assiduités? Mais s'en
doute-t-on un instant, que cela soit horrible? Dès lors
la question est tranchée. Au reste, tout conspire pour
décharger Chimène du plus inhumain des devoirs :
les conseils de l'infante, la gloire de Rodrigue, la
sagesse et la bonté du roi :

Les Maures en fuyant ont emporté son crime.

Et ce « crime », ne l'oubliez pas, si Rodrigue ne
l'eût pas commis, il eût été indigne de Chimène. Et le
comte, s'en souvient-on? s'intéresse-t-on à sa mémoire?
Il n'a fait que paraître au début, et sous un jour déplaisant. Nous ne cessons pas un moment d'être pour

les deux amoureux, de souhaiter ardemment qu'ils
soient réunis. Ayons le courage de le dire : nous
trouvons naturel, nous ne jugeons point monstrueux
qu'une fille épouse par amour l'homme qui, par devoir,
lui a tué son père. Ce qu'il y a au fond du *Cid*, c'est la
proclamation des droits imprescriptibles de l'amour
— entendez l'amour comme le définissait tout à l'heure
M. Dumas — sur un devoir tout littéral et qui peut
prendre, en certains cas, le caractère d'une obligation
pharisaïque. Le *Cid* est, en un sens, une œuvre in-
surrectionnelle. Le *Cid* célèbre le triomphe de la
nature sur une convention sociale ou, si vous voulez,
la revanche de l'esprit contre la lettre de la loi. Il
viole en apparence la morale usuelle pour résoudre
un cas que cette morale n'a point prévu. Comme le
sang du comte n'a point été versé par la haine, nous
ne voulons point qu'il engendre la haine ni qu'il
sépare à jamais les deux amoureux. Le dénouement
du *Cid* implique, chez le poète et chez les personnages
de son drame, cette conviction que le comte lui-même,
s'il pouvait parler, consentirait au mariage de sa
fille avec Rodrigue, ou que, s'il n'y consentait pas, *il
aurait tort*. La légende primitive, qui exprime le sentiment populaire, n'y va pas par quatre chemins. Le
roi du *Romancero* tranche la question avec une simplicité et une rapidité admirables. Chimène lui de-
mandant la tête de Rodrigue : « Tu l'aimes, ma fille,
répond-il tranquillement ; épouse-le. » Et elle l'épouse.
Rodrigue et Chimène ont les mêmes droits que Roméo

1.

et Juliette et ne sont pas plus criminels. Seulement
Juliette et Roméo ne parlent point du devoir : ils ne
savent même pas ce que c'est. Chimène et Rodrigue
en parlent tout le temps, — pour l'oublier, et ils ont
raison. C'est le cas ou jamais de citer le mot de
La Bruyère : — « Un ouvrage vous élève-t-il l'âme ? N'y
cherchez point d'autre signe : il est bon. » Le *Cid* nous
hausse le cœur et nous remplit de l'émotion la plus
pure et la plus généreuse : comment serait-il ce que
disent Chapelain et Dumas fils ?

Mais enfin, faites-y attention, nulle autre tragédie
de Corneille ne ressemble à celle-là. Dans nulle autre
vous ne reverrez le triomphe de l'amour ; et, lorsque
vingt ans plus tard, Corneille expliquera dans ses
trois *Discours*, ses idées sur le théâtre, vous recon-
naîtrez que le *Cid* y contredit en plein. Rappelez-vous
seulement cette déclaration du vieux poète : « La
dignité de la tragédie demande quelque grand intérêt
d'État ou quelque passion plus noble et plus mâle que
l'amour, telles que sont l'ambition ou la vengeance,
et veut donner à craindre des malheurs plus grands
que la perte d'une maîtresse. Il est à propos d'y mêler
l'amour, parce qu'il a toujours beaucoup d'agrément
et peut servir de fondement à ces intérêts et à ces
autres passions dont je parle : mais il faut qu'il se
contente du second rang dans le poème et leur laisse
le premier. » Et Corneille n'a que trop appliqué sa
théorie. Le *Cid* est un poème d'amour, et de grand
amour : mais croyez que Corneille s'est repenti du

*Cid* et qu'il l'aurait conçu autrement vingt ans plus
tard. Tout de suite après le *Cid*. il nous montre la victoire d'un devoir incontestable (*Horace*), puis d'un devoir plus douteux (*Polyeucte*) sur la passion. Mais
bientôt cela même ne lui suffit plus. Corneille, le poète
du devoir ? **Non pas, mais de la volonté.** Ce qu'il
exalte dans quinze ou vingt drames, c'est le triomphe
de la volonté toute seule, ou tout au plus dé la volonté
appliquée à quelque devoir **extraordinaire, inquiétant,**
atroce, et dans la conception duquel se retrouvent,
avec la naïve et excessive estime des « grandeurs de
chair » (pour parler comme Pascal), les idées de l'*As-
trée* et de *la Clélie* sur la femme et les doctrines du
xvɪe siècle, sur sa séparation de la morale politique et
de l'autre morale. Rodelinde dans *Pertharite*, Dircé
dans *Œdipe*, Sophonisbe, Pulchérie, Bérénice, Camille
dans *Othon*, Eurydice dans *Suréna*, qu'aiment-elles et
quelle gloire leur faut-il, sinon de prouver la force
immense de leur volonté par quelque sacrifice
absurde et qui ne paraît point leur coûter, tant elles
en sont payées par leur orgueil ? Et cette conception
bizarre et fausse de l'héroïsme était si naturelle à
Corneille qu'on la pressent déjà dans ses premières
comédies. La plupart des héros et surtout des héroïnes
de son théâtre tragique sont de la même famille que
ce surprenant Alidor de la *Place Royale* quittant sa
maîtresse qu'il aime, sans but, sans raison, pour le
plaisir d'éprouver sa propre volonté et de se sentir
fort.

L'esprit du *Cid* est tout différent, et presque contraire. D'où vient cela? Est-ce dans le *Cid* qu'est le
vrai Corneille? et, s'il a donné ensuite dans de tout
autres imaginations, est-ce, comme on l'a dit, sous
l'influence des critiques que son poème d'amour avait
soulevées? Je ne crois pas, car il apparaît, en maint
endroit de ses *Préfaces* et de ses *Examens*, que Corneille aimait assez à étonner, à surprendre, même à
scandaliser, et qu'au fond il a toujours fait ce qu'il
voulait. Si ce n'est pas le *Cid*, qui est un accident dans
sa carrière poétique, ce seront donc ses vingt autres
tragédies? A ce compte, l'accident aurait longtemps
duré. Mais, maintenant, si l'on admet ce caractère
singulier, exceptionnel, de la tragi-comédie du *Cid*,
comment l'expliquer? Il se pourrait, après tout, que
Guilhem de Castro y fût pour quelque chose. Relisez
la pièce espagnole, elle est fort belle.

# II

Comédie française. Réouverture : le rideau de fer;
*le Cid.*

29 août 1887

La Comédie française a rouvert ses portes lundi
dernier. Rideau de fer ; lumière électrique au foyer
et dans les couloirs ; les strapontins supprimés à
l'orchestre ; un passage au milieu du balcon, et, je
crois, quelques issues de plus pour les artistes : voilà
les améliorations apportées à l'aménagement de la
maison de Molière. Je pense que le Théâtre-Français
est présentement un des endroits du monde où les
hommes sont le mieux protégés contre la mort, et
que ceux qui ne s'y sentiront pas en sûreté seront des
gens bien difficiles.

Pourtant la lenteur avec laquelle le rideau de fer
se lève ou se baisse m'a fait réfléchir. En cas d'incendie sur la scène, le feu ne sera nullement gêné de gagner la salle pendant la majestueuse descente de cette
énorme plaque métallique. Et même, à mesure que ce

rideau descendra, il créera entre la salle et la scène un courant d'air de plus en plus violent, l'ouverture étant de plus en plus étroite. Le seul espoir du public, c'est que ce rideau ne marche pas, ou qu'on oublie de le mettre en mouvement. Et c'est ce qui arrivera, tranquillisez-vous ; jamais ces machines-là ne vont, ou, quand elles vont, on ne songe pas à presser le bouton. Donc, la sécurité reste, après le rideau de fer, égale à ce qu'elle était auparavant ; rien de plus, rien de moins : c'est dire qu'elle est encore très grande.

Tandis que le rideau métallique montait comme il pouvait, en nous donnant la peur continuelle qu'il n'accrochât en chemin, quelques spectateurs ont applaudi. A quoi applaudissaient-ils ? Est-ce au zèle inepte et farouche de la fameuse commission qui a forcé les directeurs de théâtre à bouleverser leurs salles, à dépenser inutilement des sommes considérables et à hausser le prix des places; privé Paris de spectacles pendant deux ou trois mois, et tout fait pour hâter le déclin de l'art dramatique en France ? — Ou bien est-ce la peinture dont le rideau de fer est orné qui provoquait ces applaudissements ? A vrai dire, cette composition est des plus froides (sans doute par un surcroît de précaution contre l'incendie). Elle représente un portique derrière lequel s'ouvre la place du Palais-Royal. On voit s'allonger une des interminables rangées de maisons qui forment les côtés de la place. Sous le portique, cinq ou six bustes assez peu ressemblants : Corneille, Molière et Racine, sans doute ; Regnard, peut-être, et Beaumarchais, apparemment. Au premier plan, sur un escalier, une Renommée se retourne en tendant des palmes. Cette figure, peinte par Mathey, est élégante ; elle ne marche, ni ne vole, et ses pieds allongés, dont la pointe effleure à peine la pierre, sont semblables, dirait Armand Silvestre, à des lis renversés. Mais enfin l'ensemble est un peu indigent. On a probablement voulu aller à l'économie ; et cela se comprend, mais c'est dommage !

Il y avait, pour ce rideau, tant de sujets de décoration plus intéressants ! On pouvait nous montrer, dans les Champs-Elysées de M. Renan, les poètes dramatiques errant parmi les myrtes ou les lauriers-roses, assis sur des bancs de pierre, ou couchés sur la rive d'une fontaine, devisant entre eux avec sérénité, ou rêvant et contemplant le noble paysage. On eût semé parmi leurs groupes quelques belles personnes, déesses ou mortelles, muses, princesses ou simples bergères, et quelques jolis enfants de la famille du petit Génie Camillus. Et l'on eût isolé aux deux bouts Molière, attendu qu'il fut « le contemplateur », et Corneille, parce qu'il manquait, comme on sait, de conversation.

Si ce sujet ne vous plaît pas, en voici un autre. Savez-vous où s'en vont, après leur mort, après le coup de poignard du cinquième acte, les héros de tragédie et les amantes désespérées? Virgile nous le dit au sixième livre de l'*Énéide*. « ...Non loin, s'étendent les champs des pleurs. Là, se cachent dans les sentiers secrets d'une forêt de myrtes ceux que l'amour a consumés de son poison. Ils ont emporté dans l'autre monde leur tristesse et leur blessure. Phèdre est là, et Procris, Eriphyle, Evadné, Pasiphaé, Laodamie, et Cénis, jeune homme autrefois, femme aujourd'hui... Au milieu d'elles, Didon, sa plaie récente au flanc, errait dans le grand bois. Lorsque Enée l'aperçut dans le sentier obscur, vague et pareille à la lune nouvelle qu'on devine plus qu'on ne la voit à travers la fuite des nuages, il lui parla doucement... Mais elle, se détournant de lui, fichait ses yeux en terre et demeurait immobile comme un roc marpésien. Enfin d'un mouvement brusque, et sans le regarder, elle s'enfonça dans le taillis impénétrable... » Et près des grandes amoureuses Virgile place les suicidés, « ceux qui, ayant détesté la lumière, ont rejeté la vie ». « Ah ! qu'ils voudraient bien aujourd'hui, là-haut, sous le soleil, endurer la pauvreté et toutes les pires souffrances !... Mais le Destin s'y oppose, et l'eau pâle du Styx les emprisonne de ses neuf replis. » Imaginez ce que ferait de cela le pinceau de M. Puvis de Chavannes. On aurait ainsi sous les yeux, après le baisser du rideau, le sixième acte de toutes les tragédies.

Préférez-vous un sujet moins sombre ? On pouvait jeter sur le rideau de fer, dans un carrefour de Bologne ou de Séville, ou parmi les enchantements d'un paysage à la Watteau, les personnages de l'ancienne comédie italienne ou espagnole, les Arlequins et les Pierrots, les Colombines et les Isabelles, les Pantalons et les Cassandres, les Matamores et les Scapamontes, les Mascarilles et les Scapins, les duègnes, les nourrices et les soubrettes. Et qui eût empêché d'y mêler, pour varier les couleurs et les lignes, les personnages de la comédie antique avec leurs tuniques, leurs chlamydes et leurs voiles : l'esclave rusé, le parasite jovial, le *leno*, le *miles gloriosus* et les belles esclaves grecques aimées des fils de famille ? Ainsi le rideau nous eût raconté, pendant les entr'actes, les origines de la comédie de Molière.

Ou bien, plus simplement, j'aurais consenti qu'on nous peignît sur cette toile quelqu'une des scènes du maître de la maison, et, par exemple, celle du deuxième acte du *Misanthrope*, la « scène des portraits » : un salon Louis XIV, d'une ornementation pesante et riche ; au milieu, Célimène dans sa gloire : près d'elle, Acaste et Clitandre, les deux marquis bouffants, éclatants et soyeux ; puis Eliante et Philinte, et, un peu à l'écart, Alceste bougonnant. Et, si l'on craignait que le tableau ne fût un peu vide, rien n'empêchait d'y ajouter Oronte et Arsinoé et quelques seigneurs et quelques dames. La grande scène du sonnet de Trissotin, dans les *Femmes savantes*, fournirait aussi un assez bon sujet. Mais, si peut-être vous trouvez que c'est assez de voir tous ces gens-là sur la scène et si vous vous piquez de modernisme, je m'ac-

commoderais fort bien d'un rideau qui représenterait
la salle elle-même : balcon, loges et deuxième galerie,
le tout garni de jolies femmes en toilettes d'aujour-
d'hui et de messieurs en habit noir. Ainsi, pendant
les entr'actes, la salle semblerait ronde ; et, parmi
ces figures peintes, nous nous ferions des amies que
nous retrouverions chaque fois avec plaisir... Enfin,
si l'on voulait faire des économies, ou même réaliser
des bénéfices, il n'y avait qu'à abandonner ces cent
mètres carrés de toile à l'ingénieux pharmacien que
vous savez, et qui en eût donné un bon prix. J'ignore
ce qu'il y eût fait peindre par le mystique Willette,
mais c'eût toujours été plus amusant que l'espèce
de lavis d'architecte qu'on nous a montré l'autre
soir.

On donnait le *Cid*, la plus vieille de nos tragédies,
et la plus jeune. Je n'aime qu'à demi la façon dont elle
est jouée. Je voudrais, dans le jeu et dans la diction
des comédiens, plus d'éclat, plus d'emportement,
plus de panache, et, si j'ose dire, moins de naturel ;
ou, si vous voulez, un naturel moins raisonnable et
moins bourgeois. Car, songez un peu ! Les personnages du *Cid* appartiennent à une civilisation encore
héroïque et enfantine, où le premier mérite des gens
est dans la force et l'adresse corporelle ; où il ne suffit
pas, pour être le plus honoré, d'être le plus brave et
le plus intelligent, mais où il faut encore être le plus
robuste et le plus habile au maniement des armes.

Don Diègue est un vieux chef plein d'expérience et
d'un esprit fort lucide ; mais son épée commence à
lui être lourde, et c'est pourquoi le comte le méprise.
Rodrigue est au moins aussi considéré pour avoir
vaincu le comte que pour avoir repoussé les Maures.
Ce qui donne la gloire dans ce monde-là, c'est d'être
le plus fort en combat singulier. Les personnages du
*Cid* sont donc, par un côté, aussi primitifs que les
héros de l'*Iliade*. Ils ont, comme eux, la vie débor-
dante et triomphante et un très naïf orgueil dans
l'héroïsme. Mais, en outre, ils appartiennent à la chevalerie la plus raffinée. Ils ont ce que n'ont pas les
guerriers d'Homère : le point d'honneur, le culte de
la femme, une conception mystique de l'amour. Ce
n'est pas tout : ils gongorisent ; ils sont alambiqués
et fleuris ; ils analysent leurs sentiments avec subtilité (avec plus de subtilité que de profondeur) ; ils
parlent ce langage cherché et contourné (où il y a,
dans le fond, encore bien de l'enfantillage et de la bar-
barie), qu'on trouve dans l'histoire littéraire de presque tous les peuples un peu avant leur complet développement intellectuel, et qu'on retrouve d'ailleurs,
il faut le dire, dans leur âge de décadence... Pour
toutes ces raisons, les vers du *Cid* ne doivent pas être
dits simplement ni modestement. Il faut que les personnages clament de tout leur cœur les beaux vers
héroïques et passionnés et qu'ils se délectent au précieux cliquetis des autres. Je veux qu'ils aient l'air de
jouir de leur vie si belle, de leur cœur si jeune, de

leur imagination si fleurie. Quand ils chanteraient un peu les alexandrins de Corneille, je ne m'en plaindrais pas. Que dis-je ? Je serais ravi qu'on les déclamât comme faisaient les comédiens de l'hôtel de Bourgogne. C'est Monfleury qui était dans le vrai, et c'est Molière qui avait tort. Je n'admettrai jamais qu'on dise les vers, même ceux de Voltaire ou de Casimir Delavigne, comme de la prose. Mais s'il s'agit des vers de Corneille, décidément je m'insurge !

M. Mounet-Sully est donc presque le seul qui m'ait contenté. Il est jeune, il est beau, il est fier, il est ingénu, il n'a pas peur du ridicule, il a des attitudes de jeune dieu, il a un sourire enfantin qui découvre ses dents, quand son roi l'appelle le Cid et l'embrasse. Il chante certains vers comme on dirait une romance ; il en claironne d'autres, et il a eu, pour lancer le « Paraissez, Navarrais, Mores et Castillans ! » un cri formidable, prolongé, à plein gosier, d'une merveilleuse audace... Je lui reprocherai seulement de baisser trop la voix dans les endroits langoureux. Quand il en est venu à ces vers :

> On dira seulement : « Il adorait Chimène ;
> Il n'a pas voulu vivre et mériter sa haine...
> Pour venger son honneur il perdit son amour,
> Pour venger sa maîtresse il a quitté le jour,
> Préférant, quelque espoir qu'eût son âme asservie,
> Son honneur à Chimène, et Chimène à sa vie, »

ce n'était plus qu'un vague murmure, un lointain roucoulement de ramier. J'aurais été heureux de pouvoir distinguer là dedans au moins quelques syllabes.

M. Maubant est toujours le plus respectable des portraits de famille. On a trouvé que le roi de Castille, en nommant don Diègue « chèvèlier » de la Légion d'honneur, ne faisait que rendre justice au mérite ; qu'il récompensait par là de bons et loyaux services, une tenue excellente, une diction honnête et habile à la fois, toute une vie consacrée au culte austère de la tragédie. Aussi le public a-t-il longuement applaudi M. Maubant. — Mais pourquoi lui a-t-on si souvent reproché le ronron tragique ? Il me semble, au contraire, qu'il « pioche » la familiarité, — plus même qu'il ne faudrait ici, — et que, corrompu sur le tard par les leçons de Sarcey, il donne un peu à don Diègue des façons de vieille brisque.

M<sup>lle</sup> Dudlay, qui est très bonne à voir, et qui, après tout, n'est point si mauvaise à entendre, est très préoccupée d'être naturelle dans le rôle de Chimène. Je crois qu'elle a tort. Le rôle est plein d'antithèses, de fioritures, et aussi de sentiments simulés. Quand Chimène vient conter au roi la mort de son père et lui demander la tête de Rodrigue, M<sup>lle</sup> Dudlay pleure et sanglote dès le commencement du discours et finit sur un ton de plainte déchirante. Elle paraît sincère : il ne le faut pas, à mon avis. J'estime qu'elle devrait débiter ce morceau, d'un mauvais goût amusant, avec une sorte de fièvre et de tension, comme quelqu'un qui se force et qui s'entraîne, et que, si elle pleure, elle ne devrait pleurer qu'à la fin, comme par une

détente nerveuse. . Car, il n'y a pas à dire, cette fille
aime mieux son amant que son père, et elle serait
fort déconfite si le roi la prenait au mot. Et la per-
sistance de son amour pour Rodrigue ne nous choque
point, parce que ce n'est pas sa faute ; parce que le
comte, dans les courts instants où nous l'avons vu,
s'est montré fort déplaisant ; parce que, si peut-être
elle aimait tendrement son père, nulle scène antérieure ne nous a mis cette tendresse sous les yeux ,
parce que Rodrigue ne pouvait épargner le comte sans
se rendre indigne de Chimène ; parce que Rodrigue
n'est point responsable de la mort de don Gormas, et
qu'on peut [dire que c'est don Gormas qui a tourné
contre lui-même l'épée du fils de don Diègue, etc...
Les deux jeunes gens passent donc la moitié de
leur temps à exprimer, non pas les sentiments qu'ils
ont, mais ceux qu'ils croient qu'ils devraient avoir.
Chimène demande la mort de Rodrigue ; Rodrigue,
par deux fois, prie Chimène de le frapper de sa propre main : mensonges ! Ils ne veulent que forcer l'admiration l'un de l'autre et s'arracher de mutuels
aveux. Tout cet artifice ne refroidit pas leurs discours, car on sent toujours ce qu'ils pensent sous ce
qu'ils disent, et tout cela n'est qu'une façon soit  de
se déclarer leur amour, soit de se montrer plus dignes
d'être aimés ; et enfin, du moment qu'ils se revoient
après le duel, c'est donc qu'ils s'adorent, et nous ne
sommes pas en peine sur le dénouement : mais il n'en
reste pas moins que leurs entretiens sont un tissu de

brillants sophismes dont ils ne sont pas dupes et de
protestations sublimes faites *à dessein*. Rodrigue et
Chimène sont généreux et charmants ; mais ils ne
perdent pas un instant la tête. Ils sentent qu'ils ont
bon air dans leurs rôles respectifs. Ils se donnent un
peu la beauté de leur âme et la gentillesse de leur
esprit en spectacle. Dès lors les comédiens ne doivent
pas craindre de détailler avec complaisance les propos généreux et brillants qu'échangent ces deux
amants. Le *Cid* est, en grande partie, une élégie subtile et galante. Dans l'ensemble, c'est un drame superbe, presque joyeux, plus « transportant » que touchant, où soufflent une fierté et une allégresse héroïques ; et c'est ainsi qu'il faut le prendre. La plus
grande faute qu'on puisse commettre, c'est de le dire
comme une pièce triste et comme un drame bourgeois.

# III

Théatre national de l'Odéon : *Polyeucte.*

24 juin 1886.

Chose singulière que, par une belle soirée de juin, quand il serait si bon d'errer à la campagne, sous les arbres bleuis par la lune, parmi le frissonnement des feuilles et l'odeur des foins coupés, et de sentir son cœur se fondre délicieusement dans cette mélancolie et dans cette douceur, on vienne s'enfermer dans une salle de spectacle ; qu'on y entende une tragédie en cinq actes et en vers, en vieux vers roides et austères, d'où la nature est absente, où il n'y a point d'eau ni de feuillages et où ne passe point le souffle des nuits d'été, — et qu'on finisse même par prendre plaisir à ce travail ! Et pourtant c'est ainsi. A l'heure où des épicuriens, à Chatou, à Bougival, glissaient sur la Seine, au clair de lune, en des barques légères ; où d'autres, aux Champs-Élysées, en buvant des boissons fraîches et en fumant des cigarettes, écoutaient vaguement des mélodies faciles et des paroles incohérentes qui ne forcent point à penser, nous étions quelques centaines de bonnes âmes qui appliquions toute notre attention aux beautés de *Polyeucte* et qui faisions de notre mieux pour être émus par ces alexandrins. Certes, il faut un courage presque cornélien pour s'enfermer avec Corneille quand on est si bien dehors, et c'est là un de ces actes qui font honneur à la nature humaine. C'est une protestation de l'esprit pur contre les séductions grossières du printemps, un triomphe de l'âme sur la matière.

J'ai constaté, ce soir-là, que *Polyeucte* est, de toutes les pièces de Corneille, celle qui a gagné le plus à vieillir. Nous goûtons certainement mieux *Polyeucte* qu'on ne l'a fait pendant deux cent cinquante ans. Cette histoire d'un martyr, ce drame conduit par la grâce divine nous plaît beaucoup plus qu'aux hommes du xvii° siècle, parce que nous sommes moins bons chrétiens, et ne nous inspire point la même antipathie qu'aux hommes du xviii° siècle, parce que nous sommes meilleurs philosophes.

Le personnage de Polyeucte, surtout, a bénéficié des progrès du sens critique et de la curiosité intellectuelle. Vous vous rappelez avec quelle défiance et quelle froideur il fut reçu par les contemporains de Corneille. D'abord, le goût du temps avait peine à admettre un héros de tragédie qui n'était point amoureux. Puis, ce public de croyants éprouvait un malaise à voir porter sur la scène un drame essentiellement religieux. Un miracle de la grâce transformé en

divertissement profane, les vérités de notre sainte
religion exposées sur les planches par la bouche
d'excommuniés, l'Église au théâtre, un martyre de
saint là où l'on avait vu tant de suicides d'amoureux... tout cela déconcertait, refroidissait les spectateurs. Ils n'avaient pas coutume de venir là pour
être édifiés. Et il ne leur semblait pas que les mystères de la foi pussent se tourner en un amusement
littéraire. Les hommes du moyen âge pouvaient
penser autrement et se délecter au spectacle de la
Passion, parce qu'il y avait de l'amour et de la candeur dans leur foi, et que la religion pénétrait leur
vie tout entière. Mais la plupart des « honnêtes
gens » du temps de Corneille étaient habitués à séparer leur vie religieuse de leur vie mondaine. Pour
les fervents, *Polyeucte* éveillait des pensées trop graves et remuait trop profondément la conscience :
l'exhibition de mystères si saints semblait inconve-
nante et pénible à l'âme. Et, quant aux chrétiens
d'habitude, *Polyeucte* ne leur suggérait que des
idées moroses, déplaisantes, terrifiantes même, auxquelles ils croyaient avoir fait sagement leur part et
qu'ils ne s'attendaient pas à retrouver tout d'un coup
dans un lieu de plaisir.

Au xviii<sup>e</sup> siècle *Polyeucte*... Mais quel nom singulier !
Y avez-vous pris garde ? Quelle finale sourde, dis-
gracieuse, difficile à prononcer ! Corneille n'aurait-il
pu trouver à son martyr un nom plus sonore et
plus harmonieux, — un nom qu'il pût mettre à la

rime? Car, cherchez un peu, pour voir, une rime à
Polyeucte. A moins de faire dire, par exemple, à
Pauline :

> Arrête un moment : je ne veux qu'te
> Dire un mot, mon cher Polyeucte...

Donc, au xviii<sup>e</sup> siècle, Polyeucte déplaît également,
pour d'autres raisons. Il déplaît, parce qu'il n'est pas
du tout « philosophe ». Voltaire et les encyclopédistes
auraient admis un martyr tempéré, un saint raisonnable et tolérant qui n'aurait prêché que l'amour de
l'humanité. Nathan le Sage, à la bonne heure ! Mais
qu'est-ce que c'est que ce fanatique, ce fou furieux,
ce révolté contre les lois de son pays, qui, sans nécessité, outrage publiquement le culte officiel de tout un
peuple et qui, pour le gagner à une religion de douceur
et de charité, commence par lui briser les statues de
ses dieux avec des cris d'énergumène? Et quelle dureté
de cœur, quelle inhumanité chez ce saint! Que trouve-
t-il à dire à sa pauvre femme, qui essaye de l'aimer,
qui veut le sauver et qui se traîne à ses genoux ? Il ne
la regarde que « comme un obstacle à son bien », et
il la prie de « le laisser en paix ». Au reste, pourquoi
devient-il tout à coup enragé? Pourquoi cherche-t-il
sa mort? Par dévouement à ce qu'il croit être la
vérité? Oui, sans doute, mais surtout pour entrer plus
vite au paradis et pour y avoir une meilleure place. Il
ne parle que de cela, ce martyr ! Il n'a à la bouche que
les délices du paradis, rarement l'amour de Dieu, ja-

mais l'amour des hommes. C'est honteux, c'est de la
gloutonnerie mystique. Il est aussi intéressé qu'un
martyr musulman. Et quelle grossièreté de sentiments
chez ce héros de la foi ! Il sait que Pauline aime Sévère, mais qu'elle lutte contre cet amour, et qu'on ne
saurait lui faire de plus sensible affront, au moment
où son mari va mourir, que de lui dire : « Laissez
donc ! votre amant vous reste. » Et il le lui dit, tranquillement, posément, lui, le mari. Il le lui dit en présence
de Sévère lui-même, il la lègue à son amoureux, il les
bénit. La fierté, la pudeur de sa femme, l'affection
même qu'elle lui porte, les scrupules et les délicatesses
de Sévère, qui n'est qu'un galant homme et qui n'est
pas chrétien, tout cela lui échappe ; il ne le soupçonne pas ou ne s'en soucie guère. Ça lui est tellement
égal, tout ce qui est humain ! Est-ce sublime ? Est-ce
révoltant ? Est-ce simplement ridicule ? Singulier saint,
en tout cas, et drôle de mari ! Mais Pauline, mais Sévère, voilà des êtres exquis et intéressants ! Et comme
ils sont supérieurs, même moralement, à ce martyr
brutal et grotesque, eux qui ne sont point martyrs,
eux qui n'ont point la vraie foi ! En somme, le sentiment de tout le xviii° siècle sur *Polyeucte* est résumé
dans ces petits vers de Voltaire (préface de *Zaïre*) :

De Polyeucte la belle âme
Aurait faiblement attendri,
Et les vers chrétiens qu'il déclame
Seraient tombés dans le décri,
N'eût été l'amour de sa femme
Pour ce païen, son favori,

Qui méritait bien mieux sa flamme
Que son bon dévot de mari.

Nous sommes plus cléments à Polyeucte  D'abord,
nous trouvons qu'il n'est pas du tout un bon dévot,
qu'il n'a nullement l'allure ni les manières d'un mar-
guillier. Puis, nous le jugeons fort intéressant et
nous l'aimons tel qu'il est : il n'inquiète plus notre
religion et n'irrite plus notre philosophie. Nous voyons
en lui le type accompli d'une espèce d'âmes très
singulière, et très noble après tout, le type du croyant
exalté, de l'apôtre, du fanatique si vous voulez, de
l'homme qui, possédé d'une idée et d'une foi, ne vit,
ne respire absolument que pour elle, est toujours prêt
à s'y sacrifier, — et à y sacrifier les autres. Nous
considérons ces êtres bizarres avec une sorte de bien-
veillance. Si ce n'est pas par eux seuls que le monde
avance, nous sentons pourtant qu'il n'avancerait guère
sans eux. Ils sont peut-être le sel de la terre. Polyeucte
nous inspire la même curiosité que quelque brave
nihiliste rencontré à Paris dans quelque brasserie,
blond, pâle, des yeux brillants, le front serré aux
tempes, et dont on nous dit à l'oreille qu'il a tué, à
Pétersbourg, un général ou un préfet de police, et qu'il
était du dernier complot contre le czar. Polyeucte nous
rappelle à la fois saint Paul, Jean Huss, Calvin et le
prince Kropotkine. Et c'est pourquoi ce mystique
insurgé nous ravit.

Quant à Pauline et à Sévère, ils n'avaient rien à
gagner, puisque les gens des deux derniers siècles les

trouvaient charmants et ne voulaient voir qu'eux dans le drame ; mais, du moins, ils n'ont rien perdu. Peut-être même comprenons-nous mieux le cas de Pauline. « Voilà pourtant, disait-on au xvii° siècle, une honnête femme qui n'aime pas son mari. » C'est là une impression un peu trop superficielle. Relisez la pièce : vous verrez que Pauline finit par aimer Polyeucte, parce qu'elle veut l'aimer ; et elle le veut, parce qu'elle se sent menacée par le retour de l'amant. C'est déjà là un assez joli tour de force de la volonté, et qui est bien cornélien. Mais il y a, en outre, quelque chose de très féminin dans la transformation des sentiments de Pauline. Elle se met à aimer son mari, non seulement parce qu'il est en danger et qu'il va mourir, mais aussi parce qu'il est fou et que, tout au fond, la sagesse de Sévère lui paraît un peu plate auprès de cette folie. Elle aime son mari par devoir, soit ; mais aussi par pitié, et surtout parce qu'elle ne le comprend pas et qu'elle subit l'attrait de l'inexpliqué et de l'inconnu. A partir du moment où Polyeucte lui dit : « Laissez-moi tranquille » et « Epousez Sévère après ma mort », soyez sûrs que l'âme de Pauline est tout entière à son mari, et elle est encore plus à lui après qu'elle l'a vu mourir. Le bon Corneille nous dit qu'elle a été subitement éclairée par la grâce. Non, non, c'est par amour qu'elle se fait chrétienne. Pauline, avec ses apparences de santé morale et de bel équilibre, serait donc la plus femme des femmes de Corneille, un être faible et généreux que l'extraordinaire attire, et qui est beaucoup plus

conduit par son imagination et sa sensibilité que par
sa raison ; c'est-à-dire ce qu'il y a de plus contraire à
l'idée que l'on se fait communément d'une héroïne cornélienne ? Peut-être ; en tout cas il me plaît de la voir
ainsi. De même il me plaît de voir Sévère plus finement philosophe, plus détaché et plus curieux que
Corneille ne l'a conçu. Son « dilettantisme » s'est
développé en deux siècles comme s'est dégagée la
« féminilité » de Pauline. Souvenez-vous que, parti
d'une condition modeste, Sévère est devenu un très
grand personnage, qu'il a couru le monde, qu'il a eu
toutes sortes d'aventures, qu'il a vécu des années à la
cour d'un roi de Perse et qu'il est présentement « favori
de l'empereur Décie », ce qui suppose une assez grande
souplesse d'esprit. Jugez, avec une telle vie, quelle
expérience a dû lui venir, quelle inaptitude à croire
et à s'étonner. Il se souvient de son premier amour,
ce qui est d'un cœur délicat ; et, quand il retrouve
Pauline mariée et qu'elle le prie de s'éloigner, il se
soumet, ce qui est d'un galant homme. Mais prenez-y
garde, s'il est vertueux, lui aussi, ce n'est pas du tout
lui qui commence, c'est Pauline qui lui impose sa
vertu. En la quittant, il l'appelle « *trop* vertueux
objet », ce qui implique une arrière-pensée. Quand
Polyeucte se perd, Sévère a trop d'élégance morale
pour ne pas chercher à le sauver ; mais enfin, puisque
ce fou veut mourir, tant pis pour lui ! Sa veuve ne sera
peut-être pas inconsolable... Il laisse, à un moment,
entrevoir cette pensée ; de quoi Pauline le reprend

assez durement. Sévère, lui, n'est qu'un aimable homme, un doux philosophe pyrrhonien, honnête par nature et par goût, mais qui ne se crée point de devoirs imaginaires et qui ne prend point la vie avec emphase. Il recueillera Pauline dans un an, si elle veut. Il la prendra chrétienne, mais, quoiqu'il dise en parlant des chrétiens :

Et peut-être qu'un jour je les connaîtrai mieux,

il en parle trop tranquillement, il ne sera point chrétien. Il laissera sa femme pratiquer librement la religion nouvelle ; il la laissera prier pour sa conversion et ne lui ôtera point tout espoir ; il sera charmé de la voir si douce, si pieuse, si pudique, si sainte, si enthousiaste. Peut-être même, s'il vit très vieux, jusqu'à Constantin, se fera-t-il chrétien, par raison, par nécessité, par politique : mais ce sera tout... Dans ce drame de la religion naissante où il se trouve mêlé, Sévère a déjà quelque chose de l'attitude de M. Renan écrivant l'histoire des origines du christianisme. Nous prêtons à ce philosophe païen du iii° siècle un achèvement du sens critique qui est chose de nos jours. Sévère nous apparaît quelque peu renaniste. Et quant à Félix, depuis que nous le voyons sous les traits d'un préfet du second empire, il nous amuse prodigieusement...

Ainsi je songeais, l'autre jour, en écoutant d'une oreille les vers de *Polyeucte*, car que faire devant une

tragédie, « à moins que l'on ne songe » ? J'ai sans doute
défiguré les personnages de Corneille ; mais les tragédies classiques nous sont si connues que nous n'y
pouvons plus trouver d'intérêt qu'en y découvrant
des choses qui n'y sont peut-être pas.

# MOLIÈRE [1]

## I

Comédie française : Le *Misanthrope*.

10 mai 1886.

Rassurez-vous : je ne m'étendrai point en de longues dissertations sur la façon dont il faut comprendre le rôle d'Alceste, car tout ce que je pourrais dire là-dessus, on l'a dit déjà. Au reste, la façon de M. Worms est sans doute la meilleure, puisqu'il a plu infiniment. Il est certain que toute sa personne répond mieux que celle de M. Delaunay à l'idée que nous nous faisons aujourd'hui d'Alceste. La figure maigre et triste de M. Worms, sa voix un peu âpre et mordante, sa mimique énergique et sobre, le don qu'il a d'exprimer la passion concentrée et profonde, ne convenaient nulle part mieux qu'ici. Sans pousser le rôle ni au tragique ni au langoureux, il a eu, dans les trois premiers actes, des brusqueries superbes, des indi-

---

1. Cf. *La Comédie après Molière et le Théâtre de Dancourt*, chap. i (chez Hachette).

gnations farouches qui ont fait frémir de plaisir le
bon Idéaliste, le Révolté généreux que nous portons
presque tous en nous, soigneusement caché dans un
coin de nous-mêmes; et dans les deux derniers actes
il a su nous faire sentir jusqu'au fond l'âme tendre et
faible de l'homme de fer, du juste intransigeant. Enfin
il a eu le rare talent de nous laisser deviner, d'abord
la tendresse sous la misanthropie, puis la misanthropie sous la tendresse, et de nous rendre ainsi
sensible l'unité de ce rôle complexe, que deux siècles
de commentaires et d'interprétations ont encore
obscurci. Bref, il nous a bien montré Alceste comme
nous le concevons aujourd'hui, et en trahissant le
moins possible les intentions de Molière.

Mais, quoi qu'on fasse, on est bien obligé, à l'heure
qu'il est, de les trahir un peu. On ne saurait s'y
tromper : dans la pensée de l'auteur du *Misanthrope*,
Alceste est un rôle comique et qui doit faire rire la
plupart du temps. Apparemment Molière jouait ce
rôle comme les autres, avec ses roulements d'yeux,
ses contorsions et son hoquet. Il est vrai que ce personnage ridicule est aussi un personnage sympa-
thique. Molière nous dit expressément, par la bouche
d'Eliante, son sentiment sur Alceste :

Dans ses façons d'agir il est fort singulier;
Mais j'en fais, je l'avoue, un cas particulier,
Et la sincérité dont son âme se pique
A quelque chose en soi de noble et d'héroïque.

Cela est évident. Et l'on ne voit pas trop comment

Molière lui-même, avec la meilleure volonté du
monde, pouvait trouver moyen de faire rire en disant
certaines parties du rôle ; et sans doute, en plus d'un
endroit, une émotion le serrait à la gorge, qu'il n'avait
pas prévue. Mais enfin, je le répète, le rôle, pris dans
l'ensemble, était un rôle comique. Je suis obligé de
reconnaître qu'il ne l'est presque plus aujourd'hui.
Nous savons bien encore, si vous voulez, qu'Alceste
est ridicule ; mais nous n'avons pas le cœur de rire de
lui : voilà la différence. Ce qui frappait les contemporains de Molière et Molière tout le premier, c'étaient
les « singularités » du misanthrope. Ce qui nous
frappe le plus aujourd'hui, c'est ce « quelque chose
de noble et d'héroïque » qu'il y a dans sa « sincérité ».

Pourquoi cela? Pourquoi aimons-nous Alceste au
point de ne plus vouloir qu'il soit risible? A cause
de l'eau qui a passé sous les ponts. C'est ainsi. Après
Rousseau, après la Révolution, après le romantisme,
après Faust, après Lara, après René, Alceste ne peut
plus être pour nous ce qu'il était pour les gens du
xviie siècle. C'est qu'Alceste est un de ces types
comme les poètes en ont créé en petit nombre : assez
particuliers pour rester vivants à travers les âges, —
assez généraux, assez largement humains, assez peu
déterminés dans quelques-uns de leurs traits pour
être agrandis tour à tour au gré des générations suc-
cessives, et enrichis de sentiments et d'idées dont leurs
créateurs n'avaient peut-être pas songé à les doter.
En réalité, l'Alceste de Molière n'est qu'un honnête

bourru, estimable et ridicule, aux colères vertueuses
et disproportionnées, insurgé contre l'hypocrisie de
la politesse mondaine. Notre Alceste à nous, celui que
nous avons repétri en mêlant à sa pâte l'âme de deux
siècles, souffre du mal universel; ce n'est plus un
misanthrope, c'est un pessimiste; ce n'est plus contre
le mensonge inoffensif de Philinte qu'il se soulève,
c'est contre le mensonge atroce de l'éternelle Maya.
« O mes amis, disait Socrate de Platon, que de belles
choses ce jeune homme me prête auxquelles je n'ai
jamais songé! » — « Hélas! pourrait dire Molière,
qu'a-t-on fait de mon homme aux rubans verts?
Quels horribles rubans noirs on lui a mis! »

Et ce n'est pas seulement Alceste qui s'est transformé, enrichi, assombri avec le temps; le doux
Philinte n'a pas échappé à ce travail d'alluvion
morale. La pensée de Molière est assez claire quand
on lit sa comédie avec simplicité Il a de la sympathie
pour Alceste : il lui prête quelque chose de lui-même,
principalement dans la scène où ce sauvage est si
faible devant la femme aimée. Mais, s'il a pitié de ce
fou, c'est bien Philinte qui est son homme. On n'en
saurait douter quand on se rappelle la vie de Molière :
ce n'est certes pas Alceste qui eût été un si habile
directeur de théâtre, un amoureux si éclectique ni un
si souple amuseur du roi. Alceste eût eu, je pense,
quelque scrupule d'écrire *Amphitryon*, au moment
du moins où la pièce fut écrite. La sagesse de
Philinte, sagesse d'épicurien, faite de beaucoup d'ex-

périence et de scepticisme et d'un peu de mépris des
hommes, faite aussi d'indulgence et de bonté réelle,
est proprement la sagesse de Molière. Mais il faut
croire que Philinte avait, lui aussi, des parties malléa-
bles, ou mieux, des dessous indéterminés ; car, dans
les temps cruels et grossièrement idéalistes où Alceste
était devenu le juste, le philosophe, le citoyen intègre
et le bon jacobin, Philinte était considéré par Fabre
d'Eglantine et par les terroristes comme un lâche, un
traître, un hypocrite, un « modérantiste ». Aujour-
d'hui nous avons réconcilié Alceste et Philinte. Nous
disons : Philinte, le philosophe accommodant, c'est
encore Alceste, un Alceste mûri et plus renseigné,
qui, après la protestation douloureuse contre le mensonge et l'injustice et contre le mal universel, nous
propose en exemple la résignation ironique et la
curiosité détachée : si bien que l'âme de Molière est
également dans l'un et dans l'autre et qu'ils présentent
tour à tour les deux attitudes du poète. Philinte, plus
savant, a plus d'amertume au fond; Alceste, plus
naïf, en a plus à la surface. Mais voici qu'avec le
temps les deux se sont fondus en un, soit que Philinte
ait emprunté à Alceste sa mélancolie, soit qu'il lui
ait prêté son dilettantisme. Alceste, après être devenu
Saint-Preux, Werther, Bénédict et je ne sais qui
encore, a été gagné, vers 1830, par la raillerie froide
de Philinte. Il a gardé l'intégrité de son jugement
moral, mais il a beaucoup perdu de sa naïveté.
Philinte l'a conduit dans de mauvais endroits pour y

faire des expériences, et Alceste, n'ayant plus le droit
de s'indigner, a donné dans l'ironie à outrance.
Philinte-Alceste s'est alors appelé Desgenais, Olivier
de Jalin, de Ryons et Lebonnard. Et, comme il y a
en effet deux façons de prendre la vie, nous avons
nous-même reconnu que nous avions en nous un
Alceste et un Philinte; que nous étions l'un ou l'autre,
suivant les heures, et peut-être les deux à la fois dans
nos meilleurs jours. Car, s'il est beau de s'indigner
contre la vie, il est excellent de vivre.

Comment voulez-vous que, avec ces idées en tête
et une vision si peu nette de ces deux figures pourtant si simples, nous recevions du *Misanthrope* une
impression directe et claire et que nous sachions au
juste ce qu'il en faut penser? J'ai cependant fait mon
possible pour apporter à ce spectacle un esprit libre
de préventions, pour ignorer la pièce, pour la voir
du même œil que si elle m'était absolument nouvelle.
Vous dirai-je le résultat de cet essai loyal? Je ne suis
pas très sûr de sa loyauté, mais je vous le livrerai
quand même. Il y a dans le *Misanthrope* des caractères
qui m'ont fait rêver et peut-être divaguer, comme
vous avez pu voir; une action qui paraît à tous
(soyons francs) un peu vide et traînante et trop
chargée d'épisodes; un long morceau de critique littéraire qui m'a inquiété, et un tableau de mœurs qui
m'a surpris, quoique je le connusse depuis vingt ans.
Laissons le reste de côté : je n'ai jamais si clairement
senti à quelle distance nous sommes de cette critique

et de ces mœurs et dans quel lointain tout cela semble se perdre pour nous.

Le public du xvii<sup>e</sup> siècle trouva, comme on sait, le sonnet d'Oronte assez de son goût, et resta tout saisi par la rude leçon d'Alceste. Et, en effet, ce sonnet, s'il n'est pas très original ni très fin, est pour le moins joli. Je sais bien que, dans la pensée de Molière, la fureur avec laquelle le misanthrope s'acharne sur cette bagatelle est un trait de caractère; mais si l'inopportunité et le ton disproportionné de la critique sont d'Alceste, la critique est bien de Molière lui-même. Or elle me déconcerte, je l'avoue. Tout ce qui fait bondir Alceste me laisse parfaitement tranquille, ou même ne me paraît point si mal. « Nous berce un temps notre ennui » est une métaphore que nous trouvons tout naturelle et qui avait peut-être alors un mérite de nouveauté. « Rien ne *marche* après lui » est tout au plus une expression un peu impropre; « rien ne *vient* » serait irréprochable. « Ne vous pas mettre en dépense pour ne me donner que l'espoir » n'a rien qui me choque : n'est-ce pas même assez spirituellement dit? « Belle Philis, on désespère alors qu'on espère toujours » est décidément gracieux. Il y a sûrement de l'affectation dans ce « petit morceau », mais une affectation gentille, une recherche d'esprit qui n'est d'ailleurs pas incompatible avec un peu de vraie tendresse. Je suis sûr que, lu d'une certaine façon, avec une certaine voix, par M<sup>me</sup> Sarah Bernhardt si vous voulez, le sonnet d'Oronte nous charmerait, éveillerait sur nos lèvres un sourire délicat. La chanson du roi Henri vaut mieux. Mais, en un sens, la chanson du roi Henri vaut mieux que tout, vaut mieux même que le *Misanthrope*. On n'a pas trop le droit de piétiner d'aimables vers d'album avec cette roideur, quand on écrit que l'estime la plus glorieuse « a des régals peu chers », qu'on parle du « poids d'une grimace où brille l'artifice », qu'on fait promettre par Arsinoé « une preuve fidèle de l'infidélité » de Célimène ou quand on prête à Philinte quatorze vers qui disent, tous les quatorze, exactement la même chose et dont l'ordre pourrait être interverti à volonté, et de tant de façons que seul un mathématicien pourrait en faire le calcul. Je supplie, après cela, qu'on ne me fasse point dire que je préfère le sonnet d'Oronte au *Misanthrope*. Deux siècles ont passé, et notre goût s'est fait plus hospitalier, voilà tout.

Mais ce sont surtout les mœurs qui, dans la comédie de Molière, sont propres à nous surprendre, quand nous y faisons attention. Nous sommes dans la plus haute société et dans la plus raffinée, dans un monde qui tient à la cour. Nous assistons à une conversation dans le salon d'une femme à la mode. On ne saurait rien imaginer de mieux réglé, de plus sévèrement ordonné que cette causerie mondaine. Huit portraits satiriques défilent, puis une dissertation en règle. Quoi! c'est ainsi que l'on causait au xvii<sup>e</sup> siècle? Apparemment; et nous savons en effet que les por-

traits et les dissertations sur l'amour étaient fort à
la mode en ce temps-là. On causait comme on officie.
Cela est étrange et glacial, et cela fait aimer la conversation d'aujourd'hui, modeste de ton, à mi-voix,
familière et coupée. Nous ne causons plus comme
ces gens-là, heureusement, pas même dans le dernier salon de Paris où règne encore (et avec grâce)
la « conversation générale ». Je ne parle pas de
la scène où Arsinoé, au lieu d'insinuer doucement,
et comme au hasard, au cours de l'entretien, ce
qu'elle a sur le cœur, annonce à Célimène qu'elle
vient exprès pour lui dire des choses désagréables
et lui débite un grand morceau, auquel Célimène
réplique par un morceau de longueur égale : il ne
faut voir là, je pense, que l'emploi d'une convention
un peu forte qui simplifie et éclaircit le dialogue.
Mais ce monde oratoire, c'est aussi celui, nous dit-on,
qui a le mieux connu l'exquise politesse des manières
et la galanterie impeccable. De loin, je ne sais quelle
fleur de délicatesse morale le distingue et le décore.
Approchons-nous.

Eliante et Philinte, les deux personnages les plus
élégants de la comédie, échangent leurs impressions
sur l'amour d'Alceste et de Célimène. « Si ce mariage
ne se fait pas, dit en substance Eliante, je serai joliment contente qu'Alceste me prenne comme pis-aller
— Et moi, répond Philinte, si vous restez en plan, je
me ferai une vraie joie de vous recueillir. » Ainsi
Eliante n'hésiterait point à épouser Alceste qui ne

l'aime pas, ni Philinte à épouser Eliante dont il n'est
pas aimé; et ils se le disent comme cela, tranquillement, directement. Eliante fait son métier d'être
« sincère ». Mais d'être femme, cela ne la regarde
pas. Au fait, quel âge a-t-elle donc, la sincère Eliante ?
Vingt ans ou soixante ans ? Est-elle fille ou veuve ?
Bien fin qui pourrait le savoir. — Célimène est veuve,
on nous l'apprend ; c'est une femme du meilleur
monde, et, en somme, une honnête femme. Elle a de
l'esprit, elle est médisante et elle le montre un peu
longuement dans la scène des portraits. Elle est
coquette et aime à s'amuser des hommes; mais elle
n'est ni perverse ni méchante. Ce n'est nullement une
coquine. Elle n'a rien de felin ni de diabolique. C'est
une coquette assez innocente, une petite coquette, en
dépit des superbes coups d'éventail légués par M^{lle} Mars
à M^{lle} Marsy. Elle joue habilement la comédie dans la
scène où elle réduit Alceste à sa merci en refusant de
se justifier ; mais c'était déjà là, au temps de Molière,
une scène traditionnelle et connue. Je songeais, en
suivant les manèges élémentaires de cette gentille
créature, à la stratégie de la baronne Pfeifer dans
le *Fils de Giboyer*. Les plus grands crimes de Célimène
(les caricatures qu'elle fait de ses amis dans ses
lettres) ne sont guère que des gamineries. Au fond,
elle aime réellement Alceste, autant que cette tête
légère peut aimer ; elle le lui laisse entendre assez
clairement, et elle supporte avec beaucoup de bonne
grâce les emportements et les jalousies de ce brutal

qui se conduit déjà comme un mari. Si Alceste lui
revient et l'épouse un jour (comme nous en avons la
douce certitude), il ne fera peut-être pas une si forte
sottise. Bref, Célimène est une femme charmante et
une grande dame, et les hommes qui l'entourent sont
ce qu'on appelle aujourd'hui des « gens du monde ».
Or, voyez un peu comme ils la traitent. Ils se condui-
sent avec elle comme Olivier de Jalin lui-même hésiterait à le faire avec une fille. On dirait que tout est
permis contre elle; ils sont tous à tripoter honteuse-
ment dans sa correspondance. Alceste lui fait une
scène abominable en lui mettant sous le nez une lettre
qu'il croit détournée de son adresse ou dérobée, et
qu'il n'avait pas le droit de lire. C'est là un bien
vilain procédé. Admettons pourtant qu'il s'explique
par le singulier caractère du personnage. Mais les
autres, Oronte, Acaste, Clitandre, les « honnêtes
gens » de ce temps-là ? Ils font marché de se montrer
entre eux les lettres de Célimène, et ils accourent les
lui montrer à grand bruit, les lui lire tout haut,
devant témoins; ces trois faquins viennent lui donner
une leçon, la raillent brutalement, le prennent de
haut, comme si leur conduite, à ce moment-là, n'était
pas beaucoup plus misérable que celle de la pauvre
petite femme. Et ces goujats crient qu'ils vont
montrer les lettres à tout Paris. Ah ! le vice est là
bel et bien puni et le mensonge amplement confondu,
comme au dénouement d'une comédie de collège!
Notez que Célimène est chez elle, et qu'elle ne les met

pas à la porte. Vraiment, pendant que ces mal élevés
vociféraient autour d'elle, Mlle Marsy m'attendrissait,
jolie comme un ange, fière sous l'affront, se roidissant
pour ne pas pleurer; tout mon cœur était avec elle,
et je disais tout bas à Philinte : « Eh bien! qu'est-ce
que tu attends? Toi, si tu t'appelais de Ryons au lieu
de t'appeler Philinte, si tu ne portais pas perruque,
si tu avais l'honneur d'être un personnage de comédie
contemporaine, tu irais tout de suite offrir ton bras à
cette jolie femme, et tu prierais poliment, mais nettement, ces messieurs de sortir. Et je te garantis
qu'après leur départ tu ne serais pas à plaindre. »
Quelles drôles de mœurs mondaines! Au moins je ne
reproche rien à Molière. Il peignait les façons habituelles des « honnêtes gens » de ce temps-là; je ne me
permettrais pas d'en douter. Mais une conclusion
s'impose, et nous voilà obligé de répéter ce que
M. J.-J. Weiss a dit ici même plus d'une fois. C'est
qu'on trouve fréquemment, au xviie siècle, sous la
politesse volontiers guindée des manières extérieures,
un certain manque de délicatesse morale, une certaine
grossièreté de sentiments, un fond de brutalité. Seulement M. Weiss veut découvrir ce fond chez Molière
lui-même : je suis plus respectueux et n'ose aller
jusque-là. Tout ce que je veux retenir, c'est que, très
certainement le code mondain protège mieux les
femmes aujourd'hui; et que, sans y mettre de prétention, la plupart des hommes sont aujourd'hui des
chevaliers plus scrupuleux que ceux dont l'amour et

la galanterie étaient jadis l'unique science. Supposez que l'action du *Misanthrope* se passe de nos jours : Célimène s'appelle la marquise de Lys ou de Tryas; c'est une jeune veuve, du monde, reçue partout, coquette, mais de tenue correcte et sans amant prouvé : vous verrez que le dénouement du *Misanthrope* devient absolument impossible.

**Théâtre national de l'Odéon** : *Psyché*, tragédie-ballet en cinq actes, avec prologue, de Molière, Corneille, Quinault et Lulli.

18 avril 1887.

Agréable soirée, lundi dernier, à l'Odéon; spectacle non pas endormant, mais un peu berceur, si j'ose dire. Tandis que se déroulaient, d'un cours tranquille et lent, les dialogues gracieux et symétriques de *Psyché*, on pouvait songer tout à son aise.

Il y a plusieurs façons de prendre la mythologie grecque. On s'est plu, de notre temps, à en rechercher les origines. On a vu dans tous les dieux des forces de la nature personnifiées et dans leurs aventures l'expression figurée des principaux phénomènes naturels, on a réduit toutes les histoires d'amour des antiques divinités à des mythes astronomiques ou météorologiques. Ou bien on y a cherché des sens profonds, on en a dégagé la philosophie abstruse. Nos pères du XVIIe siècle y allaient plus bonnement. La mythologie n'était pour eux qu'un musée « pompeux » de figures costumées et une collection d'histoires

galantes et voluptueuses mêlées d'un « merveilleux »
divertissant, mais à peu près dépourvu de signification.
Ces fables, ils les considéraient, en bons chrétiens,
comme des inventions suggérées par le diable; mais
ils jouissaient tout de même, en hommes d'esprit, des
tableaux séduisants et sensuels qu'elles offrent à
l'imagination.

Si vous y tenez, *Psyché* est un mythe platonicien :
l'histoire de l'ascension de l'âme vers le Bien absolu
par l'amour  Et ce mythe sera, si vous le voulez,
presque chrétien : l'aventure de Psyché, punie de sa
curiosité sacrilège, et obligée de reconquérir le bonheur
par une série d'expiations, vous rappellera l'aventure
de nos premiers parents. Le grave Victor de Laprade
a vu tout cela dans le joli roman d'Apulée, et il a eu
raison. Mais pour Molière, comme auparavant pour
la Fontaine, *Psyché* n'est qu'un conte d'amour, un
conte à dormir debout, — à dormir d'un sommeil
traversé de rêves charmants; quelque chose comme
une *Cendrillon* moins populaire, plus savante, plus
parée... (Pardon ! j'oublie que *Cendrillon* est elle-
même un mythe solaire, et qui se pourrait tourner
aisément en poème symbolique et philosophique.)

Nous ne savons presque rien, et cependant nous
sommes parfois las de trop savoir. Il y a des jours où
les exégètes m'ennuient. La mythologie du xviie siècle,
que l'on raille tant, que l'on dit si froide, si fausse, si
guindée, avait pourtant son charme. Ce que nous trai-
tons de « défroque surannée » a passé pour poésie. Il

y a dans les dieux et les déesses de Versailles, et il y
avait, croyez-le bien, dans les ballets païens de la
cour, autre chose qu'une majesté un peu trop concer-
tée. Cela ne semblait pas « froid » du tout aux contemporains. Ils y sentaient ce que vous n'y sentez
plus, voilà tout. Mais il n'est pas absolument impossible de se remettre dans leurs dispositions d'esprit,
et c'est ce que j'ai essayé de faire à *Psyché*, l'autre
soir. Assurément, cette mythologie n'a rien de profond,
et, d'autre part, elle n'est pas ennemie d'un peu de
rhétorique; mais elle est encore fort agréable et,
comme dit Boileau, elle « chatouille ». Le grand siècle
chrétien était bien plus « païen » que nous, au sens
vulgaire du mot. Nous affectons d'aborder les religions
antiques avec un sentiment religieux et un sérieux de
tous les diables. Pour ces bons catholiques du
xvii<sup>e</sup> siècle, la mythologie n'était au fond qu'un apé-
ritif et un excitant.

Donc *Psyché* n'est qu'un conte galant, et j'en sais
gré à Molière. Vous vous rappelez la fable. Vénus,
jalouse de Psyché, supplie l'Amour de la venger en
inspirant à la jeune princesse une passion ridicule
pour quelque malotru. Mais l'Amour lui-même se met
à aimer Psyché, et voici ce qu'il imagine pour en
jouir commodément. Un oracle ordonne au père de
la jeune fille de l'exposer sur un mont solitaire où
elle doit attendre pour époux un monstre horrible
tout gonflé de poisons. Ce monstre métaphorique,
c'est l'Amour, qui se présente à Psyché sous l'aspect

d'un fort beau jeune homme et qui l'emporte dans un
palais merveilleux. La bonne Psyché y reçoit ses deux
sœurs, Aglaure et Cydippe. Ces deux pestes, envieuses
de sa beauté et de son bonheur, conseillent à Psyché
de demander à son amant quel est son nom et son
état, « car, lui disent-elles, c'est sans doute un méchant
magicien, ou bien peut-être est-il déjà marié ». Psyché
les croit et interroge son amant inconnu... Mais tout
aussitôt l'Amour disparaît, le palais s'écroule, et
Psyché se trouve assise aux bords d'un fleuve des
enfers. Elle y retrouve deux bons petits princes,
Agénor et Cléomène, qui ont jadis été ses amoureux
et qui se sont tués de désespoir. Elle y apprend aussi
que ses deux sœurs sont dans le Tartare; elles ont été
jetées au fond d'un précipice par ordre de l'Amour,
en punition de leur méchanceté... Tout cela ne console
point la pauvre petite, qui aime toujours son ancien
amant... Elle a tant pleuré, qu'elle en est devenue laide.
Mais justement Proserpine lui a remis un coffret pour
Vénus. Ce coffret renferme sans doute les drogues
avec lesquelles Vénus entretient sa beauté. « Si j'en
prenais un peu? » Elle ouvre la boîte; une épaisse
vapeur en sort; Psyché s'évanouît... Arrivent Vénus
et l'Amour. Grande querelle. L'Amour supplie sa mère
de rendre la vie à Psyché. Vénus y consent, à condition qu'il ne l'épousera pas, car elle rougirait d'avoir
pour bru une simple mortelle. L'Amour devient mena-
çant... Mais Jupiter descend, à cheval sur son aigle,
et arrange tout en élevant Psyché au rang de déesse.

C'est bien un conte. Vingt choses y restent inexpli-
quées. Pourquoi l'Amour est-il obligé de quitter
Psyché dès l'instant où elle sait qu'il est l'Amóur?
Pourquoi la curiosité si naturelle de Psyché est-elle
un crime? Pourquoi et comment, dans les enfers, Proserpine charge-t-elle Psyché de remettre une boîte à
Vénus? Pourquoi Vénus peut-elle ressusciter Psyché,
et pourquoi l'Amour ne le peut-il pas? Pourquoi est-il
tour à tour supérieur et inférieur à sa mère en puissance? — Vous êtes trop curieux. Puisque c'est un
conte !

C'est bien un conte amoureux d'il y a deux cents
ans. L'amour y est subtil dans ses propos et expert en
dialectique. Non seulement l'amour, mais tous les
sentiments en général. C'est bien le langage de ce
siècle si raisonneur dans la forme et si discipliné dans
le fond. En voulez-vous un curieux exemple? Psyché,
près d'être livrée au monstre, dit à son père, pour le
consoler, que les dieux ne font que lui reprendre ce
qu'ils lui ont donné. Sur quoi ce père, abîmé de désespoir, se met à argumenter comme un clerc en Sor-
bonne : « Un instant! dit-il. Vois ce que tu étais quand
je t'ai reçue d'eux, et vois ce que tu es maintenant :
tu reconnaîtras que les dieux me reprennent beaucoup
plus qu'ils ne m'ont donné. Quand tu es venue au
monde, je ne t'avais pas demandée, et je t'assure que
cela ne m'a pas fait le moindre plaisir... » Mais il faut
citer :

*Je reçus d'eux en toi, ma fille,*
*Un présent que mon cœur ne leur demandait pas,*
*J'y trouvais alors peu d'appas,*
*Et leur en vis sans joie accroître ma famille.*

« Mais peu à peu je me suis fait de ce présent une douce habitude ; pendant quinze ans je me suis étudié à te parer de toutes les grâces et de toutes les vertus ; j'ai fait de toi mon plus cher trésor, la consolation et l'espoir de ma vieillesse... » Conclusion :

*Ils m'ôtent tout cela, ces dieux ;*
*Et tu veux que je n'aie aucun sujet de plainte.*
*Sur cet affreux arrêt dont je souffre l'atteinte ?*
*Ah ! leur pouvoir se joue avec trop de rigueur*
*Des tendresses de notre cœur.*
*Pour m'ôter leur présent, leur fallait-il attendre*
*Que j'en eusse fait tout mon bien ?*
*Ou plutôt, s'ils avaient dessein de le reprendre,*
*N'eût-il pas été mieux de ne me donner rien ?*

Voilà une douleur qui raisonne admirablement. Notez que ce passage n'est pas de Corneille, comme on pourrait le croire tout d'abord, mais de Molière.

Autre marque du temps : pas un coin de nature. L'observation ne vaudrait pas la peine d'être faite, si le poème de *Psyché* ne semblait appeler les belles descriptions et n'était de ceux où nous mettrions, nous, du paysage à foison. Or, en fait de paysage, voici ce que nous offre Molière : « La scène est changée en des rochers *affreux* et fait voir en éloignement une grotte *effroyable*. » Justement ce que nous déclarerions « superbe » aujourd'hui : les rochers et la grotte de

*Jocelyn*, si vous voulez. Et voici ce que nous sert
Corneille :

> Tout rit, tout brille, tout éclate
> Dans ces jardins, dans ces appartements.
>
> . . . . . . . . . . . . .
>
> Et de quelque côté que tournent mes frayeurs,
> Je ne vois sous mes pas que de l'or ou des fleurs.

Et plus loin, voici ce qu'il trouve :

> Vous y verrez des bois et des prairies
> *Contester sur leurs agréments*
> Avec l'or et les pierreries.

Évidemment, ces gens-là n'avaient pas nos yeux,
ni, par suite, notre âme. La façon de voir la Terre et
les objets extérieurs est peut-être ce qui a le plus
changé chez les hommes depuis deux siècles.

Enfin, cette fantaisie est bien de Corneille et de
Molière. La dernière partie de la plainte que j'ai citée
serait passablement hardie si elle ne s'adressait à de
« faux dieux », et sentirait assez son « libertin ». Et
la plainte monte, s'élargit, devient puissante et poignante, et l'on est tout étonné d'entendre, dans une
« tragédie-ballet », des cris comme ceux-ci :

> Mon juste désespoir ne saurait se contraindre;
> Je veux, je veux garder ma douleur à jamais;
> Je veux sentir toujours la perte que je fais;
> De la rigueur du ciel je veux toujours me plaindre;
> Je veux jusqu'au trépas incessamment pleurer
> Ce que tout l'univers ne peut me réparer.

Quant à Corneille, il semble qu'il ait mis dans
*Psyché* (mieux encore que dans le second acte de

*Pulchérie*) tout son été de la Saint-Martin. Je n'ai pas besoin de rappeler la déclaration de Psyché et la réponse de l'Amour. Mais voici d'autres vers que je cueille au passage... Que dites-vous de cette effusion de Psyché délaissée :

> Source de tous les biens, inépuisable et pure,
> Maître des hommes et des dieux,
> Cher auteur des maux que j'endure,
> Êtes-vous pour jamais disparu de mes yeux?
> Je vous en ai banni moi-même :
> D'un indigne soupçon mon cœur s'est alarmé.
> Cœur ingrat, tu n'avais qu'un feu mal allumé,
> Et l'on ne peut vouloir, du moment que l'on aime,
> Que ce que veut l'objet aimé.

Et un peu plus loin, quand elle demande à Cléomène dans quels lieux il demeure, Cléomène répond :

> Dans des bois toujours verts, où d'amour on respire
> Aussitôt qu'on est mort d'amour;
> D'amour on y revit, d'amour on y soupire...

N'est-ce pas délicieux? Et voyez! Les deux poètes n'ont voulu que nous faire un joli conte; l'Amour n'était pour eux que Cupidon, et ils ne nous donnaient Psyché que pour une petite princesse du pays bleu ; mais à certains moments et sans qu'ils y aient peut-être songé, Cupidon devient le grand Eros par qui l'univers se meut et la vie se propage; nous nous rappelons soudain que la petite princesse Psyché, c'est l'Ame humaine ; et, à travers la féerie galante semée de ballets, la grandeur du mythe primitif apparaît comme dans un éclair. Ecoutez, c'est Eros qui parle :

J'ai pleuré, j'ai prié; je soupire et menace
      Et perds menaces et soupirs.
Elle ne veut pas voir que de mes déplaisirs
Dépend du monde entier l'heureuse ou triste face
      Et que, si Psyché perd le jour,
*Si Psyché n'est à moi, je ne suis plus l'Amour.*
Oui, je romprai mon arc, je briserai mes flèches,
   J'éteindrai jusqu'à mon flambeau.
*Je laisserai languir la nature au tombeau..*

# III

13 septembre 1886.

On l'a dit bien souvent, mais ce n'est pas une raison
pour que je ne le répète point, *Don Juan* est une œuvre
extraordinaire, unique dans le théâtre de Molière et
dans tout notre théâtre classique. Cette tragi-comédie
fantastique et bouffonne est une macédoine incroyable
de tous les genres; elle est étrange, elle est bizarre,
elle est hybride, elle est obscure endiable. Avec cela
il n'est guère de pièce ni plus intéressante d'un bout
à l'autre, ni plus émouvante par endroits, ni plus amusante. Surtout il n'en est guère de plus suggestive, pour
employer un mot à la mode, ni qui vous donne plus
à penser, ni autour de laquelle vous puissiez mieux
rêver, et divaguer même, si cela vous fait plaisir.

Il ne faudrait pourtant pas croire qu'elle soit la seule
pièce, de Boileau à Diderot, qui viole aussi directement les règles établies par l'auteur de l'*Art poétique*.
Je ne parle pas des quarante premières années du

xvii° siècle, époque de liberté complète et même
d'anarchie, où vous trouverez des pièces de toutes
sortes, en tout style et de toutes formes sur tous les
sujets : drames en prose, drames en quatre actes, en
sept actes, en deux journées, en huit journées; ignorance des trois unités, mélange du tragique et du
comique, tragi-comédies, tragédies bourgeoises, pas-
torales comiques avec des magiciens et des satyres,
emploi de tous les mètres, alexandrins et vers mêlés,
mélange du drame et de la poésie lyrique... tout cela,
deux cents ans avant *Ruy-Blas*. Mais, du reste, même
aux époques où il était le plus réglé, notre théâtre
est resté, dans son ensemble, beaucoup plus libre
qu'il ne paraît à ceux qui n'en jugent que d'après les
œuvres léguées et consacrées. La fantaisie, l'indépendance à l'égard des règles, et ce qu'on a appelé
depuis le romantisme n'ont jamais cessé d'y faire des
leurs dans quelque coin. Vous vous rappelez les essais
de tragédies en prose de Lamotte; et, chez Dancourt
même, vous pourriez découvrir, noyé parmi ses cinquante vaudevilles, un drame imité, je pense, de l'espagnol, où il y a du tragique et du comique et qui
se moque de l'unité de lieu, un drame proprement
romantique : *la Trahison punie*. Je vous préviens,
d'ailleurs, qu'il est médiocre.

Mais *Don Juan* reste le plus bel exemple, et le plus
insolent, de la forme la plus libre que jamais drame
ait revêtue. De vous rappeler que Molière, en écrivant
cinq actes en prose, faisait quelque chose de nouveau,

quelque chose du moins que l'on n'avait pas fait
depuis longtemps, ce n'est même pas la peine, car il
a pris ici bien d'autres libertés : pas d'unité de lieu
ni de jour et, ce qui est plus grave, pas même d'unité
d'action; un mélange, non seulement du comique
avec le tragique, mais de la farce et de la parade de
foire avec le fantastique le plus terrible; des personnages de toutes les conditions, de tous les mondes
et même de l'autre monde, de Pierrot à la statue du
Commandeur, en passant par don Louis et par Monsieur Dimanche; et tous les styles, depuis le demi-patois
des paysans de l'Ile-de-France jusqu'au style héroïque
et sublime, en passant par celui des honnêtes gens...

N'allez pas pourtant vous récrier là-dessus : « Ah !
ce Molière! quelle audace! quel génie! Il n'y a que
lui! » Car, en réalité, il ne l'a pas fait par exprès.
Relisez, je vous prie, dans l'édition Despois et Mes-
nard tout l'historique de la pièce. Molière ne l'écrivit
que parce que les autres théâtres avaient chacun leur
*Don Juan* qui faisait salle comble. Cette espèce de
« mystère » attirait la foule par son surnaturel et par
ses « trucs », par la statue ambulante et par les flammes
qui jaillissent du plancher. C'est donc sans préméditation que Molière composa (et pour ne jamais plus
recommencer) une pièce irrégulière et d'une liberté
toute « romantique ». Ce fut une œuvre d'occasion et
à laquelle il n'attachait pas sans doute un très grand
prix. Elle ne prouve nullement que sa théorie de l'art
dramatique fût beaucoup plus large que celle de Boi-

leau. Tout le reste de son théâtre témoigne qu'il tint
invariablement pour la distinction des genres et pour
les trois unités. Et cette « machine » que les circonstances l'obligeaient d'écrire, il paraît bien qu'il l'ex-
pédia très vite. Mais, chemin faisant, tandis qu'il tra-
vaillait sur le fond du vieux drame, le personnage
principal grandissait se transformait dans son imagination; et, comme il en notait les traits nouveaux à
mesure qu'ils lui venaient à l'esprit et sans prendre
le loisir de les fondre ou de les accorder avec les
premiers, il est sorti de là ou don Juan dont les
aspects successifs semblent un peu trop indépendants
les uns des autres, et dont la figure totale manque
quelque peu de clarté. Mais cela ne lui a point nui.
On s'attache avec un intérêt d'autant plus passionné
à cette figure énigmatique, on s'évertue sur elle, on
s'y acharne, on veut à toute force la comprendre,
l'expliquer, la définir. Et le don Juan de Molière a
fait des petits : le don Juan de Byron, celui de
Mozart, celui de Musset, tous dons Juans qui ne sont
guère plus faciles à définir que leur père. Et celui-ci
nous apparaît aujourd'hui plus grand encore, pour
avoir engendré tant de fils.

Le don Juan primitif, le don Juan de Tirso de Molina
est pourtant bien simple, lui. C'est un jeune débauché
qui fait mille horreurs, d'ailleurs bon catholique et
qui ne voudrait pas mourir sans s'être confessé. Mais
la statue du Commandeur, messagère de la colère de
Dieu, ne lui en laisse pas le temps. La morale de l'his-

toire paraît être qu'il ne faut point attendre au dernier
moment pour se convertir. Puis le don Juan espagnol
passe en Italie. Là on le fait impie et athée. Il reste
tel aux mains de Rosimond et de Villiers. Débauché,
trompeur et impie, d'ailleurs assez incolore, beaucoup
plus pâle que le don Juan de Tirso qui, lui du moins,
est furieusement espagnol, — c'est dans cet état qu'ils
le passent à Molière. Voyons ce que Molière en fait et
comment il le façonne.

D'abord il le francise (comme aussi la plupart des
autres personnages). Il avait sous les yeux les équivalents français de don Juan de Tenorio : Bussy-
Rabutin, si vous voulez, de Vardes ou d'Olonne, les
seigneurs « libertins » (prenez le mot au sens d'autrefois et au sens d'aujourd'hui), êtres élégants, dépravés
et un peu féroces, méprisant les hommes, élevés par
leur condition au-dessus de la plupart des lois, à qui
bien des choses, même sous Louis XIV, restaient per-
mises, du moins dans le privé, et dont nous avons
quelque peine aujourd'hui à imaginer la vie. Molière
forme son don Juan à leur image. Il lui prête leur
costume, leur chapeau emplumé, leurs canons, leurs
rhingraves, leurs paquets de rubans. Il lui prête leur
esprit, l'esprit français, l'ironie, la grâce, la vivacité
du langage. Il lui prête leur dureté de cœur et leur
cynisme. « Hé! dit don Juan quand son père est
sorti, mourez le plus tôt que vous pourrez, c'est le
mieux que vous puissiez faire. Il faut que chacun ait
son tour, et j'enrage de voir des pères qui vivent

autant que leur fils. » C'est bien un gentilhomme
français, et de l'espèce que j'ai dite, que Molière nous
montre faisant si joliment la cour à Charlotte et cependant l'examinant comme une pouliche : « Tournez-
vous un peu, s'il vous plaît... Haussez un peu la tête, de
grâce... Ouvrez vos yeux entièrement... Que je voie un
peu vos dents, je vous prie... » Bien français encore,
don Juan entre Charlotte et Mathurine. Bien français
aussi, don Juan éconduisant Monsieur Dimanche.
Plus d'un gentilhomme criblé de dettes avait pu jouer
la scène ou quelque autre analogue. Et Molière prête
à son héros le jour de « libertinage » des « honnêtes
gens » d'alors. Dans la comédie de Villiers, don Juan
expose son athéisme avec une lourde pédanterie.
Celui de Molière se contente de hausser les épaules
aux questions de Sganarelle sur le ciel, l'enfer, le diable
et le moine bourru ; de faire « Eh !... Oui, oui !... Ah !
ah ! ah ! » — et, quand Sganarelle se laisse tomber
par terre après une démonstration de l'existence de
Dieu par le spectacle de l'univers (qui semble une parodie anticipée de Fénelon), de dire en souriant :
« Bon ! voilà ton raisonnement qui a le nez cassé. »
Enfin Molière, en peintre impartial, laisse à son don
Juan les deux vertus essentielles du gentilhomme, le
courage et le sentiment de l'honneur, dans la scène
de grande allure où il défend contre des voleurs le
frère d'Elvire et, reconnu, se met à sa disposition.
Jusque-là don Juan est assez clair, et son personnage
se tient. C'est bien le type du « grand seigneur

méchant homme », comme le définit d'un mot le naïf
Sganarelle. Seulement... je ne sais comment dire, il
me semble que je ne sens pas chez Molière un grand
zèle à flétrir ce « méchant homme », ni une grande
haine contre ce séducteur et cet impie. Molière, sans
doute, n'avait pas à exprimer cette haine : aussi ne
donné-je là qu'une impression.

Remarquez que le type de don Juan, même réduit
à ce que je viens de dire, déborde déjà celui que nous
avons pris l'habitude de nous figurer, soit celui de
Byron, soit celui de Musset : l'homme dont la vocation
et la fonction est d'être aimé de toutes les femmes,
et de croire qu'il les aime, celui qu'étudie M. Armand
Hayem dans un livre distingué (le *Donjuanisme*), et que
j'ai moi-même essayé de définir ailleurs, à propos d'un
article de M. Henry Fouquier [1]. Et, par exemple, que
ce soit l'orgueil et une sorte de cruauté de conquérant
(Lovelace), ou la curiosité, ou la passion de je ne sais
quel idéal qui domine chez don Juan tel que nous le
concevons le plus volontiers, l'impiété n'est nullement
essentielle à son caractère. Les questions sur Dieu et
sur l'âme, il ne se les pose même pas ; ce n'est point
là son affaire. Le don Juan de Molière, au point où nous
l'avons laissé, le « grand seigneur méchant homme »
et « libertin » est donc déjà, si je puis dire, quelque
chose d'autre que don Juan.

Mais Molière ne s'en tient pas là ; il va compliquant

---

1. *Les Contemporains*, 3ᵉ série. (Chez Lecène et Oudin.)

encore son type, et de telle façon que les traits qu'il
y ajoute ne paraissent pas toujours s'accorder avec
ceux que nous venons de voir. Que don Juan ne croie
ni à Dieu, ni à diable, voilà qui est bien. Mais on
dirait que Molière prend un secret plaisir à insister sur
l'incroyance de don Juan, bien que son héros n'ait
aucun besoin d'être si explicitement impie pour tuer
le Commandeur et pour enlever Elvire ou séduire
Charlotte. Au fond (je n'en sais rien, mais j'en suis sûr),
c'est bien sa propre incrédulité que Molière prête au
grand « trompeur de Séville ». Mais voici quelque
chose de plus imprévu : la scène du pauvre. Au mendiant qui lui demande l'aumône en lui promettant ses
prières, don Juan offre un louis d'or, à la condition
qu'il jurera le nom de Dieu. Il y a là autre chose
que de l'impiété; j'y découvre un sentiment passablement atroce et quelque peu diabolique : le plaisir
de tenter une âme et de l'avilir. Cela n'est plus proprement du « donjuanisme »; cela est d'une perver-
sité trop raffinée pour don Juan. Et, par contre, voici
qui est trop généreux pour lui. Tout de suite après
ce caprice néronien de contempteur des hommes, le
pauvre ayant répondu qu'il aimait mieux mourir de
faim que de jurer : « Va, va, fait don Juan, je te le
donne pour l'amour de l'humanité ». Est-ce le même
qui parle? De bonne foi, si nous ne connaissions la
pièce d'avance, nous attendrions-nous à cela? Et à
quoi sert cette scène, et que rapporta-t-elle avec le
caractère du grand séducteur des femmes?

Ce n'est pas tout ; don Juan nous est présenté, au cinquième acte, sous un aspect encore plus difficile à prévoir. Malgré ses vices, malgré ses innombrables « crimes d'amour », il est resté jusque-là gentilhomme d'allure : nous l'avons vu marcher le front haut dans sa « scélératesse ». Tout à coup il prend un air confit et se fait dévot. « C'est, dit-il, un dessein que j'ai formé par pure politique, un stratagème utile, une grimace nécessaire où je veux me contraindre, *pour ménager un père dont j'ai besoin*, et me mettre à couvert, du côté des hommes, de cent fâcheuses aventures qui pourraient m'arriver. » Don Juan hypocrite ! voilà qui ne répond guère à l'idée que nous nous faisions de lui. Il fallait que Molière fût bien enragé contre les « faux dévots » pour imaginer cette dernière transformation de don Juan. Qu'est devenu cet orgueil, cette joie fière de braver les lois divines et humaines, qui faisait toute sa vertu ? Don Juan Tartufe, ce n'est plus don Juan. Qu'est-ce donc que cet homme-là ? Nous commençons à n'y plus voir clair du tout.

Un débauché, un suborneur de femmes, un grand seigneur hautain et dur, un impie, un génie corrupteur qui se plaît à avilir encore les misérables, un philosophe qui parle de son amour de l'humanité, enfin un hypocrite, don Juan est tout cela tour à tour. Faut-il dire que le personnage est obscur, incohérent et contradictoire ? ou bien faut-il chercher comment ces traits si dissemblables s'accommodaient dans l'esprit de Molière, et ce qui les explique et les concilie tous ?

Soyez persuadés que nous trouverons. J'avoue
d'abord que j'ai fort exagéré ce qu'il peut y avoir de
contradictoire dans les diverses attitudes du don Juan
de Molière. Et j'ai eu soin de laisser dans l'ombre ce
qu'elles ont entre elles de commun. Ne voyez-vous pas
que ce sont toutes attitudes de curiosité ironique? Le
fier don Juan prend à la fin le masque de l'hypocrisie;
mais il n'est pas hypocrite à la façon de Tartufe, et
même il ne l'est point du tout, puisqu'il se vante de
l'être. Le discours par lequel il se déclare hypocrite
est la plus violente et la plus directe satire de l'hypocrisie : «... C'est là le vrai moyen de faire impuné-
ment tout ce que je voudrai. Je m'érigerai en censeur
des actions d'autrui, jugerai mal de tout le monde, et
n'aurai bonne opinion que de moi. Dès qu'une fois on
m'aura choqué tant soit peu, je ne pardonnerai
jamais et garderai tout doucement une haine irrécon-
ciliable... » Ainsi don Juan s'amuse. Il s'amuse d'un
bout à l'autre du drame. C'est peut-être avant tout un
grand curieux et un artiste. Cela se marque dès la
première scène où il paraît. Il a moins de désirs que
de curiosité : « Les inclinations naissantes ont des
charmes inexplicables, et tout le plaisir de l'amour
est dans le changement. On goûte une douceur
extrême à réduire, par cent hommages, le cœur d'une
jeune beauté, à voir de jour en jour les petits progrès qu'on y fait, etc... » Ce qui l'arrête entre Charlotte
et Mathurine, c'est surtout le plaisir de la comédie
qu'il leur joue et de celle qu'elles lui donnent sans le

savoir. C'est le même sentiment de curiosité orgueilleuse et malfaisante qui le pousse à tenter le vieux
mendiant. Notez que le singulier mouvement par
lequel il lui donne, le louis, « pour l'amour de l'humanité » n'est que pour troubler davantage l'âme du
pauvre diable. Quand donc Elvire, voilée de noir,
vient, avant de s'ensevelir au couvent, le supplier de
changer de vie, il lui semble que cette femme en deuil,
amoureuse encore dans sa pénitence, a un charme
qu'il ne connaissait point et que peut-être elle lui
pourra donner quelque sensation nouvelle. Don Juan
est un faiseur d'expériences. Le monde lui est un
spectacle autant qu'une proie. Il prend moins de
plaisir à faire choir les femmes qu'à voir comment
elles tombent, et à dominer les hommes qu'à les
manier et à les mépriser. Bref, vous trouverez chez
don Juan, à un haut degré, ce qu'on a appelé, depuis,
le « dilettantisme », et vous le trouverez mêlé à un
sentiment qui n'a été, lui non plus, complètement
exprimé que de nos jours : l'amour artistique du mal,
qui n'est qu'un raffinement d'orgueil, la forme la plus
savante de l'instinct de révolte. Il me semble que c'est
ce dilettantisme et ce goût raisonné du péché qui
maintient, à travers ses métamorphoses, l'unité du
don Juan de Molière, de ce personnage si complexe
et si riche que, non seulement Lovelace et Valmont,
non seulement le don Juan de Byron et celui de Musset,
mais encore de Marsay, M. de Camors et le duc de
Mora paraissent en être sortis.

Théatre national de l'Odéon : La *Première du Misanthrope,* comédie en un acte par MM. Adolphe Aderer
et Armand Ephraïm.

18 janvier 1886.

L'Odéon a célébré la naissance de Molière en nous
donnant la *Première du Misanthrope.* C'est encore
l'histoire sempiternelle des infortunes conjugales de
Molière qui a fait les frais de cet aimable à-propos.
Les jeunes auteurs ont eu l'ingénieuse idée de nous
montrer, après la première représentation du *Misanthrope* et le rideau à peine baissé, les dernières scènes
de la pièce se reproduisant au foyer des acteurs.
Lauzun, le jeune duc de Richelieu et d'autres seigneurs
entourent et complimentent M<sup>lle</sup> Molière, sans faire
seulement attention au mari. On discute aussi l'œuvre
nouvelle et l'on conteste la vérité du dénouement : le
jaloux devrait, à la fin, revenir à la coquette, car
c'est ainsi que les choses se passent dans le monde.
Molière, resté seul avec le bon Chapelle, se plaint
amèrement de sa femme et récite la page émouvante

que nous avons tous lue dans *la Fameuse Comédienne*.
Survient Armande : nous assistons à une querelle de
ménage où la méchante affecte de prendre de travers
tout ce que lui dit son mari et lui reproche même de
lui avoir donné « une panne » en lui confiant le rôle
de Célimène. Chapelle, navré, entreprend de réunir
les deux époux et, Richelieu et Lauzun arrivant là-
dessus, l'un après l'au're, pour retrouver Armande
dans sa loge, il les avertit qu'elle se moque d'eux.
Elle reparaît à ce moment, et les deux jeunes fats la
traitent exactement comme Acaste et Clitandre viennent de traiter Célimène. Quand ils se sont retirés :
« Voyons, dit Chapelle, est-ce que votre mari ne vaut
pas tous ces muguets? Réconciliez-vous avec lui : vous
n'avez qu'un mot à dire pour le voir à vos pieds. »
Et c'est ce qui arrive aussitôt : Armande prie Molière
de lui faire répéter la fin de son rôle; il se prête à cette
fantaisie; et alors, au lieu de lui répliquer que

La solitude effraye une âme de vingt ans,

elle se déclare prête à l'y suivre. Et le pauvre Molière
est repris.

Cette petite scène offre de très heureux pastiches du
style de Molière, des coupes et des symétries de son
dialogue. On sent un peu trop, par endroits, que
deux agrégés ès lettres s'y sont fort appliqués; mais
ces deux agrégés ont autant d'esprit que s'ils étaient
des licenciés de Salamanque, et c'est pourquoi je suis
persuadé qu'ils « grandiront ».

Ils ont accepté, comme on a vu, le Molière tragique
et douloureux qui est à la mode depuis un assez long
temps déjà. Il ont voulu que Molière se fût très exactement dépeint dans Alceste, et il leur a plu, d'autre
part, qu'Armande ne poussât point jusqu'au bout ses
coquetteries, et qu'elle fît sans doute de Molière un
un martyr, mais sans en faire « un sot », selon le
mot de Dorine. Je me garderai de le leur reprocher,
puisqu'ils ont fait avec cela un acte fort élégant; mais
je profite de l'occasion pour confesser que j'ai peine
à partager sur ces différents points le sentiment de la
plupart des « moliéristes ». Je trouve d'abord un peu
bizarre que, depuis une vingtaine d'années, on se soit
beaucoup plus occupé du ménage de Molière que de
son œuvre. Je sais à quel point cette manie est inoffensive ou même bienfaisante; je sais qu'elle occupe et
qu'elle enchante ceux qui en sont possédés, qu'elle
les sauve de l'ennui, qu'elle les rend réfractaires
au pessimisme et qu'elle les détourne de mal faire.
Mais, enfin, j'admire la superstition candide et la plaisante bigoterie que quelques-uns ont apportées dans
ces recherches. Cela fait songer aux scrupules, aux
transes, aux effarements, aux partis pris et aux sub-
terfuges de quelque digne ecclésiastique qui aurait
entrepris l'histoire d'un saint un peu gênant et un
peu compromettant, aux vertus fortement mélangées
de passions humaines, comme il s'en est rencontré.
Supposez l'abbé Célestin écrivant la vie du pape Gré-
goire VII et voulant à toute force nous démontrer la

douceur et la charité chrétienne de ce saint tumultueux.
C'est tout à fait le cas des hagiographes de Molière,
quand il veulent nous faire croire à l'irréprochable
chasteté de leur « bien heureux ». Car c'est à peu près
là qu'ils en sont. Ils reculent d'horreur devant cette
idée que Molière a pu épouser Armande un peu à
l'aveuglette et au petit bonheur et sans être entièrement sûr de n'être pas son père. Ils nient comme de
beaux diables ou comme d'excellents sacristains. Je
me contente de n'avoir aucune opinion sur une question insoluble et qui, au surplus, m'intéresse médiocrement. Mais, tant pis si je blasphème : mon impression sincère est que Molière n'était peut-être pas
incapable de courir ce risque inquiétant. On sait
qu'Alcibiade, en pareille occurrence, passait outre
gaillardement et tranchait la question en disant :
« Cette enfant ne *doit* pas être de moi » un peu comme
Bilboquet disait : « Cette malle *doit* être à nous ». Les
bedeaux de Molière ne veulent même pas qu'il ait été
l'amant de M^lle de Brie. Moi, je n'affirme rien, me rap-
pelant le joli mot : « Comment faites-vous, monsieur,
pour être si sûr de ces choses ? » Mais je suis assez
tenté de croire au sans-gêne des mœurs de Molière. Il
me semble bien qu'en ces matières la tranquille philosophie qui triomphe dans *George Dandin* a toujours
été la sienne, et, s'il m'était prouvé qu'il a eu l'intention bien arrêtée, dans *Amphitryon*, de célébrer joyeu-
sement les amours adultères du roi son patron, cela
ne me surprendrait pas outre mesure. Songez à la vie

de *Roman comique* qu'il a menée pendant vingt ans à travers la province, jouant dans des granges, couchant dans des gîtes de hasard et cheminant dans des voitures qui ne devaient pas sensiblement différer de ces maisons roulantes de saltimbanques où règne une si naïve promiscuité. Le char de Thespis dut ressembler plus d'une fois à un bateau de fleurs. Et, plus tard, à Paris, quand il fut directeur d'un théâtre sérieux et bien assis, pensez-vous que les tentations lui aient été épargnées ou qu'il n'y ait jamais succombé? Aujourd'hui même, l'austérité des directeurs de théâtre ne passe point pour universelle. L'austérité de Molière me paraît donc une invention des plus divertissantes. Ce n'est, je le répète, qu'une impression. Et, d'ailleurs, que nous importe? C'est son affaire, et il nous suffit qu'il ait été un fort brave homme et qu'il ait écrit des chefs-d'œuvre.

Mais quand, après cela, on nous le donne pour un martyr sur lequel il faut pleurer, je ne me rends pas du premier coup. Je remarque d'abord qu'il a eu le plus grand tort, sachant la vie comme il la savait, d'épouser à quarante ans passés une femme de dix-huit ans. Puis, il se peut sans doute qu'il ait souffert à certains moments de l'humeur coquette de sa femme, et qu'il s'en soit plaint amèrement; mais ce n'étaient là, je pense, que de courts accès. Il était très occupé et très apprécié, et le travail est un grand consolateur, et M^lle de Brie et M^lle du Parc n'étaient pas de médiocres consolatrices. J'ai donc peur qu'il ne se soit pas

mis, autant qu'on l'a dit, dans le personnage d'Alceste.
A mon avis, il n'a dû être qu'à certaines heures l'Alceste amoureux et souffrant, et il n'a presque jamais
été l'Alceste grondeur et scrupuleux.

J'admets pourtant que cet homme qui a tant
raillé les maris trompés se soit aperçu un jour que
la chose n'est pas comique à tous les points de vue,
particulièrement à celui du mari. Puisque votre
Molière est si malheureux, je suppose qu'il a les meilleures raisons de l'être. Mais point. Vous voulez bien
qu'il se croie trahi parce que cela le rend intéressant;
vous ne voulez pas qu'il soit trahi, parce que cela le
rendrait ridicule. Les bons « moliéristes » tiennent
infiniment à ce que leur dieu n'ait pas eu le sort de
Dandin. L'arc de triomphe qu'ils lui dressent est
pourtant assez haut pour qu'il y passe quand même
sans difficulté. Mais ce n'est pas leur avis; et, après la
pureté de Molière, ils inventent la vertu d'Armande.
Vous vous souvenez qu'un professeur très distingué [1]
nous soutenait, il y a quelques mois, et tentait de
nous démontrer qu'il n'y a jamais eu, dans le fait
d'Armande Béjard, qu'un peu de coquetterie sans conséquence. Cette thèse peut, à la rigueur, se soutenir
aussi bien que l'opinion contraire, et ce n'est point
aux arguments des lévites de Molière que je trouve à
reprendre. C'est l'esprit de toutes ces béatifications
qui m'étonne, tout en m'édifiant. J'ai beau faire, je

1. M. Gustave Larroumet.

n'éprouve point le besoin invincible de croire que ce
poète et sa femme ont été des bourgeois très rangés ;
et, d'un autre côté, je ne saurais m'exciter sur des
questions dont nous sommes sûrs d'avance de n'avoir
jamais le dernier mot. J'aime Molière tel qu'il est, et
même quel qu'il soit. J'entrevois dans sa vie intime
de terribles défaillances ; c'était, comme tant d'autres,
une pauvre créature impressionnable, sujette à la
tyrannie des instincts et souvent en proie au hasard
et à l'aventure. Homme, je l'aime pour sa faiblesse,
et je l'aime poète, pour le don prodigieux qu'il avait
de créer des êtres vivants avec peu de mots, pour sa
générosité, sa cordialité, la belle santé de son esprit,
sa gaieté traversée de tristesse. Je crois bien qu'au
fond Molière, élève de Gassendi, traducteur de Lucrèce,
est un révolté dans son temps. Tout au moins son
bon sens est d'une hardiesse singulière et l'allure de
son esprit est telle qu'on le soupçonne de plus de
liberté qu'il n'en a voulu montrer. Il s'en faut de beaucoup que son théâtre soit une école de respect : le
*naturam sequere* pourrait lui servir d'épigraphe ;
maxime hasardeuse et qui vaut juste ce que valent
ceux qui l'expliquent et l'appliquent. Or, l'interprète
est ici un homme de génie, et me paraît, tout compte
fait, un homme excellent. On a donc bien raison de
l'admirer et de l'aimer. Mais le culte de « latrie »
serait peut-être de trop. Molière lui-même nous dirait
qu'il y préfère notre bonne amitié.

# RACINE [1]

---

## I

Théatre national de l'Odéon. Lundis classiques :
*Phèdre*.

17 mai 1886.

Les lundis classiques de l'Odéon continuent d'être
la joie des âmes honnêtes de la rive gauche et la
consolation des bons critiques qui viennent s'y re-
poser des vaudevilles et des mélodrames éphémères,
en méditant doucement sur les vieux chefs-d'œuvre
insondés, où l'on peut voir tout ce qu'on veut et qui
se prêtent à tous les rêves.

Quelle œuvre singulière que *Phèdre*, quand on y
regarde d'un peu près ! La femme de Thésée est sans
doute une malade, en proie à l'une de ces passions
inéluctables qui troublent la raison, oppriment la

---

1. Cf : *M. Émile Deschanel et le romantisme de Racine.* (*Les
Contemporains*, 2ᵒ série. Chez Lecène et Oudin.)

volonté et vous coulent leur poison jusqu'aux moelles.
Mais Phèdre est aussi une conscience infiniment
tendre et délicate; Phèdre est une chrétienne qui
connaît très bien qu'elle perd son âme; elle sent le
prix de cette chasteté qu'elle offense; elle est torturée
de remords; elle a peur des jugements de Dieu; elle
a peur de l'enfer. Victime d'une fatalité qu'elle porte
dans son corps ardent et dans le sang de ses veines,
pas un instant elle ne consent au crime. Le poète
s'est appliqué à accumuler en sa faveur les circon
stances atténuantes. Elle ne laisse deviner sa passion
à Hippolyte que lorsque la nouvelle de la mort de
Thésée a ôté à cet amour son caractère criminel; et
cet aveu lui échappe dans un accès de délire halluciné.
Plus tard, c'est la nourrice qui accuse Hippolyte :
Phèdre la laisse faire, mais elle n'a plus sa tête et ne
respire plus qu'à peine. Pourtant elle allait se dé-
noncer, lorsqu'elle apprend qu'elle avait une rivale;
et sa raison part de nouveau. Enfin elle se punit en
buvant du poison et vient, avant de mourir, se confesser publiquement; et le mot sur lequel son dernier
soupir s'exhale est celui de « pureté ». Pâle et languissante, n'ayant dormi ni mangé depuis trois jours,
jalousement enfermée dans ses voiles de neige, pareille
à quelque religieuse dévorée au fond de son cloître
d'on ne sait quelle incurable et mystérieuse passion
et se consumant dans une pénitence stérile, elle est
vraiment, en dépit de sa flamme incestueuse, aussi
chaste qu'Hippolyte, et c'est elle, dans ce drame, qui

est la vraie et la plus déplorable victime. On l'aime,
on l'adore, on la plaint, on la tient parfaitement
innocente. Boileau, qui était un cœur droit et un
ferme esprit, parle de la « douleur vertueuse » de
Phèdre et la déclare « perfide et incestueuse *malgre
soi* ». Arnaud approuvait fort l'inspiration toute chrétienne de cette tragédie; pour lui le rôle de Phèdre
était un exemple excellent de l'impuissance où nous
sommes de résister à certaines tentations par nos
seules forces et sans le secours de la grâce. Phèdre a,
du reste, toutes les pudeurs et toutes les délicatesses
morales, et elle parle, naturellement, la langue savante
et nuancée d'une princesse du xvii<sup>e</sup> siècle, et d'une
princesse de Racine. J'imagine qu'aujourd'hui encore
quelque patricienne élevée au Sacré-Cœur, si elle
était tentée de la même façon que Phèdre, éprouverait
les mêmes sentiments, aurait les mêmes troubles, les
mêmes terreurs, les mêmes appels à Dieu et, dans le
coin de quelque église, les mêmes effusions. Si Julia
de Trécœur était meilleure chrétienne, elle ne ressemblerait pas mal à Phèdre.

Pour Hippolyte et pour Aricie, je n'ai pas besoin
de dire à quel point ils sont contemporains de Racine.
Ils le sont même un peu trop vraiment; et malgré
moi je regrette le farouche et beau chasseur d'Euripide, initié aux mystères orphiques, prêtre secret
d'un culte de purification et de rachat, voué à Diane
comme un « Enfant de Marie » de la Grèce primitive,
qui porte des fleurs à l'autel de sa reine en chantant

un cantique, comme font les jeunes filles aux blancs
reposoirs du mois de mai, et qui meurt consolé et
bercé par sa déesse immaculée, comme un moine
très jeune et très saint visité à son lit de mort par
une apparition de la Vierge. Mais peut-être Racine
n'a-t-il pas senti le charme étrange de la chasteté
masculine. Ou plutôt il a craint les railleries des
hommes de son temps, qui n'auraient pas compris.
Par un renversement singulier, il a fait une Phèdre
chaste et un Hippolyte amoureux.

Mais, tandis qu'il rajeunissait les personnages, il a
conservé intacte leur généalogie et tous les détails de
l'antique légende. D'où les plus surprenants con-
trastes. Cette Phèdre chrétienne du xvIIᵉ siècle et
d'aujourd'hui est fille de Minos et de Pasiphaé et
petite-fille du Soleil. Cette coquette et fringante Aricie,
si spirituelle et si avisée, et qui ne veut s'enfuir avec
Hippolyte que « la bague au doigt », est l'arrière-
petite-fille de la Terre. Et toutes deux citent leurs
ascendants avec la même tranquillité que s'ils s'appe-
laient Dupont ou Durand. On nous parle de Sciron, de
Procuste, de Sinis et du Minotaure. On nous rappelle
que le mari de Phèdre est allé un beau jour, dans le
Tartare, « déshonorer la couche » de Pluton. Nous
sommes dans un monde où les dieux tiennent des
monstres à la disposition de leurs amis, et où la mer
vomit d'énormes serpents à tête de taureau. Certains
vers nous révèlent subitement que ces personnages,
qui tout à l'heure nous semblaient si proches de nous,

appartiennent à une époque extraordinairement loin-
taine, pleine du souvenir de grands cataclysmes naturels et où vivaient peut-être des espèces animales
maintenant disparues, au temps des premières cités,
au temps des monstres et des héros. Le drame poignant, et qui pourrait aussi bien être d'aujourd'hui,
traîne après soi des lambeaux de légendes trente ou
quarante fois séculaires. Aricie, fine comme la duchesse d'Orléans, Hippolyte, continent et timoré
comme le duc de Bourgogne, Phèdre, tendre et chaste
comme La Vallière, nous apparaissent à certains moments (ô surprise!) comme les vagues personnages
sidéraux d'un mythe solaire inventé par les anciens
hommes.

L'effet total devrait être déconcertant. Mais d'abord
le public n'en cherche pas si long, et il a bien raison.
Et ceux qui y songent, et qui ont raison aussi, trouvent cela délicieux. Je ne citerai qu'un passage, où le
mythe primitif et le drame tout moderne, quoique
séparés par tant de siècles, se mêlent et se fondent
harmonieusement dans l'imagination du spectateur
subtil. Relisez ces vers, je vous prie ; c'est Phèdre qui
parle :

> Misérable ! et je vis ! et je soutiens la vue
> De ce sacré soleil dont je suis descendue !
> J'ai pour aïeul le père et le maître des dieux ;
> Le ciel, tout l'univers est plein de mes aïeux.
> Où me cacher ? Fuyons dans la nuit infernale.
> Mais que dis-je ? Mon père y tient l'urne fatale...

Ainsi, au moment le plus douloureux du drame,

Phèdre nous fait ressouvenir que Jupiter est son bi-
saïeul, le Soleil son aïeul et Minos son père. Cet état
civil la reporte à quelque trois mille ans en arrière,
et cela quand nous aurions le plus besoin de la croire
une de nous. Toute cette mythologie devrait nous
refroidir, arrêter en nous l'émotion qui naissait. Mais
non, car tout aussitôt cette mythologie se transforme.
Jupiter, le Soleil, « l'Univers plein des aïeux » de la
coupable, évoquent pour nous l'idée de l'œil de Dieu,
partout présent, partout ouvert sur notre conscience ;
Minos est le juge éternel qui attend notre âme après
la mort ; et, quand Phèdre, écrasée de terreur, tombe
sur ses genoux en criant : « Pardonne ! » c'est bien,
si vous voulez, vers Minos qu'elle crie, mais nous
comprenons que c'est surtout vers le Dieu de Racine.

Là est l'intérêt profond de quelques-unes de nos
tragédies classiques. Comme le fond en est, si je puis
dire, de beaucoup antérieur à la forme, elles em-
brassent d'immenses parties de l'histoire des hommes
et présentent simultanément, à des plans divers, l'i-
mage de plusieurs civilisations. *Phèdre* a peut-être
quatre mille ans, de par le Minotaure et les exploits
de Thésée ; elle a vingt-quatre siècles par Euripide ;
elle en a dix-huit par Sénèque ; elle en a deux par
Racine, et enfin elle est d'hier par tout ce que Racine
n'y a peut-être pas mis et que j'y ai senti tout de
même. Elle est de toutes ces époques à la fois ; elle
est éternelle, entendez contemporaine de notre race à
toutes les périodes de son développement. Et voyez

quelle grandeur et quelle profondeur donne à l'œuvre
la mythologie primitive dont elle est toute pénétrée.
Quand Phèdre nomme son aïeul le Soleil, quand
Aricie nomme son aïeule la Terre, nous nous rappelons soudain nos lointaines origines, et que la Terre
et le Soleil sont en effet nos aïeux, que nous tenons à
Cybèle par le fond mystérieux de notre être, et que
nos passions ne sont en somme que la transformation
dernière de forces éternelles et fatales et comme leur
affleurement d'une minute à la surface de ce monde
de phénomènes. Et ainsi (qui l'eût cru?) des impressions darwinistes finissent par se dégager de cette
œuvre éminemment chrétienne.

Les tragédies classiques sont charmantes parce
qu'elles sont infiniment suggestives et qu'elles four-
nissent d'admirables thèmes au rêve et au souvenir.
Il est certain que les comédies et les drames qui nous
mettent sous les yeux des mœurs ou des histoires
d'aujourd'hui nous causent des plaisirs plus vifs ou
des émotions plus fortes. Jamais vous ne pleurerez
à une tragédie, ni n'en aurez envie, je pense. Mais
votre esprit s'y occupera et s'y délectera de diverses
manières. D'abord vous goûterez d'une âme tranquille
la beauté un peu refroidie de la forme; puis, si cela
vous plaît, vous transposerez la fable, vous la « mo-
derniserez », vous l'imaginerez se déroulant chez
nous, vous prêterez aux personnages des corsages
collants et des habits noirs : et peut-être alors vous
sentirez-vous tout près d'être touchés. Ou bien, par

5.

un amusement inverse, après avoir approché la fable
de vous, vous remonterez jusqu'à ses lointaines origines ; vous chercherez à reconnaître dans le drame
les apports des siècles successifs, et vous aurez la
joie de planer sur les âges à la façon d'un dieu.

## II

Comédie française : *Bajazet*.

12 avril 1887.

Que dire de *Bajazet* ? Le meilleur moyen qu'on ait de paraître neuf en parlant des œuvres classiques, c'est de se faire, en les abordant, un esprit vierge et libre de tout souvenir. Mais cela n'est pas très facile; nous n'y pourrons prétendre que dans un monde meilleur, après un large bain de Léthé. Reste un moyen empirique : c'est de prendre le contrepied des jugements traditionnels.

Il y en a deux principaux sur *Bajazet* : celui de Corneille et celui de La Harpe.

Voici le premier, rapporté par Segrais : « Etant « une fois près de Corneille à une représentation du « Bajazet, il me dit : « Je me garderais bien de le « dire à d'autres que vous, parce qu'on dirait que « j'en parlerais par jalousie ; mais prenez-y garde, il « n'y a pas un seul personnage dans le *Bajazet* qui « ait les sentiments qu'il doit avoir et que l'on a à « Constantinople ; ils ont tous, sous un habit turc, « le sentiment qu'on a au milieu de la France. »

Et voici le second : « *Bajazet* est une tragédie du second ordre, qui n'a pu être écrite que par un auteur du premier. » A vrai dire, ce jugement suppose, chez La Harpe, des lumières extraordinaires, et qu'il possédait une mesure, un étalon, une balance d'une précision bien remarquable, pour fixer le rang, non seulement des auteurs, mais des œuvres, — et cela sans embrouiller jamais les deux « cotes », en sorte qu'il eût pu dire avec sérénité : « Ceci est un ouvrage du troisième ordre écrit par un auteur du second ; cela est un ouvrage du second ordre écrit par un auteur du quatrième, » etc... La critique, de nos jours, a un peu perdu de cette assurance.

Je n'ai donc qu'à contredire ces deux appréciations pour paraître excessivement original. Je n'ai qu'à écrire : 1° Rien n'est plus turc que *Bajazet* ; 2° *Bajazet* est une des plus belles tragédies de Racine.

Hélas ! je viens trop tard ; car cela même a été dit, — par M. Deschanel dans ses deux volumes d'étude sur Racine et par d'autres avant M. Deschanel. Que faire donc ? Etre sincère, tout simplement. Je persiste à penser sur *Bajazet* tout au rebours du bon Corneille et du déplaisant La Harpe, quoique ce jugement nouveau n'ait déjà plus rien de hardi ni d'impertinent. Je tâcherai seulement de motiver mon impression, si je puis.

Quand je dis que *Bajazet* me paraît extrêmement turc, il faut s'entendre. Nous devons reconnaître qu'au temps de Racine on n'avait pas, au même degré qu'au-

jourd'hui, l'intelligence du passé, le sentiment et lo
goût de l'exotique, la notion de la variété profonde
des types humains. Surtout, on ne savait pas encore
*voir* les choses extérieures, jouir profondément de la
diversité des apparences. Cela est venu plus tard, je
ne sais comment, par la multiplicité des expériences
et des comparaisons et par quelque affinement des
sens et de tout le système nerveux.

Ne demandez donc pas à Racine l'Orient pittoresque
de Delacroix, de Gautier ou de Fromentin. Ne lui
demandez même pas le bric-à-brac des *Orientales*.
A peine, çà et là, quelques vers, à demi pittoresques,
et auxquels une diction savante, aidée par le geste,
pourrait donner quelque couleur, en dégageant et
achevant la vision qui s'y trouve comme enveloppée :

> Et moi, vous le savez, je tiens sous ma puissance
> Cette foule de chefs, d'*esclaves, de muets,*
> *Peuple que dans ses murs renferme ce palais,*
> Et dont à ma faveur les âmes asservies
> M'ont vendu dès longtemps leur silence et leurs vies.
> . . . . . . . . . . . . . . . . . . . . . . . . . . . .
> Nourri dans le sérail, j'en connais *les détours.*
> . . . . . . . . . . . . . . . . . . . . . . . . . . . .
> Orcan, le plus fidèle à servir ses desseins,
> *Né sous le ciel brûlant des plus noirs Africains.*

Cela est peu de chose, convenons-en. Cela manque
évidemment d' « icoglans stupides », de « Allah !
Allah ! » du « puits sombre d'Iran », de trèfles de lumière reflétés sur les murs, d'yataghans, de minarets,
de muezzins, de henné et de confitures à la rose.

Comme Racine étudie exclusivement le mécanisme des sentiments et des passions et qu'il élimine, soit de parti pris, soit par manque de le sentir, presque tout le pittoresque de la vie humaine, sa « couleur locale » reste tout intérieure, toute psychologique, et est, par suite, moins saisissante. Car, pour des esprits inattentifs, c'est peut-être surtout par l'aspect, par le costume, par le détail des habitudes extérieures que se différencient les hommes des diverses époques et des divers milieux.

Mais, si vous ne demandez à Racine que ce qu'il vous annonce dans sa préface, et qui est déjà beaucoup, à savoir les « mœurs et maximes » des Turcs, vous trouverez sans doute qu'il a tenu sa promesse, et par delà.

D'abord, l'action est toute turque. C'est l'histoire d'une révolution de sérail qui échoue et qui se termine par une muette tuerie. Un vizir disgracié veut donner le trône au frère du Sultan absent, en s'aidant de l'amour que ce frère a inspiré à la Sultane favorite. La maladroite vertu du jeune prince vient déranger les plans du vizir, et le Sultan, qui veille de loin, fait tout étrangler. L'action est si bien du pays et du temps où elle se déroule, qu'elle ne saurait guère être transposée. Tout au plus pourrait-on la transporter dans le palais des empereurs byzantins ; et encore il y faudrait bien des modifications.

Je ne sache pas de tragédie qui soit plus enveloppée de mystère et d'épouvante. C'est bien le sérail tel

que nous nous le figurons. L'impression serait plus
forte encore à la représentation si, au lieu d'un décor
largement ouvert, avec de simples tentures aux portes, et où l'on peut entrer comme dans un moulin, la
Comédie française nous avait mis sous les yeux quelque chambre secrète, pareille à une prison, avec
d'étroites fenêtres grillagées et de lourdes portes de
fer. Roxane, au moment où commence l'action, n'a
pu communiquer avec Bajazet que par l'intermédiaire
d'Atalide. Nul, sauf Roxane et Acomat, ne circule librement. Durant quatre actes sur cinq, Bajazet est
gardé à vue. Il y a des yeux et des oreilles dans la
muraille : les oreilles et les yeux du Sultan. Nous
sentons cela, dès la première scène, par l'entretien
du vizir avec l'envoyé d'Amurat, qui vient s'assurer
si Roxane a fait tuer Bajazet, selon les ordres du
maître. Et voilà qu'à la fin du troisième acte survient
silencieusement un nouveau messager, le mystérieux
nègre Orcan. Tous les personnages jouent leur tête
et le savent. Soit qu'Acomat reste tranquille, soit
que, ayant échoué dans son dessein, il ne puisse s'é-
chapper à temps, il recevra le cordon de soie. Si
Bajazet repousse Roxane, elle le tue, mais elle meurt.
Bajazet et Atalide sont entre les mains de Roxane, et
Roxane est sous la main du Sultan. Sur leurs passions, leurs haines, leurs ambitions, leurs amours,
plane une menace générale et impartiale de mort. Ils
ont tous la tête dans un nœud coulant qu'on n'aperçoit pas et dont le bout est là-bas, à Bagdad. Et, tan-

dis qu'ils s'agitent dans cette ombre funèbre, nous avons l'impression que quelqu'un des esclaves noirs qu'on voit glisser au fond de la scène conclura le drame.

Cela est déjà assez « oriental », ne croyez-vous pas ? Mais ce n'est pas tout : les personnages eux-mêmes, surtout Acomat et Roxane, ne me semblent point si « francisés » qu'on l'a dit.

Acomat est, par ses principaux traits, le type même d'une certaine espèce d'hommes politiques et, en même temps, un Turc fort vraisemblable. Ses desseins sont bien ceux d'un vizir expérimenté et du ministre d'un despote soupçonneux et jaloux. Ils n'impliquent aucune préoccupation de l'intérêt public, et le vizir ne compte, pour les réaliser, que sur l'intérêt personnel et immédiat de ceux qu'il y associe. Ce plan est hardi et assez compliqué. Comme il sait qu'Amurat, à son retour, le fera probablement étrangler, il veut lui substituer son frère, qui est doux, charmant et « de bonne mine ». Roxane, souveraine maîtresse au sérail, a reçu l'ordre de faire tuer Bajazet ; mais Acomat lui montre ce beau jeune homme, et elle prend feu. Bajazet épousera Roxane, sera Sultan, — puis fera d'elle ce qu'il lui plaira. Acomat épousera la cousine de Bajazet et restera le véritable maître de l'empire. Il est bien sûr de son affaire; l'intérêt de Bajazet et de Roxane lui répond du succès. Mais il a compté sans la fierté du jeune prince et surtout sans son amour pour Atalide. Il n'a

pu soupçonner que cette petite fille irait mettre tout
ce grand ouvrage à néant. La finesse d'Acomat est
bien ce que nous entendons par « finesse orientale » ;
elle est courte par un côté ; elle ne fait pas la part du
désintéressement possible dans les actions humaines.
Mais, au reste, ce dessein, difficile, audacieux et
cependant sans grandeur, le vizir en poursuit l'accomplissement avec sérénité. Ce vieil homme rusé,
qui a déjà eu l'esprit de survivre à plusieurs Sultans
et qu'une barque secrète attend toujours dans le port
en cas de malheur, envisage tranquillement la mort;
et, comme il en a la duplicité légendaire, il a bien
aussi la résignation, le majestueux fatalisme des hommes de sa race. S'il débitait çà et là quelques versets
du Coran, et s'il émaillait ses propos de quelques
métaphores incohérentes, il nous paraîtrait Turc avec
intensité, et de la tête aux pieds.

Je ne sais si la façon d'aimer de Roxane est exclusivement orientale et, à vrai dire, j'en doute. Mais il
est certain que son amour répond exactement à l'idée
que nous nous faisons de l'amour d'une Sultane,
d'une femme sensuelle, grasse, aux paupières lourdes,
aux lèvres rouges, désœuvrée et totalement dépourvue de tendresse, de mièvrerie et d'idéalisme. C'est
un amour charnel et furieux, et qui se tourne en
cruauté quand ce qu'il désire lui échappe. Elle adore
Bajazet sans lui avoir jamais parlé : vous pensez donc
bien que ce n'est point de son âme qu'elle est éprise.
C'est une fauve ; ses sentiments sont simples. Elle est

naïve et terrible. Elle a cru, sur les rapports d'Atalide et sur quelques faibles apparences, à l'amour de
Bajazet. Lorsqu'elle soupçonne qu'elle s'est trompée,
elle éclate en transports sauvages ; et ce qu'elle trouve
de mieux pour persuader et attendrir l'homme qu'elle
aime, c'est de lui dire : « Prends garde ! ta vie est
entre mes mains. Si tu ne m'aimes, je te tue ! »

> Ne désespérez point une amante en furie.
> S'il m'échappait un mot, c'est fait de votre vie.

Mais elle espère encore, et c'est pourquoi elle l'épar-
gne. Quand elle ne peut plus douter, quand elle sait
qu'il aime Atalide et que tous deux la trompaient,
elle lui fait cette étonnante proposition : « Je vais faire
étrangler ma rivale sous tes yeux. Au reste, je ne te
demande pas de m'aimer tout de suite.

> Viens m'engager ta foi : *le temps fera le reste.* »

C'est dire qu'elle n'en veut qu'à son corps. Mais sur
quelles étranges caresses compte-t-elle donc pour
s'emparer de lui ? Il refuse. Alors, qu'il meure ! Au
moins personne ne l'aura ! Et elle jette son terrible :
« Sortez ! »

Roxane est un des animaux les plus effrénés qu'on
ait jamais mis sur la scène. Seulement, c'est un animal versé dans le langage amoureux du dix-septième
siècle. Telle qu'elle est, nous l'aimons. Il serait aisé
de faire son apologie. Elle tue ; mais comme elle au-

rait peu de peine à mourir elle-même ! et comme elle souffre ! Elle offre son amour, un poignard ou un lacet à la main ; mais elle-même est enveloppée de muettes menaces de mort. Sa situation est telle que, si l'homme qu'elle aime la repousse, elle est perdue. Et notez qu'elle est le seul personnage de la pièce qui ne mente pas. Il est très permis d'avoir quelque sympathie pour cette créature élémentaire, féroce, douloureuse et belle.

Bajazet et Atalide, complexes et déjà chrétiens, d'une humanité plus épurée et plus tendre, font avec la Sultane un contraste intéressant.

Il ne me paraît pas que Bajazet soit un personnage aussi piteux et aussi pâle qu'on a coutume de le dire. Il est de son pays et de sa race, lui aussi, par quelques côtés : ainsi il veut bien mentir jusqu'à un certain point, et il a le mépris absolu de la mort. Mais il n'est Turc qu'à moitié, et c'est ce qui le perd, — et c'est aussi ce qui rend son caractère très attachant. S'il était tout à fait de chez lui, il mentirait jusqu'au bout, il épouserait Roxane sans hésitation (quitte à la faire coudre après dans un sac), et il n'aimerait pas Atalide de cet amour chaste, délicat, profond, immuable. Mais voilà : Bajazet est à demi chrétien. Les mœurs grossières du harem lui font horreur. La passion farouche et toute sensuelle de la Sultane lui inspire une invincible répugnance. Il compare cette bête voluptueuse, qui halète de désir autour de lui, à sa petite compagne d'enfance, à la gracieuse et modeste

princesse Atalide. Il est évidemment spiritualiste et
monogame.

— Mais alors, dit-on, qu'il soit tout à fait vertueux !
Ce pur jeune homme n'en joue pas moins, avec l'im-
pure Sultane, un rôle d'une odieuse duplicité et qui
lui donne une assez plate allure. — A mon avis, cette
impression est fort exagérée. D'abord, la duplicité de
Bajazet se borne à des réticences et à des silences : il
laisse Roxane croire ce qu'elle veut. — C'est pire, ré-
pond-on : ce sont les « restrictions mentales » absou-
tes par les anciens casuistes de la compagnie de
Jésus. Ce Turc n'est qu'un jésuite. — Point ; et voici
par où Bajazet se relève. Cette dissimulation aurait
quelque chose d'assez bas s'il s'y pliait par crainte
de la mort. Mais la mort, comme j'ai dit, il n'en a
point peur ; il la connaît ; il vit avec elle ; depuis
qu'il est au monde, il l'a vue assise à son chevet. En-
tendez-le répondre à Acomat qui le presse d'épouser
Roxane :

> ......Acomat, c'est assez.
> Je me plains de mon sort moins que vous ne pensez.
> La mort n'est pas pour moi le comble des disgrâces.
> J'osai, tout jeune encor, la chercher sur vos traces ;
> Et l'indigne prison où je suis enfermé
> A la voir de plus près m'a même accoutumé.
> Amurat à mes yeux l'a vingt fois présentée :
> Elle finit le cours d'une vie agitée...

Non, s'il craint, ce n'est point pour sa vie, c'est
pour son amour, c'est pour Atalide. C'est pour elle
qu'il consent à mentir comme il fait. Et alors, à y re-

garder de près, son cas paraît digne d'une sympathie et d'une pitié immenses. Bajazet, c'est l'honnête homme engagé dans une situation fausse, contraint de s'abaisser moralement à ses propres yeux pour faire ce qu'il croit être son devoir, — et de revêtir des apparences équivoques au moment même où il est en réalité le plus héroïque. Le type devient ainsi très général. Tous ceux-là aimeront et comprendront Bajazet qui ont été obligés de mentir et de soutenir péniblement leur mensonge, par amour, fidélité et compassion, et pour épargner des douleurs à une autre créature. Ce rôle si comprimé, si gêné, si peu « avantageux », contient donc, en somme, plus de tragique que les grands rôles des héros de tragédie. Je voudrais seulement que Bajazet nous dît mieux, dans quelque monologue, à quel point il souffre des hontes et des abaissements qu'un devoir supérieur lui impose. On verrait tout de suite sous un autre jour ce personnage calomnié.

Dans ce drame où tout le monde ment, la petite princesse Atalide est peut-être encore celle qui ment le plus. Mais, outre qu'elle a la même excuse que Bajazet, on lui en veut moins parce qu'elle est femme. Je crois bien, d'ailleurs, que nul ne souffre plus qu'elle : elle a constamment le cœur dans un étau. Songez à ce que doivent être les sentiments d'une femme amoureuse qui s'entremet, pour son amant, auprès d'une autre femme, et le lui vante, et le lui offre, et le lui envoie ; songez quel horrible effort, et quelles crain-

tes, quels soupçons, quelle jalousie ! La scène où elle
supplie son amant de se prêter à ce jeu et, tout de
suite après, celle où elle croit qu'il s'y est trop prêté,
sont d'une vérité particulièrement poignante. Avec
cela, elle est délicieuse. Racine a voulu l'opposer fortement à l'esclave Roxane. Elle est comme la sœur-
fiancée de Bajazet ; ils ont été élevés ensemble dans
un coin du sérail, tels que deux colombes dans une
cour de mosquée. Cette petite princesse qui ment si
bien, qui défend son amant avec tant d'énergie et
qui, enfin, le perd parce qu'elle l'aime trop, a pourtant des grâces réservées et chastes de religieuse éga-
rée dans un harem.

Je ne sais maintenant si j'ai pu trouver dans *Bajazet*
autant de « turquerie » que j'en avais annoncé. Il y
en a, cela est certain, mais moins peut-être dans les
personnages que dans la fable elle-même ; car nulle
tragédie n'offre, avec un tel entrecroisement de du-
plicités, un plus épouvantable jeu de l'amour et de la
mort.

# III

Comédie française : *Andromaque.*

20 septembre 1886.

Une foule anxieuse se pressait lundi dernier à la
Comédie française. On se demandait : « Flirtera-t-elle ?
Ne flirtera-t-elle pas ? Sera-t-elle coquette, pour plaire
à Sarcey ? Ou lui fera-t-elle cette injure de ne l'être
point ? Ne sera-t-elle que veuve et mère, sans plus ?
Ou sera-t-elle femme un tout petit peu ? » Et l'angoisse était profonde.

Vous avez compris, n'est-ce pas ? qu'il s'agissait
des débuts de M<sup>lle</sup> Hadamard à la Comédie, et de la
façon dont il convient d'interpréter le rôle d'Andromaque. Car c'est la grande question de l'année. Laissez-moi résumer en deux mots l'historique des débats
pour les esprits inattentifs.

Tout cela, c'est la faute à M. Nisard. Cet excellent
critique avait parlé, voilà quelque quarante ans, de
la « coquetterie vertueuse » d'Andromaque. C'était
une nuance finement observée dans le caractère de la
veuve d'Hector. Puis l'expression était heureuse ;

c'était un charmant exemple de ce que les grammai-
riens appellent une « alliance de mots ». Cela pouvait se rapprocher de « l'obscure clarté », de « saintement homicides », et des autres traits du même genre
sur lesquels les bons vieux traités de rhétorique s'ex-
tasient innocemment. Les professeurs citaient de
temps en temps le mot de M. Nisard. Ce mot semblait
très juste et très élégant et ne scandalisait personne.

Là-dessus, M<sup>lle</sup> Hadamard joue Andromaque à l'O-
déon. Voilà de cela quatre ou cinq mois. M<sup>lle</sup> Hadamard
est une comédienne intelligente et experte, mais un
peu larmoyante et geignarde. Elle joua le rôle, d'un
bout à l'autre, en saule pleureur, — et sans doute
elle fit bien. Mais M. Sarcey trouva qu'elle aurait pu,
à certains moments, nous faire mieux sentir qu'Andromaque a parfaitement conscience du pouvoir de ses
yeux, et qu'elle entend s'en servir, en tout bien tout
honneur. M. Sarcey rappela que M<sup>me</sup> Sarah Bernhardt
avait ainsi compris le rôle, avec l'applaudissement
universel, et il répéta à ce propos le mot du vénérable
M. Nisard.

— Eh quoi ! répliqua M<sup>lle</sup> Hadamard, Andromaque
coquette ? Y songez-vous ? Ce Pyrrhus est le fils du
meurtrier d'Hector. Il a massacré les parents d'Andromaque et incendié sa ville. Il y a un fleuve de
sang entre eux deux, et vous voulez qu'elle flirte
avec le bourreau de sa famille ? Non, non ! la haine
la plus farouche, la douleur la plus inconsolable, la
fidélité la plus intransigeante aux mânes de son

époux, tels doivent être les seuls sentiments de la captive troyenne.

M. Sarcey nous donna tout du long la lettre abondante de Mlle Hadamard et il y ajouta quantité d'éloges. Il ne répondit point tout d'abord; mais, tous les huit jours, il promettait de répondre, et c'était dans le public une fièvre d'attente. Enfin, il s'exécuta : « Hé ! fit-il avec sa bonhomie ordinaire, je ne prétends point qu'Andromaque joue de la prunelle ni qu'elle cherche expressément à allumer Pyrrhus. Mais enfin elle doit bien se douter de l'effet qu'elle produit sur lui, et il est naturel qu'elle en profite pour sauver son enfant. Éplorée tant que vous voudrez ! fidèle à son défunt tant qu'il vous plaira ! n'ayant que haine pour Pyrrhus, j'y consens ! Mais elle peut être, avec cela, clairvoyante et habile. Le mot de « coquetterie », même « vertueuse », vous choque ? Je n'y tiens pas et je le remplace par des équivalents. Andromaque n'a point de coquetterie avec Pyrrhus, soit; mais elle a du moins le sentiment de ce qu'elle est pour lui et, sinon le désir de lui plaire, du moins celui de ne pas le désespérer tout à fait, de ne pas le pousser à bout. Au reste, cela est clairement marqué dans les vers de Racine; il n'y a donc pas à aller contre. » Et M. Sarcey, réduisant à l'essentiel la situation d'Andromaque et la transportant dans la société contemporaine et dans la vie bourgeoise, nous faisait toucher du doigt que cette attitude de la mère envers l'homme qu'elle déteste, mais de qui dépend le sort de son enfant, est chose naturelle, légitime, et qu'elle est même forcée.

M. Sarcey consacra tout un feuilleton à cette démonstration, et je ne crois pas qu'il soit possible d'avoir plus pleinement, plus copieusement ni plus carrément raison. C'était presque trop ; cela devenait aveuglant et gênant d'évidence.

Les débuts de M^lle Hadamard excitaient donc quelque curiosité. Se serait-elle rendue aux raisonnements de M. Sarcey ? Eh bien ! non, elle ne s'y est pas rendue. Mais elle a eu beau faire : elle a tout de même été deux ou trois fois coquette, oh ! sans le vouloir. C'est que le texte de Racine est plus fort que tout :

> Jadis Priam soumis fut respecté d'Achille.
> J'attendais de son fils encor plus de bonté.
> Pardonne, cher Hector, à ma crédulité !
> . . . . . . . . . . . . . . . . . . . . .
> Mais il me faut tout perdre, et toujours par vos coups.
> . . . . . . . . . . . . . . . . . . . . .
> Quels charmes ont pour vous des yeux infortunés,
> Qu'à des pleurs éternels vous avez condamnés ?

Ces vers, et vingt autres, donnent mille fois raison à M. Sarcey. Ces vers-là, si Andromaque les dit sans le faire exprès, si elle ne sent pas qu'ils sont faits pour mettre Pyrrhus sens dessus dessous, c'est donc qu'elle n'est qu'une bête. Ces vers, M^lle Hadamard a eu beau les noyer de larmes jusque dans les coins, les dire en baissant les yeux et en se ratatinant, les larmoyer, les pleurnicher, les bêler, — elle y est bien, malgré tout, l' « innocente coquetterie », et nulle diction ne peut faire qu'elle n'y soit pas.

Et pourquoi, dites-moi, ne pas vouloir qu'Andromaque soit coquette? Quelle étrange peur des mots!
Elle est coquette dans Racine, cela est hors de doute;
elle l'est innocemment, vertueusement, pudiquement,
chastement, saintement. Mais moi, j'admettrais fort
bien qu'elle le fût sans tant d'adverbes émollients, et
qu'elle eût le dessein arrêté d'affoler Pyrrhus pour
sauver son fils. « C'est pour l'enfant », comme dit la
vieille chanson. Que dis-je? j'admettrais parfaitement
qu'elle prît, sans trop se l'avouer, un obscur plaisir
à se sentir aimée du fils d'Achille. Cette idée, qui révolte Mlle Hadamard, ne me choque point. Pyrrhus
est jeune, beau, illustre, et généreux en somme. Il
s'expose aux plus grands dangers pour défendre le
fils d'Andromaque. Sans doute, il lui demande sa
main en retour; mais quoi! c'est qu'il est homme. Je
sais bien que son père a tué Hector et qu'il a lui-même
massacré les Troyens. Mais c'est la guerre, cela; et
c'est bien loin, et Andromaque fait bien de nous le
rappeler au troisième acte :

> Songe, songe, Céphise, à cette nuit cruelle...

car sans cela nous l'oublierions. Je suis, moi, de l'a-
vis de quelques honnêtes gens du xviie siècle : Pyrrhus
est trop courtois, trop galant, trop gentil. Cela me
suggère des idées dont j'ai honte. Ce Pyrrhus-là
étant donné, — s'il n'était convenu qu'Andromaque
doit rester avant tout le type accompli de la piété

conjugale et si nous n'étions habitués à la voir sous
cet aspect, — je concevrais sans trop d'effort que,
tout en gardant la mémoire de son époux, elle n'eût
pas le courage de haïr un si magnanime vainqueur.

Même dans le texte de Racine, il y a des vers d'où
l'on pourrait induire, à la rigueur et avec de la mauvaise volonté, qu'Andromaque aime Pyrrhus à son
insu. Et je ne sais, mais si Corneille eût rencontré le
même sujet, il aurait pu sans doute faire simplement
d'Andromaque une autre Cornélie, mais peut-être
aussi aurait-il eu une autre pensée... Andromaque,
je suppose, dirait à Pyrrhus : « Seigneur, vous avez
des vertus que je ne puis haïr ; mais il y a trop de
sang entre nous. J'ai le devoir d'être votre ennemie ;
ne pouvant plus l'être, je disparais. » Et elle se tuerait
en lui léguant Astyanax, ce qui serait le plus sûr
moyen de sauver l'enfant. Ce serait un dénouement
romanesque dont on pourrait se demander : — Cela
est-il vrai ? Cela est-il faux ? Cela est-il conforme ou
contraire à la vraisemblance psychologique ? Pour
moi, je l'ignore, car le « cœur humain », et plus encore
le cœur féminin, c'est tout ce qu'on veut, et jamais
on ne sait ce qui en va sortir, ni si ce sera racinien ou
cornélien, ou autre chose...

Il faut reconnaître à M^{lle} Hadamard, à défaut du
charme qu'elle n'a pas voulu avoir, une diction nette,
juste et exactement nuancée. M^{lle} Dudlay, dans Hermione, a eu quelques bons moments. M. Silvain nous
a fait un Pyrrhus sérieux et froid comme un notaire.

M. Dupont-Vernon s'est donné un mal énorme dans le rôle d'Oreste et n'a pas entièrement perdu sa peine. Mais, en somme, l'interprétation n'a rien eu d'éblouissant.

C'est dommage. Je voudrais voir jouer *Andromaque* par des femmes et des hommes parfaitement beaux et qui auraient la science et l'intelligence des Olympiens. C'est un si pur chef-d'œuvre que cette tragédie, que ce chaste drame d'héroïque piété conjugale et maternelle entrelacé à ce terrible drame d'amour farouche et meurtrier ! Et *Andromaque* respire si bien la divine jeunesse du poète ! Que de beaux vers, simples, harmonieux et doux, qui traduisent, sous la forme la plus limpide et la plus noble, les sentiments les plus tendres, les plus fiers, les plus douloureux ! Que de vers qui semblent éclos sans effort, d'une poussée presque involontaire, comme de grandes fleurs merveilleuses, — comme des lis !... Et je songeais aussi combien cette tragédie, toujours jeune, a dû être neuve en son temps. Car, à côté d'Andromaque, cette blanche figure voilée, à la fois antique et moderne, voici deux amoureux comme on n'en avait point vu auparavant, ni dans Corneille, ni dans Quinault, ni dans les romans de la Calprenède ou de M^lle de Scudéry : Hermione et Oreste, les possédés de l'amour, les grands passionnés qui aiment comme on est malade, qui aiment jusqu'au crime et jusqu'à la mort. Avec eux, on peut dire que l'amour moderne, plus profond, plus mélancolique, plus tendre, plus

6.

imprégné d'âme et en même temps plus troublé par les obscures influences de la vie nerveuse, fait son entrée dans notre littérature. Oreste est le premier en date des beaux amants ténébreux et révoltés. C'est un Grec d'Euripide, avec quelque chose déjà de l'âme future de ces héros romantiques qui, malgré tout, nous restent chers. Pylade lui dit, comme un ami de Werther dirait au héros de Gœthe :

Surtout je redoutais cette mélancolie
Où j'ai vu si longtemps votre âme ensevelie...

Oreste dit, comme pourrait dire René :

Je me livre en aveugle au destin qui m'entraîne...,

et comme pourrait dire Antony :

Mon innocence enfin commence à me peser.
Je ne sais, de tout temps, quelle injuste puissance
Laisse le crime en paix et poursuit l'innocence.
De quelque part sur moi que je tourne les yeux,
Je ne vois que malheurs qui condamnent les dieux..

Oreste a en lui une tristesse, une désespérance et une folie qui, cent cinquante ans après lui, éclateront dans nos romans d'amour.

# IV

Théatre national de l'Odéon : première matinée classique
donnée par la ville de Paris aux élèves des écoles com-
munales : *Andromaque* et le *Malade imaginaire*.

8 février 1886.

C'était fête populaire et enfantine, jeudi dernier,
à l'Odéon. On donnait aux écoles de Paris *Andromaque*
et le *Malade imaginaire*, et le spectale de la salle m'a
pour le moins autant intéressé que celui de la scène.
Ah ! le joli public ! et le bon public ! Il y a donc
encore des enfants, dans ce temps morose ? C'était, à
l'orchestre et au balcon, sous la lumière un peu avare
du lustre (soit dit sans reproche), un fourmillement
de têtes de petites filles de dix à quinze ans, des fri-
mousses un peu pâlottes, mais fines et éveillées sous
leurs chapeaux, toques et caloquets ; dans les galeries
supérieures, là-haut, les têtes tondues des garçons ;
un joyeux tumulte de ruche, un gai brouhaha de voix
légères. M. Weber paraît et, adoucissant sa voix
tragique, souhaite la bienvenue à tout ce petit monde
en lui récitant de jolis vers faciles de M. Maurice
Boniface : « Qu'y a-t-il, petits enfants de Paris,

derrière ce grand rideau rouge ? » M. Boniface le leur
explique : c'est un monde nouveau, c'est le rêve, c'est
la poésie ; et c'est aussi la vérité. Molière, Corneille,
Racine, Beaumarchais et Shakespeare vous mon-
treront l'homme d'autrefois et d'à-présent dans ses
vertus, ses passions, ses vices et ses ridicules, et ce
spectacle vous sera une leçon :

> Écoutez-les. Il est bien des choses sans doute
> Que ne comprendra pas votre esprit ingénu.
>
> Mais vous aurez gardé le meilleur du poème,
> Mes chers petits enfants, si vos cœurs ont vibré ;
> Et ce qui restera, c'est le bon grain qu'on sème ;
> La moisson portera plus tard son fruit doré.
>
> Donc, soyez attentifs. Écoutez qui vous mène
> Aux pays inconnus, aux pays fabuleux,
> Et qui vous instruira sur la nature humaine
> Tout en vous emportant dans les paradis bleus.

Je dois dire qu'*Andromaque*, à ce qu'il m'a semblé,
n'a fait « vibrer » que modérément les petits enfants
de Paris. Ils étaient attentifs à la majesté du spectacle
et du langage, étonnés, amusés, émerveillés ; mais enfin
ils ne « vibraient » pas, — à moins peut-être que quelques
fillettes n'aient vibré en dedans et que leur émotion
n'ait été de celles qui, pour être trop intimes et trop
délicates, auraient honte de paraître au dehors. Les
honneurs de la journée ont donc été pour le *Malade
imaginaire*, et ç'a été une joie, un délire, que cette
représentation. Les enfants, étant plus près que nous
de la nature, ont un goût très prononcé pour les
plaisanteries d'apothicaire Mais, au reste, toute la

pièce, d'un comique si simple, si franc, si clair, a été
saluée par des rires inextinguibles. Et c'était, à l'entrée
de chaque nouveau personnage, une clameur de surprise joyeuse. Au sortir des mystères de la tragédie
racinienne, ces enfants goûtaient d'autant mieux le
plaisir de comprendre parfaitement ce qu'ils voyaient
et entendaient. Et j'ai loué de toute mon âme ce
surprenant Molière qui, tandis qu'il occupe les érudits
et fait penser les philosophes, sait encore mieux que
personne amuser les enfants.

Quelqu'un me disait en sortant de la représentation :

— Oui, ce gentil public s'est amusé, rien de plus
sûr. A-t-il emporté dans son cœur « le bon grain »,
pour parler comme M. Boniface? Sur ce point, je
conserve des doutes.

« Il peut d'abord sembler étrange que, pour former
le cœur des petits enfants de Paris, on ait eu l'idée
de leur mettre sous les yeux la peinture la plus vive,
la plus brûlante de l'amour, l'histoire d'une passion
furieuse, désordonnée, qui va jusqu'au meurtre, à
la folie et au suicide. Car, s'ils n'ont pas compris,
je ne vois pas où est l'utilité de ce spectacle ; et, s'ils
ont compris, je vois clairement où en est le danger. La
plupart des auditeurs, je le veux bien, ont dû être
surtout émus du malheur d'Andromaque et des
angoisses de la mère à qui on veut tuer son fils ;
Hermione ne leur est sans doute apparue que comme
une femme très méchante, un peu mystérieuse, et
dont ils ne comprenaient pas très bien la conduite.

Ç'a été là, je pense, l'impression des bons petits
enfants encore innocents, des bons petits que dessi-
nent Kate Greenaway ou Boutet de Monvel, des
enfants de dix à douze ans, et particulièrement des
petits garçons. Mais il y avait aussi là des fillettes
de douze à quinze ans, des fillettes précoces et curieuses
comme il en pousse entre les pavés de Paris; et qui
dira l'effet qu'ont pu produire sur elles ces scènes
ardentes d'amour exalté? Est-ce seulement de l'horreur
que leur a inspirée la conduite criminelle d'Hermione?
Et son suicide leur a-t-il uniquement suggéré cette
réflexion sensée, que les passions déréglées portent
leur peine avec soi?... Si ces fillettes allaient aimer
Hermione? Et, pour ces petites curieuses, aimer Hermione, ce serait vouloir être comme elle; ce serait au
moins aspirer obscurément à ces tragiques émotions
de l'amour. La peinture des grandes passions a par
elle-même quelque chose de troublant et de contagieux
à quoi il est imprudent d'exposer les âmes neuves.
J'ai peur que plus d'une petite Parisienne ne sorte de
l'Odéon un peu trop rêveuse. Or, l'esprit vient assez
tôt aux filles, et il n'est vraiment pas nécessaire d'en
avancer l'heure.

« Pourtant on peut espérer qu'*Andromaque* a passé
par-dessus les têtes de ces enfants et que la pièce, leur
étant peu intelligible, n'a pas dû leur faire grand mal.
Et, pour le dire en passant, c'est encore une idée
singulière d'être allé prendre pour instruire et divertir
les gamins et les gamines des écoles primaires ce qu'il

y a peut-être de plus complexe dans notre littérature.
Une fable d'il y a trois mille ans et des sentiments
d'aujourd'hui, des actions de sauvages et un langage
de courtisans, le fond le plus brutal et la forme la
plus élégante et la plus tempérée, mythologie et
christianisme..., la saveur de ces multiples mélanges
échappait évidemment au candide auditoire de l'autre
jour, et il n'avait de la tragédie de Racine qu'une
intelligence superficielle et grossière. Alors pourquoi
ne pas lui donner plutôt quelque mélodrame terrible
et vertueux de M. d'Ennery, qu'il comprendrait si
bien ? — Mais, dit-on, il n'est point indispensable
qu'ils comprennent entièrement. La beauté à demi
sentie des chefs-d'œuvre sollicite heureusement leurs
jeunes esprits. C'est surtout aux enfants qu'il ne faut
offrir que de l'exquis et du rare, etc... — Oui, je sais
qu'on dit cela ; je ne suis pas convaincu néanmoins,
et je crains que ce ne soit seulement là un lieu commun
un peu plus distingué que les autres.

« Mais il m'a paru que ces enfants, qui n'avaient pas
compris grand'chose à la tragédie de Racine, comprenaient trop la farce de Molière. Je me demande
quelle impression bienfaisante et quelle leçon de
morale ils ont bien pu rapporter du *Malade imaginaire*.
Ils y ont vu un père de famille égoïste, maniaque et
ridicule, dupé par sa femme et berné par sa servante.
Ils y ont vu une jeune fille amoureuse d'un jeune
homme rencontré dans la rue et déclarant son amour
à ce bel inconnu, en musique et à la barbe de son père.

Le bon élève, l'élève soumis et piocheur leur a été présenté sous les traits de Thomas Diafoirus. Ils y ont vu les notaires et les hommes de loi sous les espèces de M. Bonnefoi, et ils ont appris que les médecins sont des ânes ou des charlatans. La rouerie et l'hypocrisie précoces de la petite Louison, la comédie qu'elle joue au pauvre Argan (car elle aussi se moque de son père), tout cela leur a paru fort divertissant, et ils y ont applaudi de toutes leurs forces. Notez que l'enfant qui joue ce rôle, et qui me paraît déjà cabotine dans l'âme, a aggravé la coquinerie de Louison par un jeu de scène qu'on aurait pu se dispenser de lui apprendre. Ai-je besoin de dire que le *Malade imaginaire* ne me scandalise en aucune façon? Je me préoccupe seulement de l'impression qu'en a dû recevoir cet auditoire d'enfants. Je doute que cette admirable farce leur ait été une leçon de respect. Hé oui! Angélique est charmante et même fort honnête fille; la petite Louison est délicieuse; Toinette a raison, Cléante a raison, Béralde a raison, Molière a raison. Il n'en est pas moins vrai qu'on sent dans le *Malade imaginaire*, comme dans la plus grande partie du théâtre de Molière, passer un souffle de révolte. Que Molière ait été en droit d'attaquer ce qu'il attaque; qu'il s'élève contre les excès et les abus de l'autorité, non contre l'autorité même, et qu'il s'en prenne aux vices des individus plus qu'aux institutions, nous le savons tous, et là n'est pas la question Il n'y en a pas moins dans le *Malade* comme un débor-

dement de satire outrée, de raillerie impitoyable. Les
enfants doivent sortir de là tout ivres de ce rire
insurrectionnel et vaguement enclin à toutes les irrévérences et à toutes les indisciplines. La farce de
Molière est une nourriture trop forte pour eux et qui
les grise. Pour Dieu ! ne leur montrons pas trop tôt
les dessous des choses, l'envers des masques, la vanité
des institutions humaines, et craignons d'en faire des
insurgés, quand nous savons que les plus grands
biens de ce monde sont la naïveté, la crédulité, surtout la résignation, celle des bêtes patientes, — ou
celle des philosophes pyrrhoniens.

« Au reste, ce n'est point au *Malade* en particulier que
j'en veux. C'est le théâtre en général qui me paraît un
moyen d'éducation dangereux pour nos enfants. Est-
ce donc des leçons de morale que nous allons y chercher, nous autres ? Ce sont des jouissances d'art, et
s'il s'y joint quelque excitation sensuelle ( ce qui ne
manque guère), nous ne la repoussons point. Pensez-
vous qu'il soit sage d'exposer les gamins des écoles à
des émotions de cet ordre ? Nul ne fait plus de cas
que moi de la fraîcheur appétissante et de la plastique
de M<sup>lle</sup> Rachel Boyer. Mais ce n'était peut-être pas
le lieu d'étaler ces richesses. Je songe avec inquiétude
aux regards plongeants des petits garçons du « paradis ». Quand Argan a dit que « Monsieur Purgon lui
avait promis qu'il lui ferait faire un enfant » (car on
a laissé la phrase, et l'on a manqué au respect de
l'enfance par respect du texte de Molière), j'ai vu des

petites filles se couler entre elles des regards sournois,
et rire d'un petit rire équivoque, à la fois scandalisé et
ravi, comme si on les avait chatouillées. Je dis les
choses brutalement, comme elles sont. S'il ne s'agit
que d'amuser cette marmaille, c'est bien, encore qu'on
l'amuse trop et qu'elle puisse bien s'amuser toute
seule. Mais c'est qu'on prétend la moraliser par là!
En vérité, l'erreur est un peu forte.

Je répondis doucement à ce père de famille :

— N'exagérons rien. Remercions d'abord le conseil
municipal d'avoir fait jouer devant les petits enfants
des républicains de Paris une tragédie si profondément
imprégnée de sentiments monarchiques et d'avoir
compris qu'il existe une tradition du génie français
antérieure à la Révolution. Si peut-être Hermione et
Rachel Boyer ont troublé quelques âmes, si *le Malade*
en a induit quelques autres en révolte, ce n'est assurément que le très petit nombre ; et ceux ou celles
pour qui les vers de Racine et la prose de Molière ont
pu se tourner en poison étaient d'avance des anges
fort suspects. Mais vous pouvez être sûr que tous les
autres bons petits ont admiré Andromaque, sa fidélité
conjugale et son amour maternel, et se sont attendris
sur ses infortunes. Et ils ont jugé qu'Hermione était
une mauvaise femme et Oreste un méchant fou. S'ils
n'ont pas pénétré aussi avant dans l'intelligence de la
pièce que certains lettrés prétentieux qui peut-être y
veulent voir trop de choses, ils ont du moins pressenti
la beauté des vers, la délicatesse des analyses morales

et la noble ordonnance de l'œuvre. Mais il suffit que
deux ou trois vers les aient frappés et leur soient
restés dans la mémoire pour que le conseil munici-
pale n'ait pas perdu son argent. Et j'ai peine à croire
que Molière leur ait versé un breuvage si empoisonné.
Ils ont goûté le bon sens courageux de Toinette.
Angélique leur a plu, par sa franchise, sa sincérité
et sa décision, et parce qu'elle aime son père malgré
ses ridicules et sa dureté. La scène où Argan consulte
le notaire sur son testament parmi les caresses et les
pleurnicheries de Béline, leur a fait voir clairement
que l'amour de l'argent et le mensonge sont deux
abominables choses. Dans tous les cas, Molière ne
leur a point enseigné l'hypocrisie. Enfin ils ont ri, ce
qui est toujours un grand bien. Puis les enfants ont
presque tous une sorte d'innocence invincible, une
irréflexion qui les protège, qui les défend du mal que
pourrait faire à leur âme une science prématurée, et
qui les empêche même d'apercevoir et de comprendre
ce qui les flétrirait. C'est la bonne Nature qui veille
sur les enfants et qui les préserve. Croyez bien que la
plupart de ces excellents petits êtres ont simplement
trouvé que M<sup>lle</sup> Boyer se portait à merveille et qu'elle
était bonne à regarder. C'est le mouchoir de Tartufe
que vous offrez à cette belle fille.

# SHAKESPEARE

---

## I

Théâtre national de l'Odéon : Le *Songe d'une nuit d'été*, de Shakespeare, traduction et adaptation de M. Paul Meurice (trois actes et huit tableaux).

19 avril 1886.

L'ingénieux Odéon, qui est peut-être en ce moment le plus intéressant des théâtres de Paris, nous a donné mercredi dernier ce qu'on n'avait jamais vu en France, une féerie de Shakespeare et la plus fantastique de toutes : *Le Songe d'une nuit d'été*. Si l'un des littérateurs et des poètes qui, jadis, s'égayaient en hyperboles lyriques sur la solitude de l'Odéon, avait pu assister à la représentation de l'autre jour, il aurait eu peine à se reconnaître devant les poétiques décors de la forêt enchantée et les rondes des lutins et des sylphides, dans la bruyère, au clair de la lune. Ou plutôt il se serait dit : « Cela ne pouvait manquer d'arriver.

Nous avions déjà surpris, voilà quelque quarante ans,
des commencements de végétation dans ce théâtre
désert, des champignons et même de jeunes pousses
sur les fauteuils et jusque sur la scène. C'était la
nature qui reprenait possession du temple de la tragédie. Depuis, toute cette végétation s'est développée;
l'Odéon est devenu une forêt vierge; la lune y pénètre
par le toit crevassé; les fées l'habitent, les lutins y
dansent; parfois deux ou trois couples du quartier
Latin, qui ont par hasard découvert cet asile mystérieux, s'y donnent des rendez-vous... Et à cause de
cela beaucoup de gens croient que l'on joue à l'Odéon
le *Songe d'une nuit d'été.* » Ainsi parleraient sans
doute ces revenants ironiques, prolongeant une plaisanterie surannée. Mais la vérité, c'est que l'Odéon
est devenu un théâtre vivant, et un théâtre audacieux.
On y joue du Racine et du Mélesville, du Waflard et du
Molière, du Dallainval et du Shakespeare. On y a joué
*Henriette Maréchal* et la *Fausse Agnès, Zaïre* et l'*Arlé-
sienne.* On y fait de la musique, et voici à présent
qu'on y donne des ballets. Les acteurs et les spectateurs y sont également consciencieux, naïfs et sincères.
Un goût si éclectique préside au choix des spectacles
que, tout de suite après un vaudeville de Bayard, on
nous donne une féerie de Shakespeare, et que les
ducs d'Athènes succèdent aux colonels de Scribe et
Titania à Pomponne. Il faut remercier M. Porel d'une
si divertissante variété de tentatives.

Il a, du reste, généreusement traité le poète

souverain, chimérique autant que vrai, délicieux
autant que terrible, que Ben-Johnson appelait « le
doux cygne de l'Avon ». Il a encadré sa féerie dans
des décors charmants aux yeux. La clairière des
fées, la retraite de Titania, la vue d'Athènes au
dernier tableau, sont comme des rêves réalisés, surtout si on regarde en fermant les yeux à demi. La
lumière de théâtre a quelque chose de fantastique et
d'irréel; elle part presque toute d'en bas, contraire-
ment à celle du soleil; elle est blanche, elle est blême,
elle est froide, elle est éclatante et crue, et en même
temps un peu voilée à cause des insensibles poussières
qui y flottent toujours; elle a donc, à la fois, de la
splendeur et du mystère, et, par là, elle convient
admirablement dans une féerie. C'est la clarté propre,
le jour spécial des pays chimériques. Et de même les
arbres et les feuillages peints et découpés des décors
ont, forcément, dans leur rigidité et leur immobilité,
l'air artificiel qui sied à une forêt magique. La grâce
manque, et l'ondoiement et le frisson des feuilles. Le
mystère n'est plus là dans le vague des demi-ténèbres
vertes, dans les souffles, dans les murmures et dans
la vie que l'on voit fourmiller partout : il est dans le
silence absolu, dans l'éclairage excessif et dans le
chatoiement des ramures. Le mystère est là dans la
lumière même. Ce n'est pas évidemment ainsi que
Shakespeare imaginait sa forêt enchantée. Mais, mystère pour mystère, celui-là nous ravit. C'est presque
le paysage « extra-naturel » et purement métallique

rêvé par Baudelaire. Et, pour achever l'enchantement,
M. Porel a enveloppé de musique cette fête des yeux.
Les mélodies de Mendelssohn flottent dans la clairière,
comme la voix même de la forêt. A dire vrai, cette
musique est exquise, mais je ne l'ai point trouvée
assez fantastique ni assez lunaire, sauf le *Nocturne* du
troisième acte. L'âme de la forêt ne devait point, ce
me semble, chanter si uniment ni si sagement. Je dirais
presque que cette forêt a fait de trop bonnes études.
Je vais certainement blasphémer, mais je songeais
l'autre jour à certaines mélodies sorties du cerveau
de cette créature étrange, de ce faune hanté par le
surnaturel, qui a nom Maurice Rollinat, à ces mélodies
qui semblent vous couler comme une caresse inquié-
tante tout le long de la moelle épinière et qu'Alphonse
Daudet compare à des « piqûres de morphine sympa-
thique ». Bien entendu, il n'est pas ici question de
science musicale. — Et M. Porel, outre l'orchestre de
M. Colonne, nous a donné des chœurs et des solistes.
Il nous a même jeté en pâture une troupe de ballerines.
On a dansé à l'Odéon! Et, comme il voulait nous
faire mourir de plaisir, il a prodigué les étoffes pré-
cieuses et a fait ruisseler l'or et les pierreries sur la
soie des costumes. L'État devrait féliciter publiquement M. Porel, — puis le pourvoir secrètement d'un
conseil judiciaire, à cause de ses goûts néroniens.

Et voici commencer le rêve de Shakespeare. Nous
assistons, dans un palais de style Renaissance, aux
noces de Thésée, duc d'Athènes, avec Hippolyte, reine

des Amazones. Le duc Thésée veut conclure un autre mariage : celui du prince Démétrius avec la princesse Hermia. Mais Hermia n'aime pas Démétrius : elle aime d'un amour partagé le prince Lysandre. Et Démétrius est aimé de la princesse Hélène, qu'il n'aime pas. C'est l'éternelle chanson de *Carmen :*

Si tu ne n'aimes pas, je t'aime ;

et c'est la plainte de Sully Prudhomme dans les *Épreuves :*

Nous aimons; et de là les douleurs infinies.
Car Dieu, qui fit la grâce avec des harmonies,
Fit l'amour d'un soupir qui n'est pas mutuel.

Lysandre propose à Hermia de l'enlever et lui donne rendez-vous dans la forêt. Hélène s'attache à Démétrius avec désespoir et douceur, et répond à toutes ses brusqueries : « Je t'aime. » Tous ces amants ont une façon étrange et délicieuse de parler d'amour; ils combinent dans leurs propos le pédantisme de la Renaissance, la subtilité des Euphuïstes et la simplicité de la passion profonde et vraie. Cela est précieux et cela est tendre. Et quelle joie d'entendre parler ce langage à des personnages de la Grèce fabuleuse, antérieurs à Homère, et qui s'appellent Hélène, Démétrius, Thésée, Hippolyte! Ces trois mots réunis : « Thésée, duc d'Athènes », ouvrent toute grande la porte du rêve. Shakespeare y a-t-il bien pensé? Est-ce naïveté chez lui? Est-ce fantaisie préméditée? En tout cas, il y a là pour nous un mélange imprévu et

7.

savoureux de souvenirs et d'impressions, et nous en
jouissons, je crois, beaucoup plus vivement que
Shakespeare et ses contemporains, parce que nous
nous en rendons mieux compte et que nous avons
appris des choses qu'ils ne savaient pas. Thésée en
pourpoint, Thésée s'exprimant comme les raffinés de
la cour d'Elisabeth, Thésée habitant un palais cons-
truit par quelque Italien du xvi⁰ siècle, à côté
d'une forêt du Nord, sans oliviers ni lauriers roses, et
où vit le monde mystérieux des lutins et des fées...,
quel aimable rêve! Nous goûtons, dans la même minute, deux poésies, deux mythologies, deux huma-
nités. Ah! que la « couleur locale » est chose maus-
sade à côté de ces inventions! Il n'est point de poésie
supérieure à cette mascarade des âges qui met aux
pensées d'un siècle les habits d'un autre. Au reste,
c'est seulement par ce procédé que le poète peut créer
vraiment des êtres humains non prévus par Dieu. Et,
à mesure que les siècles s'écoulent, ces combinaisons
s'enrichissent encore. Shakespeare n'a pu mêler que
l'âme de son temps avec un peu des souvenirs de la
Grèce antique. Or, tandis que nous écoutons son
œuvre, la distance où nous en sommes et notre science
accrue nous y font trouver des grâces singulières que
peut-être Shakespeare n'y soupçonnait pas, et nous
pouvons dire que nous y ajoutons notre âme à nous.
Et par conséquent nous enrichissons Shakespeare, et,
dans une certaine mesure, nous l'inventons.

Et nous faisons ainsi pour tous les poètes des temps

passés. Il y a bien des choses, dans la poésie d'autrefois, que nous aimons, non seulement parce qu'elles
sont belles, gracieuses ou piquantes en elles-mêmes,
mais encore parce qu'elles sont éloignées de nous et
qu'elles sont caractéristiques d'un temps différent du
nôtre; nous les aimons donc deux fois plus que ne
les ont aimées les contemporains. Dans le *Beau Léan-
dre*, de M. Théodore de Banville, le petit récit de l'enlèvement d'Octave par les corsaires barbaresques
évoque pour nous, dans un éclair, Plaute et Térence,
la comédie italienne, les *Fourberies de Scapin*, et la
moitié des dénouements de Molière; et ce seul vers :

> Messine est une ville étrange et surannée,

nous fait peut-être plus de plaisir que n'en ont fait à
nos aïeux toutes les histoires de pirates racontées
dans les comédies; car ils n'y goûtaient qu'un romanesque naïf. Mais voyez tout ce qu'il y a dans les
trente vers de Banville : l'ironie, la poésie du lointain
et, dans un amusement archaïque, une forme, une
versification que l'on sent quand même être d'aujour-
d'hui. Je crois fermement que nous avons des jouissances esthétiques plus fines et plus fortes que les
hommes des siècles écoulés. Je suis toujours tenté de
dire, avec Philaminte, aux anciens poètes :

> Mais quand vous écriviez ce charmant « Quoi qu'on die, »
> En avez-vous senti, vous, toute l'énergie?

Les derniers hommes, à ce compte, mourront de

sentir la beauté avec excès. Et, si je ne me trompe,
c est bien là l'idée qu'a voulu exprimer le bon plato
nicien Stéphane Mallarmé dans une espèce de féerie
dont un de ses amis m'a révélé la fin. La scène se
passe aux derniers jours du monde. Les quelques
hommes qui vivent encore, richement vêtus en mi-
gnons de Henri III, s'avancent avec précaution ; car
la croûte du globe, rongée par l'incendie intérieur,
n'a plus que l'épaisseur d'une feuille de papier. Une
étoile se lève à l'horizon. Les derniers hommes la re-
gardent avec ravissement et s'écrient tous ensemble :
« Beau ! » Simplement. Et c'est leur cri suprême : car
la secousse imprimée à leur corps par la vision de la
beauté a crevé du coup la croûte terrestre, et l'abîme
les a engloutis...

Revenons au *Songe d'une nuit d'été*. Du palais de
Thésée, Shakespeare nous transporte dans l'atelier du
charpentier Lecoing. Nous sommes ici en plein monde
réel. De bons compagnons, le tisserand Bottom, le
chaudronnier Groin, le menuisier l'Etriqué et d'autres
préparent une représentation dramatique pour célébrer
le mariage du noble duc. Ils joueront *Pyrame et
Thisbé*. Lecoing distribue les rôles. Bottom fera
Pyrame ; Flûte, le raccommodeur de soufflets, fera
Thisbé. Un autre fera le lion devant lequel Thisbé
s'enfuit. Un autre fera le clair de la lune en tenant
une lanterne, puisque c'est au clair de la lune que les
deux amants se rencontrent. Un autre fera le mur,
par les trous duquel ils se parlent d'amour. Pour cela

il se blanchira de plâtre, et ses doigts écarquillés re-
présenteront les trous du mur. Il y a là des plaisanteries un peu lourdes et un peu bizarres qui ont été
écrites il y a trois siècles pour des Anglo-Saxons (il y
paraît) et qui ne rappellent que de fort loin l'esprit de
M. Meilhac dans les *Demoiselles Clochart*. Mais Bottom
est une large et véridique caricature. Ce rustre a bien
la vanité candide et divertissante du comédien : il
veut jouer Thisbé, il veut jouer le lion, il veut jouer le
mur, il veut tout jouer, et il réclame des vers de quinze
pieds. Du reste, ce sont tous de plaisants drôles : les
uns pleins de bière et « entripaillés comme il faut »,
les autres maigres et blafards comme des jocrisses :
les figures de papier mâché à côté des trognes. Sans
doute le poète nous a montré ces dignes compères
pour donner du recul au monde fantastique qu'il évo-
quera tout à l'heure. Bottom et Lecoing feront plus
aériens Puck et Titania.

Un coup d'aile, et nous voici dans la clairière des
fées. Cette forêt du Nord est aussi différente du bois
sacré où s'assied Œdipe, que l'âme de Shakespeare
de celle de Sophocle. Au lieu des lauriers et des chênes
verts découpant nettement sur le ciel bleu leur feuillage
luisant et sombre, voici les grands arbres ondoyants
et frissonnants, les hautes colonnades de la futaie
plongeant leurs pieds dans le flot léger des fougères,
des rayons de lune glissant par les sous-bois, et des
frôlements, des frémissements, des souffles, des fuites
d'êtres invisibles, la sensation d'une vie secrète et

fourmillante. (Décidément le décor de l'Odéon, malgré
sa beauté, donne de cette forêt une idée fausse.) Au
lieu des nymphes aux contours précis qui ne sont
que des symboles gracieux, et que les anciens poètes
ont inventées et n'ont point vues, voici les fées, les
sylphes et les lutins, de petites créatures fuyantes,
lunaires, qui peut-être vivent réellement dans les
fourrés pleins de palpitations obscures, qu'on croit
avoir vues et qu'on a vues, qui sait?... Au lieu des
imaginations riantes et bornées qui ne laissent point
d'inquiétude au cœur, voici le rêve, fils des pays
brumeux et de la solitude, le sentiment du mystère qui
est partout dans les choses au delà des formes et des
apparences. Au lieu du culte tranquille et peu curieux
de la Terre nourricière, mère des fruits et des mois-
sons, voici la passion de la nature, la recherche
amoureuse de ses aspects pittoresques, une tendresse
pour les arbres et les fleurs, un désir vague et inex-
primable de communier (comment? on ne sait) avec
l'âme immense répandue autour de vous... Prenez-y
garde, il y a dans le *Songe d'une nuit d'été* un
sentiment nouveau, dont on trouverait sans doute
quelque chose dans la *Reine des Fées* de Spenser, qui
peut-être sommeillait auparavant dans les légendes
celtiques, mais qui, à coup sûr, ne vient pas des
Latins ni des Grecs, que notre Renaissance, imita-
trice des païens n'a point connu, que notre XVII$^e$
siècle a profondément ignoré, et qui n'a commencé
d'éclore chez nous, — ô honte! — qu'avec Jean-

Jacques Rousseau, — et encore bien modestement.

Or, dans la bonne forêt, vivent Obéron, et Titania, et Puck, le divin Puck, un rêve qui a de l'esprit, un petit être chimérique qui aime philosopher en chevauchant un rayon de lune. Puck est le joaillier des fleurs : il donne le rubis à l'œillet, l'or à la pâquerette et met des pendants de rosée aux oreilles-d'ours ; et les fleurs le payent avec des baisers. Mais en même temps Puck est un sage. Ce lutin né de la forêt a justement la sagesse que la fréquentation de la forêt conseille aux hommes : il sait la vanité des passions humaines, mais que, si elles trompent et font souffrir, elles font vivre aussi ; et sa science se tourne en une moquerie bienveillante. Il a d'ailleurs des inventions joyeuses et folles, comme il sied à un être si petit, si joli et si fin ; et de loin on prendrait les trilles de son rire pour une chanson de rossignol sous la feuillée profonde.

Puck connaît l'histoire d'Hermia et de Lysandre, et de Démétrius qui aime Hermia, et d'Hélène qui n'est aimée de personne. Alors, pour se divertir un brin, il verse sur les yeux de Lysandre et de Démétrius le suc d'une fleur magique dont la vertu est telle qu'ils devront aimer, à leur réveil, la première personne qui leur apparaîtra. Cette personne, c'est Hélène ; et tous deux font tour à tour des déclarations éperdues à la pauvre fille, naguère dédaignée, et qui prend leurs propos amoureux pour un jeu cruel... Imagination charmante et mélancolique, subtile raillerie de l'amour. Car, je vous le demande, pourquoi aime-t-on? Je veux dire : pourquoi aime-t-on celle-là et non pas une autre? Hélène n'est pas moins jolie qu'Hermia, et elle est plus tendre. Pourquoi Lysandre et Démétrius aiment-ils Hermia et non pas Hélène? Ils n'en savent rien. Et pourquoi ensuite aiment-ils Hélène et délaissent-ils Hermia? Ils ne le savent pas davantage. C'est parce qu'on a secoué une fleur sur leurs yeux endormis; c'est donc pour une cause qu'ils ignorent, tout comme auparavant, et par un mouvement irraisonné, inintelligible.

> Il existe un bleu dont je meurs
> Parce qu'il est dans des prunelles.

Mais, si le même bleu, exactement le même, était dans d'autres prunelles, je ne l'aimerais peut-être pas. Pourquoi?

Non seulement l'amour ne sait jamais au juste ce qui détermine son choix, mais il arrive que ce choix soit indigne et déshonorant sans qu'il s'en doute. L'amour, qui est toujours capricieux et incompréhensible, est parfois absurde et aveugle. Il n'est pas très rare qu'il aime dans des prunelles un bleu qui n'y est pas. C'est le second point que s'amuse à démontrer ce scélérat de Puck. Obéron est irrité contre Titania parce qu'il soupçonne la reine des Sylphides d'avoir tendresse de cœur pour un jeune garçon, fils du roi de l'Inde. Puck, pour servir le ressentiment de son maître, touche avec la fleur magique la paupière de Titania endormie; puis, comme la troupe du char-

pentier Lecoing est venue répéter sa pièce dans la
forêt, il détourne Bottom et lui met une tête d'âne. Et
c'est Bottom que Titania aperçoit d'abord en s'éveil-
lant. « O mon cher amour, que tu es beau ! Je t'adore.
Que ta voix est douce et que tes yeux sont tendres !
Ah ! que j'aime tes chères oreilles ! » Bottom brait et
demande du foin. Bottom dit, du ton d'un brave
homme qui n'est pas romanesque et qui n'aime pas la
poésie : « Allons, bon ! des fées ! Sales petites bêtes ! »
(ou quelque chose d'approchant). Il se plaint aussi des
rossignols « qui ne font que brailler ». Cependant la
belle petite fée appuie, pauvre petite, sa joue rose et
satinée sur la tête récalcitrante et bourrue du roussin.
La petite bouche en fleur baise le nez humide et noir
et les lèvres d'amadou soulevées par les dents obliques ; et les petites mains blanches caressent les
longues oreilles velues aux roides mouvements de
télégraphe. Et Titania appelle les sylphides, et les
sylphides accourent, enguirlandent de roses la tête du
baudet adoré et forment autour de lui des danses
harmonieuses. Le contraste est si fort, le symbole si
clair et si expressif, la scène si fantastique et d'une
grâce si hardie que cela est à la fois comique, douloureux et charmant, que cela fait plaisir et peine et
vous induit aussi en rêverie, et qu'on ne sait si le
cœur en est plus serré ou l'imagination plus amusée...

## II

Comédie française : *Hamlet*, traduit de Shakespeare par Alexandre Dumas et M. Paul Meurice.

4 octobre 1886.

Il me faut aujourd'hui parler d'*Hamlet ;* c'est horrible. Non seulement je suis sûr de ne rien trouver à dire de nouveau sur l'œuvre et le héros de Shakespeare, car tout a été dit là-dessus, tout et le reste; mais ces innombrables commentaires, je ne saurais plus les répéter clairement. Je ne me rappelle même plus ce que je disais il y a quatre ou cinq mois à propos de l'*Hamlet* de la Porte-Saint-Martin. Tout se brouille dans ma mémoire, je n'y comprends rien, je n'y vois goutte.

Qui donc es-tu, Hamlet, prince de Danemark, jeune homme faible et emporté, mélancolique et violent, rêveur et brutal, superstitieux et philosophe, raisonnable et fou, poète exquis et fade plaisant, créature vivante et incohérente, et lamentable image de l'Ame en peine, figure particulière jusqu'à la bizarrerie et générale jusqu'au symbole, toi que Shakespeare voit comme un gros garçon asthmatique, et que nous ne voyons plus que pâle, élégant et souple, en toque et en pourpoint de velours noir, ainsi qu'il sied au frère aîné de Faust, au plus ancien représentant de l'âme moderne, du romantisme, du pessimisme, du nihilisme, de la grande névrose et d'autres choses encore auxquelles sans doute tu ne songeais pas? Nous t'avons prêté tant de sentiments et de pensées que tu ne ressembles plus à rien, pauvre Hamlet, jeune homme naïf, lymphatique et colérique, et que, pour retrouver tes vrais traits, il faut gratter des couches superposées de commentaires et d'interprétations. Que ne donnerais-je pas pour te voir à nu, avec des yeux vierges, et tel que tu es sorti des mains de ce Shakespeare qui est assurément un des plus grands poètes de tous les siècles, mais qui, si nous étions francs, nous ferait encore bien souvent, comme à Voltaire, l'effet d'un « sauvage ivre ».

Mais, au fait, un secours me vient dans cette angoisse. Si je ne puis voir Hamlet tel qu'il est, je puis le voir du moins tel que M. Mounet-Sully nous l'a montré. Car, si obscur et si pétri de contradictions que soit un personnage de drame, un grand comédien peut toujours le faire vivre et l'éclaircir, en le « réalisant » sur les planches, en lui prêtant son corps et son âme, en lui apportant ainsi, malgré tout, une espèce d'unité. Hamlet n'est pas incompréhensible, puisque M. Mounet-Sully a pu jouer son rôle, et puisqu'il l'a joué avec l'universel applaudissement du public.

Pour jouer Hamlet, M. Mounet-Sully a dû néces-
airement prendre parti, et, parmi tous les Hamlets
que nous avons inventés, en choisir un et s'y tenir.
Il m'a semblé que l'excellent tragédien a très sagement pris pour modèle idéal, afin d'y conformer son
jeu, sa diction et toute son allure, l'Hamlet incomplet,
mais clair, défini par Gœthe dans *Wilhelm Meister*, et
qu'il a esquivé ou atténué tout ce qui, dans le personnage du prince danois, reste en dehors de cette
célèbre définition. Au printemps dernier, un comédien
assez médiocre avait surtout exprimé ce qu'il y a de
dur et de féroce dans ce rôle et avait fait d'Hamlet
un fou prétentieux et méchant. M. Mounet-Sully,
mieux avisé, a répandu sur le même rôle une teinte
de mélancolie et de tendresse. Il a fait Hamlet très
jeune et très candide; il lui a donné une âme essentiellement douce, rêveuse et languissante, qu'une
révélation effroyable et l'atrocité du devoir que cette
révélation lui impose jettent accidentellement hors
de soi, mais dont les violences sont courtes et
comme involontaires. Peut-être même a-t-il un peu
exagéré la tendresse toute féminine de l'adolescent;
surtout dans la première partie, il a eu trop constamment des larmes dans la gorge, il a trop fait la petite
voix, trop imité le ton plaintif d'un enfant malade ou
qui a un gros chagrin. Mais c'est égal, quel adorable
Hamlet il nous a montré! Ce pauvre enfant aimait
son père, il lui a gardé un culte passionné; et il voit
sa mère épouser un autre homme avant d'avoir

usé les souliers dans lesquels elle suivait l'enterrement du feu roi. Il était heureux de vivre et tout plein
d'illusions, il croyait à l'amitié, il croyait à la bonté
des hommes ; et tout à coup il apprend, par la bouche
d'ombre d'un spectre, que son père a été tué par son
oncle, avec la complicité de sa mère. Son âme enfantine ne se remettra point de ce coup, et tous ses
discours et toute sa conduite, si étrange qu'elle soit,
s'expliqueront facilement par le trouble profond où
cette révélation l'a jeté. Tout d'abord, il est pris d'une
misanthropie amère, universelle et naïve. Instantanément, tous les hommes lui apparaissent comme des
lâches ou des scélérats, toutes les femmes comme des
êtres impurs et fragiles, et l'univers entier comme un
cloaque. De là la disproportion et la férocité de ses
railleries avec ce pauvre Polonius, qui n'est pourtant
qu'un nigaud assez bon homme ; de là l'outrance et
la folie (seulement à demi feinte) des propos qu'il
tient à Ophélia. Il est si malheureux qu'il se tuerait
s'il osait : de là le fameux monologue. On a coutume
de s'extasier sur la profondeur philosophique de ce
morceau ; au fond, il est assez banal et d'une philosophie rudimentaire. Il est bien d'un enfant. « Le
monde est si affreux qu'on se tuerait si l'on était sûr
que la mort fût suivie du néant ! » Voilà-t-il pas de
quoi s'émerveiller ! Et ce fameux : « Être ou ne pas
être, voilà la question », qu'est-ce que cela veut dire ?
De bonne foi, le comprendriez-vous, si la suite ne
vous l'expliquait ? Hamlet met parmi les maux qui le

dégoûtent de vivre « les lenteurs de la procédure » et
les injustices qu'on fait aux gens de lettres. Cela est
pour le moins imprévu, à cet endroit. Notez que c'est
Voltaire qui a découvert et lancé ce morceau; ce
devrait être pour les fanatiques de Shakespeare une
raison de se méfier. Pardon de ces irrévérences; mais
j'exprime librement ma pensée et, comme dit élé-
gamment le Chassagnol de *Charles Demailly*, « ceux
à qui ça donne des engelures... eh bien! j'en suis
fâché! »

Cependant Hamlet ne peut passer tout son temps
en monologues. Il faut agir : quel effort! Du moins
il prendra le plus long. Ce sera tout un luxe de
scrupules, de précautions et de préparatifs. Il juge
d'abord que, pour être tout entier à sa tâche, il doit
renoncer à toute affection, et c'est pourquoi il
rompt subitement et brutalement avec Ophélia. Pour
gagner quelques moments, il se dit que le spectre est
peut-être le diable et l'a peut-être trompé; il veut
s'assurer du crime de son oncle, et, pour cela, fait
représenter devant lui, par des comédiens, un crime
tout semblable. Mais il craint que Claudius n'ait des
soupçons, ne le prévienne ; il contrefait le fou, pour
qu'on ne se méfie point de lui et qu'on le laisse agir
à sa guise, — et aussi parce que ce rôle lui plaît,
lui permet d'épancher en propos saugrenus sa
misanthropie enfantine, et de se draper, de prendre
des attitudes, de s'étendre en s'éventant aux pieds
d'Ophélia... Je vous assure qu'Hamlet « pose ». et qu'il

se regarde, et qu'il se trouve bien. Mais avec tout
cela le moment d'agir est venu; tous les prétextes
d'atermoiement sont épuisés. Et justement une occasion se présente: il trouve Claudius à genoux, en
prière, et qui ne le voit pas venir ; il n'a qu'à frapper:
il ne peut pas, et il s'en donne à lui-même cette
admirable raison que Claudius, mort en priant, irait
tout droit au paradis. Un peu après, sa mère l'appelle, ayant des remontrances à lui faire. Un rideau
remue, il croit que Claudius est caché derrière; il
fonce sur le rideau qu'il traverse furieusement de son
épée. C'est que cela n'était point prévu, c'est qu'il
est capable, comme les faibles, d'agir par sursauts
subits; c'est qu'il n'a pas eu le temps de préméditer
son acte; surtout, c'est qu'*il ne voit pas* sa victime. Il
se trouve que cette victime est Polonius. Hamlet,
hors de lui, insulte et raille le mort... Puis il se
retourne vers sa mère, et parce qu'il est faible,
et parce qu'il est plus fou qu'il ne croit, et parce
qu'il veut prendre en paroles la revanche de son
impuissance, il éclate, il foudroie la malheureuse,
il fait l'archange justicier, il s'emporte à de
telles violences d'indignation que le fantôme trouve
que c'est trop et, prenant pitié de la mère écrasée,
opposant la sereine et clairvoyante miséricorde
divine à l'aveugle et vertueux emportement d'Hamlet,
lui murmure de sa voix d'ombre : « Parle-lui,
Hamlet, parle-lui ! » Sur quoi, tout le cœur d'Hamlet
se fond ; ses nerfs exaspérés se détendent; il prend

sa mère, l'embrasse et pleure comme un petit enfant.

Et c'est ainsi jusqu'à la fin du drame : langueur mélancolique ou violence folle. A l'enterrement d'Ophélie, il a un mouvement qui paraît d'abord bizarre : il insulte Laerte et se précipite sur lui parce qu'il pleure et se lamente trop haut. Pourquoi? C'est qu'il semble à Hamlet qu'Ophélie est d'autant plus à lui qu'elle est morte par lui ; il ne peut souffrir qu'un autre ait la prétention de la pleurer plus que lui et de plus près. C'est peut-être aussi le remords de l'avoir tuée qui se tourne en fureur ; et, enfin, il ne faut pas oublier qu'Hamlet fait le fou depuis si longtemps qu'on peut se demander si sa raison est encore intacte. Notez qu'à ce moment-là nous commençons à en avoir assez d'Hamlet et de sa faiblesse, et de ses emportements, et de son pessimisme, et de sa démence feinte ou réelle. Il est temps qu'il tue Claudius. Il le tue comme il devait le tuer, sans préméditation et dans des circonstances qu'il n'avait pas prévues. En somme, rien de plus suivi que ce caractère.

M. Mounet-Sully a rendu avec beaucoup de charme et de puissance tour à tour la tendresse et la langueur d'Hamlet, ce qu'il met d'involontaire cabotinage dans son rôle de fou, et ses éclats de violence, l'effort qu'il fait pour agir étant tel qu'il le rend incapable de se contenir dans l'action. M. Mounet-Sully nous a parfaitement fait sentir tout cela. La façon dont il a joué Hamlet nous a, mieux que toutes les dissertations, éclairci le texte de Shakespeare.

Remarquons cependant que, pour maintenir l'unité
du rôle, il a été obligé d'adoucir le ton de certains
passages ou même de les interpréter (j'en ai peur) à
contre-sens. Quand le fantôme réapparaît pour la
troisième ou quatrième fois, Hamlet, qui tout à
l'heure l'écoutait à genoux, s'écrie : « Te voilà encore,
vieille taupe ! » Ce cri est assez inattendu : est-ce
l'épouvante qui le lui arrache? Commence-t-il déjà à
perdre la tête? Est-ce la préoccupation même de
garder son sang-froid devant ses compagnons et de
ne point paraître troublé devant eux, qui lui inspire
cette plaisanterie lugubre dont il ne mesure pas
les mots? Je ne sais. Mais enfin il me semble bien
qu'il n'y a qu'une façon de lancer ce « Vieille taupe ! »
Il faut le dire avec une violence irréfléchie, au fond de
laquelle on sente un immense effroi. Or, Mounet-
Sully murmure « Vieille taupe ! » du ton dont il dirait :
« Mon père adoré ! » De même il module sur un ton
d'élégie les déplaisantes railleries d'Hamlet sur le
cadavre de Polonius. Il a raison, s'il ne pouvait ne
nous montrer qu'à ce prix un Hamlet qui eût quelque
consistance. Mais, maintenant que j'y songe, cela
prouve peut-être que le caractère du prince danois
n'est pas tout à fait aussi suivi que je le disais tout à
l'heure. L'Hamlet de Shakespeare a des brutalités et
des férocités de parole et de conduite dont Alexandre
Dumas et Paul Meurice ont élagué la plus grande
partie; mais ce qui en reste suffit encore pour nous
déconcerter. Et nos doutes nous reprennent, et des

contradictions que nous croyions résolues reviennent
nous inquiéter. Cet adolescent si tendre et si doux,
j'ai beau faire, je trouve sa conduite avec Ophélie
absolument odieuse. Et quel mauvais cabotinage
(j'y reviens), quelle puérile et prétentieuse misanthropie dans les propos qu'il tient à la pauvre petite! La
vengeance qu'il tire des deux hommes chargés de le
conduire au roi d'Angleterre (partie supprimée dans
la version Dumas-Meurice) est assurément légitime :
mais peste! elle n'est point d'une âme douce, ni faible,
ni hésitante. Joignez les contradictions de sa pensée :
il croit aux revenants, il croit au diable, au paradis
et à l'enfer ; et il a des doutes sur l'immortalité de
l'âme et l'on peut se demander s'il croit seulement
en Dieu.

Mais qu'importe? Ces contradictions, à mesure
que je les formule, ne me semblent plus si graves.
L'illogisme des croyances est chose profondément
humaine; et, quant aux brutalités d'Hamlet, elles
s'expliquent presque toutes par son temps et sa race :
il ne faut pas oublier qu'Hamlet appartient, par la
légende, au moyen âge le plus reculé, et, par le
drame, au seizième siècle anglais. En résumé, malgré
les ténèbres que d'innombrables commentaires et
dissertations ont accumulées sur l'œuvre de Shakespeare, la figure qui s'en dégage quand même, l'image
qui nous reste invinciblement dans les yeux c'est bien
celle que Gœthe a vue, celle que M. Mounet-Sully a
su faire vivre l'autre soir. Il reste bien un peu d'in-

connu et d'inexpliqué tout autour; mais cela ne
nous attache et ne nous retient que plus fort par
l'attrait du mystère et par l'espoir de deviner.
Et même, grâce à cette part d'inintelligible, Hamlet
ressemble davantage à une créature vivante, car
quel est l'homme en qui il n'y ait point de contradiction et qui soit parfaitement clair à lui-
même et aux autres? Shakespeare, ici comme
dans quelques autres pièces, a mieux respecté ce
mystère que ne font d'ordinaire les poètes dramatiques; surtout il a moins simplifié l'âme humaine que
ne font Corneille, Racine ou Molière. Mais son Hamlet
est bien vivant avec son arrière-fond d'énigme.
D'ailleurs l'impuissance de la volonté et l'inquiétude
de la pensée, dont le prince de Danemark est la victime encore naïve, sont justement les deux maladies
qui se sont le plus développées et propagées en ce
siècle parmi les civilisés. En sorte qu'Hamlet a beau
n'être qu'un enfant et dire beaucoup de sottises, son
pessimisme et sa misanthropie ont beau avoir quelque chose de superficiel et de puéril, nous reconnaissons en lui le germe de nos propres maux, nous
enrichissons sa maladie de la nôtre, nous ajoutons à
son âme, sans y prendre garde, les âmes de tous les
rêveurs, de tous les tristes, de tous les languissants,
de tous les désespérés qui sont venus après lui, et
c'est pourquoi Hamlet est immense. Ajoutez enfin
qu'il n'est guère de spectacle qui puisse éveiller en
nous une telle quantité de ressouvenirs et d'impres-

sions. *Hamlet*, par le sujet, ressemble un peu aux *Choéphores* et à *Electre;* Chateaubriand n'eût pas manqué de dire que le héros de Shakespeare est un Oreste chrétien; et tout le théâtre grec surgit dans notre imagination... Mais *Hamlet*, c'est aussi le vieux Danemark, un moyen âge très lointain, à demi barbare, enfantin et farouche, un pays de légendes et de surnaturel, avec des rois à barbe blanche et tout couverts de fourrures. Et *Hamlet* évoque encore l'Angleterre du seizième siècle avec sa Renaissance païenne, — et le romantisme français, et Lamartine et Musset, et le grand choc que le génie du Nord a donné au nôtre dans le premier tiers de ce siècle, et l'élargissement d'âme qui s'en est suivi pour nous... A quoi ne fait pas songer *Hamlet ?* Il fait songer à tant de choses qu'on l'écoute comme en rêve, et qu'on ne sait plus du tout ce que vaut la pièce,

Il y a apparence, pourtant, que les trois premiers actes sont d'une extrême beauté. J'avouerai franchement que les deux derniers, n'étant plus remplis par Hamlet, m'ont paru, l'autre soir, fort ennuyeux. La conduite de Claudius est absurde. La reine est nulle et absolument passive. La scène des fossoyeurs, d'ailleurs fort inutile, est d'un comique macabre qui est devenu, avec le temps, horriblement banal. De même la scène de la folie d'Ophélia. Elle est amusante, dans le texte complet, parce que la petite y chante des choses immodestes; mais, telle qu'on nous la donne à la Comédie française, c'est une scène de keepsake et de romance ; on croit contempler un chromo. Le cours des années, qui a fait tant de bien à certaines parties du théâtre de Shakespeare, a fait le plus grand tort à d'autres. Ce qu'on y admirait le plus vers 1830 nous inspire aujourd'hui quelque défiance.

Tandis que se déroulaient lentement — oh! lentement — ces deux actes insupportables, j'étais obsédé d'une idée. Je me demandais ce que fût devenu le même sujet entre les mains de Racine. L'hypothèse n'est pas si absurde qu'elle en a l'air. Je suppose que Racine ait vécu beaucoup plus longtemps, qu'il n'ait point renoncé au théâtre, et que, ayant épuisé à peu près tout ce qu'il pouvait imiter du théâtre grec, et s'étant mis, comme Corneille, à feuilleter au hasard les vieilles chroniques, il soit tombé un jour sur l'histoire d'Hamlet et en ait senti la beauté dramatique. Quelle tragédie en eût-il tirée?... Ce qui m'irrite, c'est que je me sens presque absolument incapable de répondre. Je crois qu'il eût retranché beaucoup de choses, soit par un scrupule de noblesse et de dignité tragique, soit pour observer les trois unités, soit à cause de la disposition matérielle du théâtre en son temps. Je crois qu'il eût supprimé l'apparition du spectre et l'eût remplacée par un songe. Il eût sans doute supprimé aussi la scène des comédiens. Je ne sais s'il aurait conservé la folie d'Ophélia ; en tout cas, je ne pense pas qu'il l'eût mise en scène. Eût-il gardé la folie simulée d'Hamlet? Je crois qu'il l'eût

8.

supprimée également, par amour de la clarté. Il n'eût
pas gardé davantage l'assaut d'armes du cinquième
acte. Alors quoi? Oui, quoi? Il eût certainement
développé les rôles de la reine et de Claudius et leur
eût donné plus de vérité et de vie. Tout en modifiant
profondément toute la partie extérieure du drame et
en maintenant le style sur un ton de noblesse continue, j'imagine qu'il eût compris le caractère d'Hamlet
comme Shakespeare, mais sans lui prêter d'échappées
philosophiques, et qu'il l'eût strictement maintenu
dans les termes de la future définition de Gœthe, sans la
déborder, peut-être même sans la remplir tout à fait.
Il eût sans doute beaucoup rapproché son *Hamlet* de
l'*Oreste* d'Euripide. Son Hamlet ne serait point brutal
ni féroce. Il laisserait seulement entendre à Ophélie
qu'il n'a plus le droit de l'aimer, qu'il appartient tout
entier à un grand devoir. Ophélie ne tomberait plus
dans l'eau en faisant des bouquets, mais peut-
être s'immolerait avec le poignard des princesses
grecques. Hamlet trouverait, pour s'assurer du
crime de Claudius, un moyen plus simple que la
représentation du *Meurtre de Gonzague*. Lequel? je
l'ignore. Il ne traiterait pas sa mère comme fait le
héros de Shakespeare ; il lui parlerait avec larmes,
entendrait sa confession, et lui dirait de faire
pénitence. Il garderait d'ailleurs les faiblesses, les
hésitations, l'affreuse mélancolie du personnage
anglais : ce serait le même « cas », mais plus clair.
Claudius, je suppose, serait tué dans une émeute

(l'émeute du cinquième acte des tragédies de Quinault)
et sans qu'Hamlet eût le temps d'agir. Et ce dénouement serait en récit. Et cet Hamlet ne ferait pas
tant d'embarras que l'Hamlet du grand Will,
mais il dirait, çà et là, sans en avoir l'air, des choses
profondes, et nous pourrions trouver chez lui, tout
aussi bien que chez l'autre, du romantisme, du pessimisme, et tout ce que nous voudrions... Seulement
il serait plus facile à définir.

# GEORGE SAND

---

Théâtre national de l'Odéon : Reprise de *Claudie*.

16 mai 1887.

J'ai constaté avec joie, la semaine dernière, le grand succès de *Claudie*. Personne, je crois, n'a complètement échappé au charme de cette dramatique idylle. Seulement les uns ont dit : « C'est délicieux ; et comme c'est vrai! » Et les autres : « C'est joli; mais comme c'est faux! Et quelles bonnes dupes nous sommes! » Et les premiers avaient raison, et les seconds n'avaient pas tort.

Je me demande ce que fût devenue, sous la plume de M. Guy de Maupassant, cette histoire d'une paysanne séduite par un don Juan de village et qu'un autre homme épouse par amour. J'imagine que nous aurions une jolie collection d'animaux. La fille serait quelque belle fille à peu près inconsciente. Le séducteur serait une manière de bête égoïste et féroce. L'amoureux aurait l'air d'une bête empoisonnée ; il

n'y comprendrait rien, et son amour ressemblerait à
une maladie. Son père serait un vieux paysan avare
jusqu'au crime, avec qui il aurait d'épouvantables que-
relles et échangerait peut-être des coups de fourche
sur le fumier de sa cour. Et quant au grand-père de
la fille, il ne parlerait pas, oh! non, de la « gerbe
du bon Dieu » ; ce serait un vieux malin, et qui joue-
rait sournoisement le rôle d'entremetteur. Le tout serait d'un comique violent, avec un dessous d'affreuse
tristesse. On y sentirait un profond mépris des
hommes. Et ce serait fort beau, du moins sous la
forme du conte, mais impossible sur les planches.
Nous ne sommes pas mûrs pour cela; le public
assemblé au théâtre y apportera, longtemps encore,
certaines exigences esthétiques et morales, contre
lesquelles on ne peut rien.

Peut-être préféreriez-vous au drame de George
Sand le conte que je prête à Maupassant? Soit; et
vous pourrez même expliquer ce goût par des raisons
fort distinguées. Mais toutes se réduiront à ceci : « Je
préfère, en dehors de toute question d'art, la vérité
triste et brutale, parce que la constatation de cette
vérité m'affermit dans une sorte de pessimisme orgueilleux — et un peu artificiel — dont je jouis profondément. »

J'ai connu, je connais encore ces malsaines délices.
Mais ayons la bravoure de le dire : Tout n'est pas hi-
deux de par le monde ; et, d'autre part, j'ai beau
faire, je ne vois pas par quels principes on pourrait

établir la prééminence de l'art qui exprime la vérité
triste ou ignoble sur celui qui traduit la vérité con-
solante ou même le rêve tout pur. Pour moi, j'admets
tout; j'aime tout selon les heures, tour à tour ou
même à la fois : la réalité basse et grotesque et la
réalité noble et choisie, l'idéalisme classique, le
romantisme et le naturalisme, Racine autant que
Balzac, George Sand autant que Emile Zola, Bourget
autant que Maupassant... J'aime tout, parce que tout
est vrai, même les songes. Quelle que soit la vision
des choses propre à chaque artiste, elle est mienne,
pourvu que la forme qu'elle revêt soit empreinte de
beauté...

Je me hâte d'ajouter que *Claudie* n'est nullement du
« rêve tout pur ». Claudie, le père Rémy, le père et la
mère Fauveau existent aussi bien que maître Omont,
la mère Magloire, maître Vallin et sa servante Rose.
Les paysans de George Sand, j'ai vu leurs pareils,
même dans mon village, encore qu'il soit déplorable-
ment civilisé, trop proche des villes, que les cabarets
y soient trop nombreux, et qu'un homme à cornet et
à casquette galonnée y parcoure les rues chaque
jour en vendant le *Petit Journal* et même la *Petite
République*. George Sand a fait de ses paysans (Ronciat
excepté) de fort braves gens? C'est qu'il y en a encore.
Elle leur a donné l'esprit de justice et même à quelques-uns l'esprit évangélique? Mais il y a en effet des
paysans qui sont de fort bons chrétiens. Elle les a fait
parler mieux qu'ils ne parlent? Oui, mais en ayant

soin de ne leur rien faire exprimer qu'ils ne soient capables de sentir, en mêlant au tissu du langage qu'elle
leur prête le plus possible de locutions campagnardes,
en conservant la lenteur, le tour, l'allure particulière
du parler paysan. En somme, ce sont les mêmes que
François Millet nous montre dans ses plus beaux pas-
tels. Sylvain et Claudie, c'est, si vous voulez, l'homme
et la femme de l'*Angelus*, debout dans la plaine et
dont le soir mélancolique et doux agrandit les humbles silhouettes.

Claudie est, dites-vous, trop distinguée, trop fine
et trop chaste à la fois : il en résulte que l'idée de sa
faute nous est plus désagréable que si elle n'était
qu'une « enfant de la nature », une bonne bête de petite vachère. — Mais, si elle n'était que cela, j'ai la
simplicité de croire que le drame y perdrait en intérêt. Et puis je vous assure qu'il se rencontre quelquefois, je ne sais comment, et dans les campagnes les plus
reculées, de ces jolies fleurs délicates. Et voyez avec
quelle innocente habileté le poète a réuni, autour de
la faute de cette pauvre petite, les circonstances atténuantes! Claudie avait quinze ans ; Denis lui avait
promis formellement et publiquement le mariage. Et
on ne pouvait accuser Claudie de calcul : elle comptait
à ce moment-là sur l'héritage d'une tante riche. Et
elle aimait Denis, et c'est par amour qu'elle lui a
cédé trop tôt, et la nature, le soleil, les arbres et les
champs ont été complices. Elle a cruellement expié :
pauvre, elle a nourri son petit sans rien demander à

personne, et l'enfant est mort. C'est par sa fierté, par
sa retenue, et rien qu'en se taisant, qu'elle inspire un
si grand amour à Sylvain et qu'elle fait honte à son
séducteur. Et, quand ce dernier lui offre de l'épouser sans qu'elle ait dit un mot, elle refuse cette répa-
ration inespérée parce qu'elle ne l'aime ni ne l'estime
plus. Cela est invraisemblable? Pourquoi? N'oubliez
pas, du reste, que Claudie a été élevée par son
grand-père, une espèce de sage agreste, qui, « est
pour elle le bon Dieu... »

J'aime Sylvain, ce garçon sérieux, un peu austère
et « critiquant », un peu rêveur, avec ses révoltes,
ses colères, ses désespoirs, surtout ses silences. Les
grandes passions sont rares à la campagne; mais,
quand elles y éclatent, elles ont bien ces allures. Elles
sont profondes, taciturnes et tenaces; la solitude, le
travail des champs qui laisse la pensée libre et permet
de s'enfoncer dans une idée unique, nourrissent ces
grandes amours et les font incurables. Le père Fauveau, finaud, ambitieux, borné, âpre au gain, mais
bonhomme et de sens droit; sa femme, qui le domine
et le conduit sans qu'il s'en aperçoive, plus tendre,
plus désintéressée, de jugement plus solide, plus fine
(c'est elle qui, la première, a deviné l'amour de Sylvain pour Claudie)... j'ai rencontré ce couple-là dans
mon pays, et plus d'une fois, je vous jure. Quant à la
Grande Rose et à Denis Ronciat, ils sont vivants et je
les sens vrais, mais je vous avoue que je ne les ai pas
rencontrés en personne. Ils sont de chez moi, si vous

9

voulez, par plus d'un trait; mais ils sont surtout du
Berry, et probablement du Berry d'il y a quarante
ans. Chez moi, la Grande Rose, fille de gros laboureurs, s'appelle mademoiselle ou madame; elle a été
mise en pension au chef-lieu du département; elle a
appris le piano; elle porte les robes et les chapeaux
de la ville; elle ne se commet point avec de simples
métayers; elle a épousé ou épousera un avoué ou un
notaire... Denis Ronciat ne porte plus le beau gilet,
la petite veste et le chapeau enrubanné du « faraud »
de George Sand. Il s'habille en monsieur. Il s'occupe
de politique Il a un permis de chasse. Depuis les chemins de fer, il va faire la noce en ville. Il n'a plus
l'égoïsme si bon enfant, et, au troisième acte, il n'aurait plus la naïveté d'offrir sa main à Claudie. Ceci
n'est pas pour reprocher quoi que ce soit à George
Sand, au moins! Sa Grande Rose et son Denis Ronciat
sont si plaisants et ont une si bonne odeur de terroir!

Et le père Rémy, pensez-vous que ce soit un type
de pure invention? Par qui ont été composés, je vous
prie, les proverbes, les contes et les chansons popu-
laires, si admirables quelquefois, si pleins de sagesse
et de poésie? Par qui, sinon par des paysans, par des
philosophes et des poètes du sillon, par des pères
Rémy des temps anciens? Songez, d'ailleurs, que le
grand-père de Claudie est un vieux soldat des guerres
de l'empire et que son esprit naturel a dû se développer, à voir tant de choses. Il est un peu prêcheur
et bénisseur? Mais les vieux sages rustiques de son

espèce le sont volontiers. Encore une fois, mon village est presque aussi gâté que ceux des environs de Paris : et cependant j'y ai connu, dans mon enfance, un grand vigneron très bon chrétien, très imprégné d'Évangile, aimant la nature et la sentant, comprenant fort bien la noblesse du travail de la terre, rimant même tant bien que mal de petits vers, généralement des maximes morales, un peu sermonneur, un peu prolixe, intéressant en somme et d'allure originale, et qui, en dépit de la décadence des temps, paraissait bien de la même famille que le père Rémy.

Oui, tous ces personnages sont vrais. Du moins ils le sont assez à mon gré. L'action est d'une simplicité lumineuse; elle sort tout entière d'une situation initiale et se développe sans aucune intrusion du hasard : ce qui est une des marques des belles œuvres dramatiques. Et le décor, qui agrandit et embellit les personnages, explique l'action et y contribue. Ce drame est aussi une géorgique ; et géorgique et drame semblent ici inséparables. Le « milieu » est justement celui où le dénouement de la pièce (le mariage d'une fille-mère avec un autre homme que le séducteur) pouvait être accepté le plus aisément : car les paysans, s'ils ont plus de superstitions, ont moins de préjugés sociaux que la bourgeoisie. M. Dumas fils, rien qu'en transportant la même histoire dans une classe supérieure (*Denise*) , s'est créé des difficultés dont lui seul peut-être pouvait triompher.

Dans *Claudie*, cela va tout seul. C'est en pleine cam-

pagne qu'un drame évangélique se trouve encore le
mieux à sa place. On a cette impression, que le profond
sentiment de justice et de charité, en vertu duquel
Ronciat est condamné et Claudie absoute et relevée
par le père Rémy, par Sylvain, par la mère Fauveau,
par la Grande Rose, et même par le père Fauveau,
est, comme la gerbe de blé, un produit du travail de
la terre. Si vous voulez vous en mieux convaincre, relisez dans *Jocelyn* ce merveilleux épisode des *Labou-*
*reurs*, où chacun des travaux rustiques éveille dans
l'âme du poète (et pourquoi pas, d'une façon plus
obscure, dans l'âme du paysan ?) un sentiment moral
et religieux. — Le sillon, qui ne donne rien qu'au
prix d'un labeur patient, n'enseigne-t-il pas la justice ?
Le soleil de Dieu, qui luit égal sur tous les champs,
n'enseigne-t-il pas la fraternité ? Le paysan n'est point
maître des saisons ; il collabore avec un grand inconnu,
qu'il sent au-dessus de lui : n'apprend-il pas ainsi la
résignation, la confiance, l'espérance invincible ? —
La campagne, dans Virgile, est maîtresse de justice
et de vertu : « Le laboureur ouvre la terre avec sa
charrue... C'est par là qu'il nourrit sa patrie, ses enfants, ses troupeaux et ses bœufs qui l'ont bien gagné...
Son toit chaste garde la pudeur... C'est là que la religion est en honneur et que les pères sont respectés ;
c'est parmi les laboureurs que la Justice, prête à
quitter la terre, a laissé la trace de ses derniers pas...
Ça été la vie des vieux Sabins, celle de Rémus et de
son frère. C'est par là que la vieille Étrurie a grandi ;

c'est par là que Rome est devenue la merveille du
monde, et qu'elle a, dans un seul mur, enserré les
sept collines... » Et cela n'est pas tout à fait un rêve.
Dans *Claudie*, le rapport est sensible entre la philosophie rustique du père Rémy, née de la vie en pleine
nature, et le sentiment chrétien de justice et de pardon
qui triomphera au dénouement. « Salut à la gerbe !
et merci à Dieu pour ses grandes bontés... De tous tes
présents, mon bon Dieu, voilà le plus riche ! le beau
froment, la joie de nos guérets, l'ornement de la terre,
la récompense du laboureur... Le pauvre monde peine
beaucoup ; le bon Dieu lui envoie des années qui le
soulagent. Le riche travaille pour ses enfants; les
pauvres sont les enfants de Dieu, et il fait travailler
son soleil pour tout le monde... Que Dieu récompense
les bons riches ! Qu'il les conserve tant qu'il y aura
des pauvres!... Gerbe de blé ! tu fais blanchir et tomber les cheveux, tu courbes les reins, tu uses les genoux. Le pauvre monde travaille quatre-vingts ans,
pour obtenir à titre de récompense une gerbe qui lui
servira peut-être d'oreiller pour mourir et rendre
à Dieu sa pauvre âme fatiguée... C'est qu'il y a des
mauvais cœurs, Denis Ronciat, il y a des mauvais
cœurs! Je ne dis que ça ! »

Songez maintenant, pour n'être pas ingrats envers
George Sand, qu'elle a eu ce singulier mérite d'intro-
duire la première dans le roman et sur la scène de
beaux paysans intacts, fils de la terre, qui, sans cesser
d'être vrais, prennent des airs de héros de l'Odyssée...

# II

Comédie française : *Le Marquis de Villemer*, de George Sand · *On ne badine pas avec l'amour*, d'Alfred de Musset.

12 septembre 1887.

Le Théâtre-Français nous a donné, la même semaine, le *Marquis de Villemer* et *On ne badine pas avec l'amour*. L'occasion paraît bonne de comparer le romanesque et la poésie et d'en marquer, s'il se peut, les différences.

C'est une comédie délicieusement romanesque que le *Marquis de Villemer*. Une demi-douzaine de très belles et très rares exceptions morales s'y trouvent réunies pour notre plaisir. C'est comme la vision rapide d'une humanité meilleure et d'une destinée plus conforme à la justice. Nous nous disons : « Mon Dieu, que les hommes sont bons ! Et les femmes donc ! Et comme on sent bien qu'il existe une Providence ! »

Il y a là une demoiselle de compagnie, une mère, deux frères, une jeune fille et deux domestiques comme on n'en voit guère, et leur assemblage forme un petit monde comme on n'en voit point. On pour-

rait dire que le romanesque consiste presque uniquement à *choisir*, dans la réalité, ce qui s'y rencontre
de plus rapproché de notre idéal moral, — tandis
que c'est souvent un *choix* d'une tout autre espèce
qui constitue la poésie proprement dite, dont le
romanesque n'est qu'une variété.

Quatre-vingt-dix-neuf fois sur cent, une lectrice,
une institutrice, une demoiselle de compagnie est
plébéienne de nom et d'origine. Soixante-dix fois sur
cent, elle est laide. Cinquante fois sur cent, elle n'est
que passable. Dix fois sur cent, elle est jolie. Si elle
est jolie et si elle est aimée du fils de la maison, neuf
fois sur dix, elle sera coquette et jouera avec le feu;
cinq fois sur dix, elle deviendra la maîtresse du jeune
homme; une fois sur dix, elle lui résistera, par pru-
dence ou par vertu. Et, si elle est sage, il y a fort à
parier que sa sagesse sera compensée par d'insupportables défauts : elle sera prude, indiscrète, sotte
ou pédante... Mais ce que vous ne rencontrerez qu'une
fois en cent ans dans ce misérable monde où nous
sommes, c'est une lectrice comme Caroline de Saint-
Geneix.

Elle est noble, elle a des ancêtres qui étaient à
Fontenoy, elle est belle, elle est fière, désintéressée,
parfaitement vertueuse et parfaitement intelligente.
Et elle est aimée à la fois des deux fils de la maison.
Elle se trouve placée par le poète dans les meilleures
conditions pour être plainte et admirée. Elle a été
riche; elle nourrit avec son modeste salaire une sœur

et ses quatre enfants. Elle ne peut dire un mot ni
faire un pas qui ne révèle sa vertu, qui ne la montre
touchante et digne. Et, comme elle-même adore en
secret, et sans se l'avouer, l'un des deux frères, tout,
dans la position subalterne qu'elle occupe, lui devient une occasion de souffrance et une occasion d'héroïsme. Héroïsme discret, d'autant plus intéressant.
Elle est charmante; mais aussi elle a la partie trop
belle!

Nous lui savons un gré infini de sa fierté; mais
prenez-y garde, c'est dans une situation inférieure et
comprimée qu'on a le plus d'occasions d'être fier :
dans les autres, elles manquent souvent. Une situation
comme celle de Caroline, c'est, pour une âme élevée
et délicate, une espèce de Californie morale, une mine
de sacrifices silencieux, de jolis sentiments voilés,
contenus, et dont nous sommes d'autant plus ravis
que nous croyons avoir la peine de les deviner à
moitié. Caroline n'a qu'à baisser les yeux pour nous
émouvoir, et elle a la joie continue de se sentir supérieure à sa condition sociale par cela seul qu'elle s'y
tient. Et que de bonheurs elle a, cette perle des
demoiselles de compagnie! Une destinée ingénieuse
travaille pour elle. Elle a la chance que son amour
soit connu sans qu'elle ait rien fait pour cela; elle a
la chance d'être calomniée à point et contrainte de se
justifier. Surtout elle a la chance d'être tombée sur
des gens comme ces Villemer et ces d'Aléria; car,
dans la réalité, elle aurait beau être jolie et parfaite,

on ne l'épouserait pas. On l'épouserait plutôt si elle était un peu vicieuse.

Les deux frères aussi sont de délicieuses exceptions.

En général (c'est une loi de nature, à la fois inhumaine et bienfaisante), quand on a perdu une femme aimée, je ne dis pas qu'on soit consolé trois ans après ; mais, enfin, il ne vous en reste pas un chagrin si continu et si présent que toute votre personne en soit assombrie et toute votre vie empoisonnée. Ou bien, si la blessure est profonde à ce point, il n'y a pas apparence que vous alliez tout à coup vous éprendre, pour une autre femme, d'une passion égale. Et vous le pourrez encore moins si votre première aventure a été tragique, si vous avez aimé une femme mariée, si vous avez eu d'elle un enfant que vous faites élever secrètement ; car tout cela suppose des angoisses, des douleurs, et finalement une expérience cruelle qui a dû entamer quelque peu votre jeunesse de cœur et votre puissance d'aimer. — D'autre part, si vous avez un frère dont les désordres ont ruiné votre mère ; si ce frère recommence ses folies et fait un nouveau million de dettes, vous pouvez être un assez bon cœur, mais vous n'irez peut-être pas jusqu'à lui sacrifier votre fortune personnelle. Vous vous y croirez encore moins obligé si ce frère n'est pas du même lit que vous, et si votre sacrifice doit se traduire en privations, non seulement pour vous, mais pour votre mère. Et sans doute vous ne serez pas un héros, mais vous ne serez pas un monstre non plus.

9.

Or, le marquis Urbain de Villemer a aimé une
femme qui est morte depuis trois ans, — et il continue
d'être sombre comme la nuit. Et pourtant, sans
quitter l'allure lugubre qui lui reste de ce premier et
incurable amour, il s'éprend d'un second amour également incurable. — Et le même marquis de Villemer
n'hésite pas un instant à payer de toute sa fortune
les dettes de son demi-frère le duc d'Aléria. Pourquoi? J'en pourrais donner les raisons; mais la
principale, c'est qu'il plaît à l'auteur que le marquis
de Villemer soit une très belle âme...

Les mauvais sujets, dit-on, ont généralement bon
cœur. Oui, cela est entendu. Voici le duc d'Aléria qui
a mangé deux fortunes, celle de sa mère et celle de
son frère : ce doit être un bien aimable homme!
Voyons cependant les choses comme elles sont. Il a
dépensé, je suppose, deux ou trois millions qui ne lui
appartenaient pas à « faire la fête », comme on dit
dans le *Nabab*, c'est-à-dire à manger, à boire, à jouer
et à entretenir des filles. J'ai peine à croire, malgré
tout, que ces occupations, poursuivies jusqu'à l'âge
de quarante ans, soient très propres à développer
chez un homme la beauté morale et la délicatesse des
sentiments. Un viveur, à moins d'appartenir aux âges
lointains et de s'appeler Alcibiade ou Cœlius, me
semble jouer dans le monde un assez vulgaire et grossier personnage. Je veux bien néanmoins accorder au
duc d'Aléria le prestige et l'auréole des mauvais
sujets de théâtre; je veux qu'il ait de l'élégance et de

l'esprit et, par-dessus, l'indulgence et la bonté veule
des débauchés. Mais si ce diable, devenu ermite
par force, trouve gentille la lectrice de sa mère...
non, laissez-moi tranquille, je sais bien ce qui
arrivera, et que sa vie passée n'a pas dû lui laisser
grands scrupules en ces matières... Eh bien! je me
trompe : vingt ans de débauche lui ont fait un cœur
d'enfant. Il se met à aimer la jeune institutrice
de l'amour le plus respectueux et le plus pur. Et ce
n'est pas tout : quand il s'aperçoit que son frère
aime aussi la jeune fille, il se sacrifie, il s'immole,
le sourire aux lèvres, et c'est lui qui les marie. Il
est bien, comme les autres, du pays bleu, ce suave
débauché!

Elle en est bien aussi, M<sup>lle</sup> Diane de Saintrailles.
Généralement, les jeunes filles qui sortent du couvent
veulent se marier pour être mariées et pour jouir des
avantages attachés à cet état; et elles cherchent un
mari riche, naturellement. Diane veut absolument un
mari pauvre; elle s'est mis cela dans la tête. La
vieille marquise de Villemer est bien de la même
famille d'âmes exquises. Elle est grande dame comme
on ne l'est plus; elle ne peut dire : « Dieu vous
bénisse! » sans être grande dame. Avec cela, elle ne
met guère plus de cinq minutes à consentir au
mariage de son fils avec sa demoiselle de compagnie.
Il est vrai que la demoiselle a eu, comme j'ai dit, des
ancêtres à la bataille de Fontenoy. — Et les deux
domestiques, Benoît et Pierre! ils en sont aussi, de ce

beau royaume inconnu où les hommes sont si bons.
Le vieux valet de chambre a l'air d'un vieux prêtre
vénérable sous ses longs cheveux blancs. Et l'autre
valet est tout simplement « un homme antique »,
comme l'appelle son maître. — Il y a bien la baronne
d'Arglave. C'est le loup de cette bergerie, mais un si
petit loup, si peu dangereux, et dont les petites
méchancetés même tournent si naturellement au
profit des moutons! Ah! quel tas de cœurs généreux!
Quelle bande de belles âmes!

Ne croyez pas que je veuille railler par là l'œuvre
aimable de George Sand; je veux seulement la voir
et la montrer comme elle est. Tout le rôle de Caroline,
la façon dont son amour pour le marquis naît à son
insu et se laisse deviner malgré elle; puis son silence
et son courage, sa sérénité dans le devoir, même
douloureux; la mélancolie romantique d'Urbain, ses
airs de chevalier de la triste figure, la violence et la
profondeur de ses sentiments, jointes à la timidité de
son caractère; même ses rêves de grand seigneur
philosophe et démocrate; la générosité brillante et
gaie du duc d'Aléria; l'amour d'Urbain, qui, d'abord
silencieux et secret, éclate soudainement dans un
coup de jalousie; la grande scène entre les deux
frères (presque comparable à celle des deux sœurs
dans *Froufrou*); la manière adorable dont le duc
plaide auprès de sa mère la cause des deux amoureux;
par-dessus tout cela, et répandues dans toute la pièce,
je ne sais quelle cordialité et quelle douceur; le plaisir

de pouvoir aimer tous les personnages ; la confiance
qu'il ne leur adviendra finalement rien de fâcheux et
que tout s'arrangera selon leur désir, *parce qu'ils sont
tous bons ;* l'idée que le sacrifice même a son charme,
que la pratique du devoir porte avec soi sa récompense et que, en outre, la destinée se range toujours,
après quelques hésitations, au parti de la vertu ; la
consolation de croire pendant une heure ou deux à la
bonté des hommes, à la « justice immanente » des
choses et à l'ordre excellent de l'univers... tout cela
fait du *Marquis de Villemer* une pièce très intéressante
et très touchante. C'est un très beau mensonge, une
œuvre presque purement romanesque, un des modèles
les plus accomplis du genre : voilà tout ce que j'ai
voulu dire.

Prenez maintenant *On ne badine pas avec l'amour.*
Vous trouverez là la poésie la plus gracieuse, la plus
libre, la plus hardie, — et pas l'ombre de romanesque. Je ne crois rien dire d'impertinent en consta-
tant qu'il y a dix fois plus de vérité dans le drame
poétique d'Alfred de Musset que dans la comédie
bourgeoise de George Sand.

Et cependant les personnages du *Marquis de Villemer* ressemblent, par le costume et par le langage, à
des personnages réels ; ce sont, en apparence, des
gens d'aujourd'hui, et tous les détails de l'action où
ils sont mêlés sont vrais ou vraisemblables. Au contraire, voyez les personnages et la fable de la comédie

de Musset. Nous sommes dans un vague et chimérique
dix-huitième siècle. De quel couvent sort Camille?
De quelle Université arrive Perdican? De quelle province le baron est-il gouverneur? Les paysans y
parlent comme des poètes subtils, et les ivrognes y
récitent de brillants couplets alternés, comme dans
une églogue savante. Tout ce qui est vie extérieure
est embelli ou simplifié. Le jeune seigneur Perdican
se décide, en un instant, à épouser une bergère : ce
sont les mœurs de ce pays de rêve. Et la bergère
meurt d'amour tout à coup, en poussant un cri.
Dame Pluche, Bridaine et Blasius ne sont que des
fantoches aux gestes excessifs, et dont le poète tire
ouvertement les ficelles afin de se divertir. Pour le
décor, les habits et la conduite de l'action, la fantaisie
du poète s'est donné libre carrière. Il n'a voulu que
s'enchanter lui-même d'une vision choisie.

Mais, — tout au rebours de ce que nous avons vu
dans l'œuvre romanesque de George Sand, — le
mensonge (combien charmant!) est ici dans la forme,
et la vérité (combien poignante!) est au fond.

Ces personnages, d'aspect chimérique, sont plus
près de nous que ceux du *Marquis de Villemer*. Ils ne
sont ni meilleurs, ni plus heureux que nous. Le drame
qui se joue entre eux, ce n'est point une comédie d'un
jour, une aventure ingénieusement combinée, c'est
un drame éternel, où l'on sent un mystère, une fatalité et l'action des lois même de la vie. Perdican est
vrai, car Perdican, c'est vous, c'est moi; c'est un

homme qui fait le mal sans être méchant, qui souffre,
qui aime, qui ne comprend rien au monde, qui doute
de la bonté de la vie, et qui persiste à vivre pour
aimer. — Camille aussi est profondément vraie.
Pourquoi a-t-on dit que son caractère était obscur et
déconcertant? Point : elle a connu trop tôt ou a cru
connaître la vanité des choses. Elle a, avec une dévotion de fille ardente, — dévotion qui ne durera point,
— un scepticisme et un désenchantement acquis, très
déclamatoires, très farouches et qui ne sauraient
durer non plus. Et, en effet, dès qu'elle sort de l'ombre du cloître pour entrer dans le monde réel, elle
redevient une femme, et tout ce qu'elle a appris
est oublié. Elle qui ne croyait pas à l'amour, dès
qu'elle se voit dédaignée, elle aime, elle souffre, et la
jalousie lui vient, et le dépit, et la coquetterie, et
l'égoïsme féroce de la passion. Et nous nous reconnaissons en elle. L'expérience qu'elle a puisée dans
la conversation des pâles religieuses est pour Camille
ce qu'est pour nous l'orgueilleuse et inutile expérience
des livres. Nous savons que tout est vain; comme
elle, nous nions l'amour; nous nous croyons très forts
et bien gardés par notre cuirasse de philosophie
livresque et de littérature; et, à la première épreuve,
nous faisons comme elle, nous oublions tout, nous ne
sommes plus que de misérables hommes, et nous
tombons dans l'éternel piège que la nature tend aux
êtres vivants. Et, quant à la petite Rosette, la bergère
en fleur, c'est la douceur et l'innocence avec très peu

de conscience et de réflexion, — et cela aussi est vrai.

Je ne trouve pas moins de vérité, en y songeant, dans les *pupazzi* grotesques qui gesticulent à travers le drame d'amour. Camille et Perdican représentent, si vous voulez, l'humanité supérieure, les âmes qui vivent d'une vie propre et qui ont l'air d'inventer, même quand elles les reçoivent et les subissent, leurs idées et leurs sentiments. Mais, tout autour de ces âmes, s'agite l'innombrable troupeau des inconscients, de ceux qui sont des individus sans être des personnes, qui semblent uniquement gouvernés par des instincts, des habitudes et des préjugés et qui sont tout entiers, si je puis dire, dans les gestes qu'on leur voit faire. — Le baron est un admirable polichinelle. Tout son être intellectuel et moral est dans deux habitudes, deux tics : le goût de la précision inutile et le respect du « convenable ». Il sait que son fils « a eu hier matin, à midi huit minutes, vingt ans accomplis »; il sait qu'il est *impossible* que dame Pluche ait fait des sauts dans la luzerne; il sait que, si son fils épouse une paysanne, il *doit* « s'abandonner à sa douleur ». Rien de plus. Bridaine et Blasius ne sont que deux outres rivales. Dame Pluche est une haridelle qui ne fait que des gestes de dévotion et de pudeur mécaniques.

Dans presque toutes ses comédies Musset a jeté des fantoches de ce genre. Tous ensemble représentent ceux dont on ne sait pas pourquoi ils vivent, l'humanité superflue, c'est-à-dire les neuf cent quatre-vingt-dix-neuf millièmes de l'humanité. Le poète n'a fait

qu'exagérer le caractère automatique de leur dé-
marche et de leurs mouvements. Mais ils sont vrais,
à les bien prendre.

Et ce qui ressort du drame, ce sont deux ou trois
vérités, non pas neuves peut-être, mais qui ont été
rarement exprimées avec une si pénétrante émotion.
« Tous les hommes sont menteurs, inconstants, faux,
bavards, hypocrites, orgueilleux ou lâches, mépri-
sables et sensuels; toutes les femmes sont perfides,
artificieuses, vaniteuses, curieuses et dépravées...;
mais il y a au monde une chose sainte et sublime,
c'est l'union de deux de ces êtres si imparfaits et
si affreux. On est souvent trompé en amour, souvent
blessé et souvent malheureux; mais on aime, et,
quand on est sur le bord de sa tombe, on se retourne
pour regarder en arrière et on se dit : J'ai souffert
souvent, je me suis trompé quelquefois, mais j'ai
aimé. C'est moi qui a vécu, et non pas un être fac-
tice créé par mon orgueil et mon ennui. » — « Quel
songe avons-nous fait, Camille? dit encore Perdican.
Quelles vaines paroles, quelles misérables folies ont
passé comme un vent funeste entre nous deux? Lequel
de nous deux a voulu tromper l'autre? Hélas! cette
vie est elle-même un si pénible rêve! Pourquoi encore
y mêler les nôtres? Mais il a bien fallu que nous
fissions du mal, car nous sommes des hommes »

Tant s'en faut, enfin, que la comédie de Musset soit
romanesque, qu'elle est, en somme, triste à pleurer.
Car la poésie ne voit pas nécessairement les hommes

meilleurs ni la destinée plus équitable. Elle n'ignore pas le mal ni la souffrance, et même il lui arrive de s'y complaire, parce que les émotions tristes sont les plus fortes. Le romanesque est une déformation optimiste des choses. La poésie, plus large, a pour matière tout le monde réel, y compris ses laideurs et ses discordances; elle fait résider la beauté, moins dans les objets (spectacles de l'univers physique, êtres vivants, sentiments et passions) que dans une vision particulière de ces objets et dans leur expression. Le romanesque est surtout un rêve moral, et il se passe de l'expression plastique. La plupart des très grands poètes ne sont point romanesques. Corneille l'est sans doute; mais Homère, Virgile ni Racine ne le sont. Le romanesque est la poésie des adolescents et des femmes. Je n'en dis point de mal.

# HENRY MURGER

---

Théâtre national de l'Odéon : *La Vie de bohème*, drame en cinq actes, de Théodore Barrière et Henry Murger

24 mai 1886.

L'Odéon a repris mardi dernier *la Vie de bohème*. Les trois premiers actes, l'invasion des bohèmes chez M. Durantin et l'enlèvement de Rodolphe, puis le retour de Musette chez Marcel et la rencontre de Rodolphe et de Mimi, enfin la dissolution des deux ménages, tout cela fait encore grand plaisir. Il y passe un souffle de jeunesse, de fantaisie et de gaieté ; et, quoique cette gaieté ne soit plus tout à fait la nôtre, on la goûte sans trop d'effort. Ces légers tableaux rappellent les albums de Gavarni. On a plus de peine à aimer la partie tragique de l'ouvrage, celle où Mimi, moins résignée que Marguerite Gauthier, vient, en plein bal, disputer son amant à M^{me} de Rouvres. La grande scène entre la grisette et la femme du monde a paru d'une dramaturgie un peu banale et surannée. Et,

quand Mimi est venue mourir dans la chambrette de
Rodolphe, nous n'avons point retrouvé la fraîcheur
des larmes de notre adolescence. Pourquoi ? C'est que
Mimi a décidément trop l'air d'un personnage de
romance. Elle devait porter sous son bras le pot de
giroflées de Jenny l'ouvrière. Assurément l'oncle Durantin ne nous inspire aucune tendresse ; mais, enfin,
s'il se trompe cette fois, il avait pourtant cent chances
contre une de tomber juste dans son jugement de bourgeois féroce sur M^{lle} Mimi. Puis nous avons beaucoup
de mal à croire que l'on meure d'amour. Nous sommes
peut-être moins crédules et moins sensibles que nos
pères aux exceptions sentimentales. Il y a eu chez
nous, depuis 1849, date de *la Vie de bohème* (et cela a
commencé dans les premières années du second empire), une certaine diminution de candeur, de sensibilité et de gaieté. Nous ne sommes plus au point, et
c'est surtout en curieux que nous pouvons nous inté-
resser aujourd'hui au drame de Murger.

Toutes les fois qu'on reprend *la Vie de bohème*,
nombre de critiques et de chroniqueurs, et particulièrement ceux qui grisonnent, ne manquent guère de
s'écrier : « Seigneur, comme tout change ! Où donc
es-tu, mon vieux quartier Latin ? Où sont les étudiants
d'autrefois, avec leurs bérets et leurs vareuses, si
libres, si gais, si fous, si insoucieux des intérêts matériels, capables d'ailleurs d'amour et d'enthousiasme
et ouverts à toutes les nobles idées ? Où sont leurs
compagnes, les jolies grisettes, ces bonnes filles qui

ne faisaient point de galanterie métier et marchandise, qui sans doute n'étaient point fidèles et qui aimaient plus d'une fois, mais qui aimaient enfin et
qui gardaient, dans leurs moins pardonnables caprices, une grâce et une décence ? Hélas ! les étudiants
d'aujourd'hui ne savent plus rire ni aimer ! Sauf les
jours d'orgie grossière et réglée, ils sont bourgeois
avant le mariage et notaires avant les panonceaux.
Et la grisette est morte ; la fille de brasserie l'a remplacée : horreur ! » Vous voyez le thème, et à quels
développements il peut prêter.

Je crains que ce ne soit là qu'un lieu commun d'une
vérité fort contestable, et je refuse de m'associer à ces
lamentations. Les choses, je crois, n'ont point tant
changé pour le fond. Ce qui a le plus changé, c'est
l'aspect, c'est le costume, ce sont les façons. Cela
suffit pour que la comédie de Murger manque aujour-
d'hui de fraîcheur ; cela ne suffit pas pour accabler
le présent sous le passé.

D'abord, pour peu qu'on soit mal disposé, cette
gaieté de bohèmes a quelque chose de lamentable. Ces
cris, ces folies, ces bérets en l'air, ce punch éternel et
cet éternel *gaudeamus igitur*... on ne saurait dire de
quel choc déplaisant cela vous heurte, quand on
arrive de la rue, ni gai ni triste, pacifique, plutôt en-
nuyé. Mais qu'est-ce qu'ils ont donc, ces sauvages, à
être gais comme ça ? Et n'est-ce pas vilain, au fond,
cette lutte contre le propriétaire, cette chasse fiévreuse
à la pièce de cent sous , puis, dès que l'un d'eux a un

peu d'argent, tous sautant dessus, et Schaunard fouil-
lant dans les goussets de Rodolphe? Ils m'exaspèrent,
ces bohèmes, comme lorsqu'on tombe, dans quelque
train de banlieue, sur une bande d'ivrognes qui troublent de leurs hurlements la paix du soir... Avez-vous
remarqué? Mimi travaille pendant que Rodolphe
fume des pipes; à un endroit, elle lui dit qu'elle est
allée porter son ouvrage au magasin, mais que, la
patronne n'y étant pas, on ne lui a point donné d'argent. Et elle s'en excuse à son amant. Le nourrirait-
elle par hasard? *La Vie de bohème* m'a rempli d'estime
pour l'étudiant bourgeois d'aujourd'hui, qui va au
cours, paye son terme et ne s'amuse que le dimanche.

Mais, au reste, on aurait tort de croire que Marcel,
Schaunard et Colline représentent la jeunesse des
Ecoles d'il y a quarante ans. Je pense qu'alors comme
aujourd'hui, il y avait une masse d'étudiants qui prenaient paisiblement leurs grades et ne faisaient guère
parler d'eux, et, à côté, quelques tapageurs ou « bou-
singots ». Mais, faites-y attention en feuilletant le roman (car cela reste un peu incertain dans la pièce),
Schaunard et ses amis ne sont point des étudiants : ce
sont des artistes et des hommes de lettres. Le groupe
Schaunard, c'est la bohème littéraire de ce temps-là.
On voit donc que les héros de Murger ne sont point
morts comme on l'avait dit; mais il est vrai qu'ils
ont beaucoup changé. Aujourd'hui Schaunard est
impressionniste; Marcel, wagnérien; Colline, scho-
penhauérien ; Rodolphe, déliquescent. Ils n'habitent

plus au quartier Latin, mais aux environs de la place
Pigalle et non loin du Chat-Noir. Ce sont de bons et
braves pessimistes. Ils ont, de plus, « le sens du mystère » : on le leur a dit. Ils n'ont point les gaietés un
peu vulgaires et les expansions bruyantes de leurs
aînés. Ils sont plutôt graves à l'ordinaire, mais quelques-uns ont le don d'un certain comique froid et
macabre ; et, comme ce sont nos contemporains, je
les aime mieux que les hurluberlus d'Henry Murger.

Quant aux femmes de *la Vie de bohème*, consolez-
vous, elles ne sont pas mortes non plus, et on les
retrouve. Je ne parle pas de Mimi, qui est toute de convention et qui, dans la pièce du moins, est insupportable. Mais Musette et Phémie teinturière, pensez-vous
que le type en soit perdu, ou qu'elles vaillent moins
qu'autrefois ? Mais c'est absolument la même chose !
Phémie est devenue fille de brasserie : elle y avait de
très grandes dispositions. Elle boit beaucoup, ce qui
ne l'empêche point de manger de grand appétit ; elle
tire des hommes l'argent qu'elle peut, elle est bête,
paresseuse, insouciante, — assez bonne fille en
somme. Elle ne me paraît point déchue : est-ce que
vous preniez la Phémie du romancier pour une fleur
d'esprit et de désintéressement ? — Et Musette, cette
Musette qui passe pour être par excellence le type de
la grisette d'autrefois ? Je vois qu'elle est gaie, toujours en train, qu'elle aime la toilette et les parties de
campagne, qu'elle reste avec Marcel tant qu'il a de
l'argent, et que, dès qu'il n'en a plus, elle passe les

ponts pour se requinquer. Eh bien ! mais Musette
est plus vivante que jamais. Seulement, on l'appelle
communément aujourd'hui d'un nom moins joli que
« grisette ». — Mais Musette a un métier, Musette est
fleuriste, Musette dans ses amours écoute le plus possible son cœur, Musette n'est pas absolument vénale,
et c'est pour cela que Musette est une « grisette » et
non pas une... (mettez le nom que vous voudrez). —
Soit. Alors je vous dirai que non seulement la grisette
n'est pas morte, quoi qu'on dise, mais que les grisettes
sont peut-être, à mon avis, plus nombreuses qu'autrefois, et qu'elles ont une meilleure et plus gentille
tenue. Musette, aujourd'hui, est employée au Louvre
ou dans les cabines téléphoniques ; ou bien elle est
institutrice et ne trouve point de place ; ou bien elle
donne d'incertaines leçons de piano ou fait vaguement
de la peinture. Et, comme elle n'a pas tout à fait de
quoi vivre et que la carrière du mariage lui est
fermée, — vous devinez le reste. On peut croire qu'il
n'y a plus de grisettes parce qu'elles ne portent plus
de costume qui les distingue ; les grands magasins de
nouveautés ont imposé à peu près la même toilette
aux femmes des conditions les plus diverses. Mais Musette vit encore, plus discrète et un peu embourgeoi-
sée. Les personnes qui fréquentent les omnibus et qui
savent regarder penseront certainement comme moi.
Consolez-vous donc, anciens étudiants de la Chaumière,
quinquagénaires hostiles aux pessimistes. En résumé,
nous retrouvons autour de nous tout le personnel de

Murger. Seulement Musette semble avoir monté en
grade, au lieu que Phémie est descendue d'un cran et
s'est enrégimentée. Il ne faut pas s'en plaindre. Phémie est ainsi plus inoffensive. La seule différence de
fond que *la Vie de bohème* m'ait fait clairement sentir
entre les jeunes gens du temps de Louis-Philippe et
ceux d'aujourd'hui, c'est, chez ces derniers, une dé-
croissance de la gaieté et du romanesque de leur âge,
une manière un peu brutale, méprisante, positive et
expéditive dans les choses de l'amour, ou plutôt du
plaisir. Mais alors il faudrait peut-être leur savoir gré
de distinguer si nettement l'un de l'autre.

# AUGUSTE VACQUERIE

---

## I

Comédie française : *Jean Baudry*, pièce en quatre actes, de M. Auguste Vacquerie.

16 novembre 1885.

Ce drame original est enfin estimé ce qu'il vaut, et le voilà passé au répertoire courant de la Comédie française. Le public l'écoutait l'autre jour avec émotion et avec respect. Mais, visiblement, l'impression qu'il en recevait n'allait pas sans un peu de gêne et de souffrance. Pourquoi cela? Il est facile de répondre : A cause de deux ou trois scènes où ce beau ténébreux d'Olivier abuse de la permission d'être déplaisant; surtout à cause du dénouement où la vertu et la bonté ont vraiment trop peu de chance et sont sacrifiées d'une façon par trop impitoyable! Mais cette dureté apparente de l'œuvre, ou plutôt ce caractère d'outrance, s'explique à son tour. *Jean Baudry* me paraît être un drame de conception romantique sous la forme et dans le cadre d'une comédie de mœurs contemporaines. Joignez-y la beauté travaillée de la prose de M. Vacquerie, cela fait quelque chose de singulier et de puissant, mais où la foule ne saurait entrer du premier coup.

J'imagine que l'idée initiale d'où est sorti tout le drame est dans cette phrase de Baudry : « Pauvre Olivier ! plus j'ai fait pour lui, plus il me semble que je lui dois. Ah ! l'on s'attache plus par les services qu'on rend que par ceux qu'on reçoit ! » — C'est aussi, direz-vous, l'idée première du *Voyage de M. Perrichon*. — Cela prouve donc que l'idée est assez générale et assez riche pour se prêter aux applications les plus variées. Ou plutôt Perrichon n'aime pas Armand « pour les services qu'il lui rend » (ou croit lui rendre), mais pour la satisfaction vaniteuse qu'il en retire; d'ailleurs, son obligé le flatte, le caresse et lui est docile. Au fond, Labiche n'a fait que travestir et parodier une belle et profonde vérité morale ; ou, si vous voulez, à cette vérité-là il en a substitué une autre, très proche et très différente (et nous ne lui en voulons point d'avoir, avec cela, écrit un chef-d'œuvre). — M. Vacquerie a pris, lui, au sérieux la phrase que je citais tout à l'heure; il l'a méditée et approfondie, il en a fait sortir tout le contenu et il l'a complétée par cette réplique d'Andrée à son père : « Je n'ai jamais pu m'expliquer, dit Bruel, pourquoi Baudry s'obstinait à faire du bien à un garnement qui ne lui rendait que du mal. — *C'est peut-être pour cela*, » répond Andrée.

Ce que M. Vacquerie a donc voulu montrer, c'est
la bonté entièrement désintéressée, n'ayant d'autre
récompense qu'elle-même, la bonté *absolue*. Et l'ayant
conçue et se l'étant définie à lui-même, il l'a ensuite
incarnée dans un homme dont le caractère et les actes
lui ont été suggérés ou plutôt imposés par cette conception et cette définition antérieures. Il a bien donné
à ce personnage un nom et une condition sociale,
mais sans s'inquiéter de savoir s'il resterait vraisemblable et s'il n'apparaîtrait pas comme un être exceptionnel à l'excès et presque hors nature. Et ç'a été là,
comme on sait, le procédé le plus fréquent des romantiques pour l'invention des personnages, dans le
drame ou dans le roman. Aussi, comme plusieurs
l'ont remarqué, Jean Baudry n'est-il pas, au fond,
très différent de l'évêque Myriel. Ce rapprochement
n'est point pour diminuer l'originalité de M. Vacquerie : j'ai d'autant plus hâte de le dire que lui-même,
par affection, par piété filiale, a trop longtemps gardé
des airs de disciple, et qu'il a peut-être payé d'une
part de sa renommée littéraire sa vénération pour
Victor Hugo.

L'idée, une fois conçue, travaille toute seule, si je
puis dire, et façonne impérieusement la haute figure
de Baudry. Pour que la bonté paraisse plus désintéressée, il faut qu'elle s'épanche sur des étrangers, sur
des inconnus : les affections naturelles, les sacrifices
qu'on fait à des enfants ou à des parents, cela est
trop facile, sans compter que cela fait tort à d'autres

hommes, à qui nous nous devons aussi. Jean Baudry
sera donc libre, sans famille, célibataire, quoique
vieux déjà; et l'auteur ne commettra point la faute
de le marier au dénouement. Pour que la bonté soit
parfaite, il faut qu'elle soit sans salaire, il faut que
ceux à qui elle a fait du bien lui aient fait du mal.
Donc Baudry recueillera chez lui l'enfant vagabond,
le voleur de dix ans qui cherchait à lui prendre son
portefeuille. Mais plus Baudry souffrira par Olivier
et plus sa bonté éclatera : il s'agit donc d'imaginer
des sacrifices qui lui soient particulièrement douloureux. Quels sacrifices? Il en·est un qui vous vient tout
de suite à la pensée : Jean Baudry aimera la même
jeune fille qu'Olivier; naturellement, il s'immolera;
mais, pour que l'immolation soit plus cruelle, il ne
devinera l'amour d'Olivier que lorsqu'il sera lui-même
fiancé à celle qu'ils aiment tous deux. — Voilà qui
est dur : M. Vacquerie a trouvé, à mon sens, quelque.
chose de plus dur encore : c'est dans la dernière
scène du premier acte (tout le monde se la rappelle;
elle est assez pénible), quand Olivier, malgré les
supplications de Baudry, le contraint à rester, et à se
donner ainsi, aux yeux d'un ami malheureux, les
apparences de la lâcheté et de la trahison. — A côté
de ces deux sacrifices, les autres ne comptent plus.
Jean Baudry peut bien apporter cinq cent mille francs
à Bruel pour le sauver de la faillite : un personnage
d'Emile Augier en ferait autant !

On a vu, chemin faisant, comment la conception

du caractère de Baudry déterminait en grande partie
le caractère d'Olivier. Il fallait de toute nécessité
qu'Olivier eût beaucoup de mauvais en lui. C'est ce
que le public admet difficilement : il trouve, surtout
dans le premier acte, ce jeune révolté insupportable
et odieux, — et cela, un peu par la faute de M. Vacquerie qui nous révèle trop tard (au troisième acte)
l'origine d'Olivier et ne nous montre pas assez non
plus pourquoi et de quoi il souffre. Car Olivier ne
souffre pas seulement d'aimer, étant pauvre, une fille
riche : il souffre du vol d'autrefois; il souffre des
instincts obscurs et malfaisants, de la haine héritée
qu'il sent encore remuer en lui; il souffre même d'être
l'âme-lige de Baudry, tout en l'aimant du meilleur de
son cœur partagé; il souffre de la tyrannie de cette
charité et en même temps de la terreur d'être ingrat...
Je ne sais pourquoi on l'a appelé un bâtard d'Antony :
Olivier est autrement intéressant que le héros de
Dumas! Olivier, ce serait plutôt Jean Valjean, pris
plus jeune et placé dans d'autres conditions. Le poète
nous fait assister à une crise morale d'où sortira un
homme nouveau. Comme Baudry personnifie la bonté,
Olivier nous représente la suprême lutte du bien et
du mal dans une conscience. C'est que M. Vacquerie
est d'un temps où florissait dans la littérature une
sorte de lyrisme moral, où l'on ne voulait pas croire
à la fatalité des instincts, où l'on avait foi à la liberté
humaine. Les dernières pages de *Mauprat*, si belles,
seraient un excellent commentaire de *Jean Baudry*.

Tout cela a bien changé.

Mais on voit maintenant pourquoi beaucoup subissent ce drame plus qu'ils ne l'aiment. Baudry paraît d'une bonté plus qu'humaine, prend les proportions d'une figure symbolique conçue *a priori*. Olivier, trop peu expliqué, semble plus révolté qu'il n'était nécessaire, et il faut avouer aussi qu'il a parfois des allures de désespéré romantique. Ces deux personnages n'étonneraient point dans un drame historique à la mode de 1830; mais justement la hardiesse de M. Vacquerie consiste à les avoir enserrés dans des habits noirs. Baudry et Olivier ont l'air de deux échappés du théâtre ou des romans de Hugo dans une pièce d'Emile Augier. Qu'importe? Et pourquoi n'accepterait-on pas cette combinaison? Aimeriez-vous mieux que Baudry ne fût qu'un brave homme, qu'il épousât Andrée et qu'Olivier, transformé avant le dénouement, la lui cédât avec des larmes de repentir? Ne voyez-vous pas que l'œuvre en serait tout affadie? Telle qu'elle est, un grand souffle la traverse et la soutient. Elle est austère, elle est triste, mais elle élève les cœurs, elle fortifie, et, — pourquoi ne pas employer le mot? — elle édifie. Par là-dessus, elle est singulière, elle est curieuse, elle est unique. Et si au bout de vingt ans elle a encore sur la foule, même résistante, une telle prise, ne serait-ce point enfin parce qu'elle contient de romantisme, de ce romantisme tant raillé aujourd'hui, avec si peu de discernement?

## II

Comédie française : *Souvent homme varie*, comédie en deux actes, en vers, de M. Auguste Vacquerie (reprise).

24 octobre 1887.

J'ai pris le plus vif plaisir à la représentation de *Souvent homme varie*. La forme de cette comédie élégante m'a donné beaucoup à penser sur ce que c'est que le romantisme, et le fond m'a donné beaucoup à penser sur ce que c'est que l'amour. Et j'ai vu que je ne savais ni l'un ni l'autre.

Mais laissez-moi vous rappeler la pièce, qui est de 1859, et que vous aviez peut-être oubliée.

Nous sommes dans un beau parc, près de Florence. C'est un pays où la seule occupation est d'aimer. Un jour, Beppo, mis à la porte par la marquise Fideline, tombe sur son ami Troppa. Il est furieux, il jure de se venger. Troppa lui dit : — C'est bien simple. Prends le vieux moyen.

> Promène
> Une autre femme ici pendant une semaine,
> Et ta marquise, un soir, te tombe dans les bras.

— Mais, répond Beppo, je n'ai pas une autre

femme sous la main; il en faudrait une jolie, et qu'on
pût aimer. — Fais comme moi, dit Troppa; et montrant une maison dans le parc : — Ci-*gîte* une ravissante enfant de seize ans que personne ne connaît. —
Ta maîtresse? — Pas encore. — Mais tu la loges! —
Je lui ai fait croire que sa mère me l'avait confiée en
mourant. — Prête-la moi, dit Beppo. Le bon Troppa
se fait un peu prier, puis cède. Et Beppo promène
sous le balcon de Fideline la petite Lydia, toute
fraîche, toute rieuse, et qui raille gentiment son cava-
lier sur ses airs distraits...

Le classique stratagème a réussi : Fideline est
piquée au vif. Elle tâche d'exciter la jalousie de
Troppa : — Oui, je sais, vous avez prêté votre maîtresse à votre ami. La ruse était jolie. Mais voilà
qu'elle tourne contre vous; Beppo aime vraiment
Lydia; ce n'est plus un mystère pour personne, et
l'on se moque de vous. — Eh! oui, explique Troppa,
faisant le brave, je ne suis qu'une dupe :

> Il me la souffle!
> Je vous dis qu'il me trompe et qu'il est son amant!
> Cela ne pouvait pas finir différemment.

Et tout à coup, à part :

> Tiens, mais si c'était vrai ce que je dis? Ah! diable!

Après avoir ainsi mis la puce à l'oreille à Troppa,
Fideline entreprend Lydia, lui révèle la fourberie où
on l'a mêlée, lui fait honte du rôle qu'on lui a donné.

— Je ne vous crois pas, dit l'enfant. — Vous ne me croyez pas? Eh bien! cachez-vous ici, et écoutez les propos des deux compères.

Et en effet, Troppa, très allumé, reproche sa trahison à Beppo, qui le traite d'ivrogne. Troppa le traite de lâche. Alors Beppo :

> ... C'est toi qui l'as voulu; j'ai résisté.
> Merci. J'aime Lydie, oui, c'est la vérité.
> Sans le mot que tu viens de dire, elle t'est due,
> Et par honnêteté je te l'aurais rendue,
> A contre-cœur. Merci de l'avoir pris d'un ton
> Qui m'oblige d'avance à te répondre non.

Tous deux dégaînent. Troppa est piqué à la main. La pauvre Fideline voit que le mieux est de se rendre, et qu'il n'est que temps : — Eh bien! oui, je m'avoue vaincue, dit-elle à Beppo. Voici ma main. Mais Beppo la refuse; c'est décidément Lydia qu'il aime, et Lydia y consent :

> Oui, j'étais le filet; mais, par un sort railleur,
> Un filet singulier où s'est pris l'oiseleur.

C'est, comme vous voyez, une jolie comédie à la Marivaux, qui met en action un des plus vieux axiomes, et des plus sûrs, de la psychologie amoureuse : à savoir que le meilleur moyen de se faire aimer d'une femme qui vous repousse, c'est d'en courtiser une autre. Et le dénouement a été fourni au poète par une autre observation presque aussi généralement acceptée, à savoir que très souvent, en faisant semblant d'aimer, on finit par aimer tout de bon.

Je ne trouve donc rien à reprendre au mécanisme moral qui nous est développé dans *Souvent homme varie*. Ce mécanisme est fort plausible; et, au surplus, il est classique et traditionnel. Seulement, je me disais : — Quoi donc! Est-il bien vrai que ces choses soient réglées comme un papier de musique, qu'il y ait une science certaine, et pour toujours établie, des « passions de l'amour », de leurs démarches, et de leurs transformations selon les circonstances? Et des doutes me venaient malgré moi.

> L'amour est enfant de Bohême.
> Il n'a jamais connu de loi.
> Si tu ne m'aimes pas, je t'aime.

Il y a dans cette petite chanson une contradiction flagrante. Elle nous dit que l'amour ne connaît point de loi, et c'est pourtant bien une loi que semble exprimer le troisième vers. Mais ce sont peut-être les deux premiers qui ont raison.

Prenez les quatre personnages de *Souvent homme varie*; prenez-les dans leur situation respective, et prenez-les tels qu'ils sont. Ne croyez-vous pas que la ruse de Troppa et de Beppo pourrait, avec une vraisemblance presque égale, tourner de quatre ou cinq façons diverses et aboutir à quatre ou cinq dénouements différents? Cherchons-les. Bien entendu, je ne me soucierai point, dans cette recherche, de l'intérêt dramatique, mais seulement de ce qui *aurait pu* arriver.

1° Beppo, tout en feignant d'aimer Lydia, ne ces-

serait point d'aimer Fideline, et quand Fideline
s'avouerait vaincue, il tomberait à ses pieds. Et Lydia,
indignée du rôle qu'on lui a fait jouer, giflerait Troppa
de sa petite main blanche ; et Troppa, sous les gifles,
pris subitement d'un sérieux amour, implorerait son
pardon ; et Lydia, soulagée, le lui accorderait. —
Notez que cela serait imprévu à force d'être bête et
facile à imaginer.

2° Beppo et Fideline se réconcilieraient comme ci-
dessus. Mais Lydia, ayant cru aux belles paroles de
Beppo et s'étant mise à l'aimer, mourrait de lui avoir
servi de jouet. Et ce serait alors le dénouement de
*On ne badine pas avec l'amour.*

3° Ou bien (car tout arrive) Fideline dédaignerait très
sincèrement qui la dédaigne. C'est ce que ne veulent
jamais les peintres de l'amour au théâtre : cela serait
pourtant aussi vrai que le contraire. Et, de son côté,
Lydia n'aimerait point Beppo, ou se trouverait trop
blessée dans sa dignité pour lui pardonner. Et Beppo
resterait assis par terre entre deux « belles », et complètement quinaud : ce qui serait le juste châtiment
de sa fourberie et de ses prétentions de psychologue.

4° Ou bien Troppa, après avoir cédé Lydia, s'aper-
cevrait qu'il l'aime éperdument. Il voudrait la
reprendre, mais n'oserait pas, crainte du ridicule. Il
aurait dans son cœur tous les serpents de la jalousie
et se croirait obligé de sourire et de faire bonne
contenance. Et peut-être, alors, s'entendrait-il avec
Fideline et chercherait-il, avec elle, quelque moyen

de lui ramener Beppo. Et dans cette hypothèse, Troppa deviendrait le principal personnage.

5° Ou bien, tandis que Beppo fait sa cour à Lydia, Troppa se mettrait à aimer Fideline, et Fideline se laisserait faire, et c'est ainsi qu'elle se vengerait de l'infidélité de Beppo. Et la pièce, alors, rappellerait un peu la *Double Inconstance*, de Marivaux.

Vous pouvez prolonger ce jeu et imaginer d'autres combinaisons. Je crois que presque toutes seront plausibles. Et, s'il vous en vient à l'esprit quelqu'une qui vous paraisse tout à fait absurde, ne vous hâtez pas de l'écarter ; car, demain, peut-être, en regardant autour de vous, vous la trouverez réalisée. Je sais bien que celle de M. Vacquerie est une des plus piquantes, quoique des plus prévues ; mais vous avez remarqué que plusieurs autres se rencontraient aussi dans des comédies célèbres. Et, encore une fois, toutes sont possibles.

Ce serait donc folie de vouloir édicter les lois qui règlent la naissance de l'amour, ses métamorphoses et son déclin. D'abord, il y a trop d'inconnu dans les origines même de ce sentiment ; puis, le degré et l'espèce en sont trop variés, et aussi les conditions qu'il rencontre. Ainsi, ce qui est commun à tous les amours nous échappe par sa nature même ; et ce par quoi ils diffèrent se dérobe aux classifications et aux formules à cause de l'infinie diversité des cas, que nous ne saurions jamais tous prévoir. Une seule chose apparaît clairement dans cette obscurité. C'est que

l'amour est une chose affreuse. Car, s'il ne s'agit que
de l'amour-caprice et de l'amour-goût, il ne va jamais
sans une très déraisonnable et très féroce vanité. Et,
s'il s'agit de l'amour-passion, de l'amour-maladie, il
ressemble au plus impérieux et au plus torturant des
égoïsmes.

Aimer d'amour, c'est sans doute préférer un être à
tous les autres, mais c'est aussi vouloir être préféré
par lui. On n'aime que pour être aimé et pour en
jouir. Aussi dit-on communément que c'est la jalousie
qui révèle l'amour. Voyez Fideline : à quoi reconnaît-
elle enfin qu'elle aime Beppo? A ceci, qu'elle ne peut
supporter qu'une autre femme soit pour lui la créature
essentielle, celle qui l'occupe et l'impressionne le plus.
Elle l'aime, c'est-à-dire qu'elle veut tenir plus de
place en lui que le reste du monde. — Aimer avec
passion, c'est vouloir la même chose, mais c'est le
vouloir invinciblement, et non plus seulement pour
avoir bonne opinion de soi, ni parce que cela fait
plaisir d'emplir et de posséder une autre âme, —
mais parce qu'*on en a besoin* (donnez au mot toute sa
force), parce qu'on ne peut plus faire autrement. Il y
a un être de qui vous recevez des impressions uniques
par la puissance et la douceur; mais il ne peut vous
les donner pleines qu'à la condition que vous soyez
tout pour lui comme il est tout pour vous. Reprenons
la chanson de *Carmen* :

> Si tu ne m'aimes pas, je t'aime,
> Si je t'aime, prends garde à toi!

c'est-à-dire : « Je suis à toi, mais, si tu n'es pas à moi, j'aime mieux que tu disparaisses. J'aime mieux te tuer que de n'être pas pour toi l'univers... » C'est bien là le vœu, secret ou déclaré, de l'amour-passion : absorber en soi l'être aimé. La Bruyère a dit : « L'on veut faire tout le bonheur, ou, si cela se peut ainsi, tout le malheur de ce qu'on aime. » Si l'on n'aimait pas *pour soi*, la jalousie n'aurait pas de sens. — Maintenant, ce qui absout l'amour-passion, c'est qu'il n'est pas maître de ne point éprouver ce désir implacable et forcené, et que, lorsque ce désir est trompé, il en peut souffrir effroyablement.

Bref, il n'y a point d'amour sans vanité ou sans égoïsme, puisqu'il n'y a pas d'amour sans jalousie ou que, si elle fait défaut, c'est que l'occasion a manqué. J'avais donc raison : l'amour est horrible... Et il est vrai aussi qu'il est charmant.

La petite comédie de M. Auguste Vacquerie n'a pas moins brouillé mes idées sur le romantisme.

Quand on n'a pas lu M. Vacquerie, on est tenté de le prendre pour un romantique intransigeant, d'autant plus qu'il a été longtemps le disciple du chef de l'école romantique, ou qu'il s'est donné pour tel (avec une modestie qui l'honore), et que les disciples ont, comme on sait, l'habitude d'exagérer les défauts des maîtres. Or, nous sommes ici loin de compte. Nous trouvons, dans *Souvent homme varie*, à peu près tous les caractères qu'on attribue d'ordinaire aux œuvres de la littérature classique.

On dit que les classiques étudient surtout l'homme
en général, l'homme de tous les temps, et qu'ils sont
fort peu soucieux de « couleur locale ». Or, cette cou-
leur-là est radicalement absente de la pièce de M. Vacquerie; l'action se passe dans les jardins de Florence,
parce que c'est un joli endroit, où l'on se promène avec
de jolis costumes, mais supprimez cinq ou six vers,
et elle pourra se passer n'importe où, — comme la
*Princesse d'Elide*, ou comme les *Fausses Confidences.*
C'est une petite étude très générale d'un cas très connu
de psychologie.

Les procédés de composition et de développement
sont bien aussi ceux du théâtre classique. Dans la
première scène, quand Beppo supplie Troppa de lui
prêter sa maîtresse, Troppa refuse; puis, quand Troppa
se décide, c'est Beppo qui ne veut plus... jusqu'à ce
que Troppa lui ait dit : « A ton aise! » Cette alter-
ternance, cette sorte de mouvement oscillatoire, vous
les trouverez vingt fois dans Molière. — Un peu plus
loin, Fideline développe avec beaucoup de méthode
cette idée que la femme n'est jamais libre; que, jeune
fille, elle a son père et, femme, son mari; qu'elle ne
fait ainsi que changer de maître, et que le veuvage
seul l'affranchit. Nous connaissons ces développements
généraux, ces morceaux de satire ou d'épître morale;
la comédie classique en est toute nourrie. Et ce monologue, où Fideline montre à la fois tant de finesse
et de piquante inconscience, d'observation et en même
temps d'ignorance de soi, ne ressemble-t-il pas à du

Marivaux rimé, c'est-à-dire un peu à du Racine non
tragique?

Beppo l'aimerait-il? Que m'importe! Il me semble
Que je souffre... Mais non... O cœur irrésolu!
Beppo me suppliait et je n'ai pas voulu,
Et maintenant!. . — Qu'il donne à qui lui plait son âme!
Non, je ne l'aime pas. Mais je hais cette femme.
Elle est jolie, eh bien! sa beauté me déplait.
Elle est très jeune. Elle a bien l'air de ce qu'elle est.
Elle me le traînait jusque sous ma terrasse.
Je ne dois pas souffrir qu'elle m'insulte en face.
Je les séparerai. Rien que pour me venger
De Lydia; car lui, certes, il peut changer.
Tant mieux; je lui permets d'aimer toutes les femmes,
Excepté celle-là. — Nous, nous serions infâmes
Pour un amant; ils ont des maîtresses, c'est bien. —
L'aime-t-il? ou n'est-elle, en effet, qu'un moyen
De me rendre jalouse? Oh! c'est pour me soumettre
Qu'il l'a prise. Oui, d'abord; mais maintenant peut-être...
Non, l'on ne change pas du jour au lendemain.
L'a-t-on calomnié, ce pauvre cœur humain!
Je n'ai qu'à dire un mot, et Beppo la renvoie
Sur-le-champ, et retombe à mes pieds, plein de joie.
Je ne le dirai pas! Il se trompe, s'il croit
Qu'il me fera plus tendre en se faisant plus froid.
Mais cette Lydia, qui fait ce personnage!
Qui prête sa beauté! Quelle honte! A son âge!
Elle ne voit donc pas qu'elle se perd? J'aurai
Pitié de cette enfant : Je les séparerai.

J'oserai dire que *Souvent homme varie* est une fantaisie très sévèrement composée et déduite, presque
sans caprice, par un esprit très lucide et très raisonnable.

Le style même n'a point l'intempérance que vous
pourriez supposer chez un si fervent adorateur de
Victor Hugo. Il est net, court, concis, un peu laborieux,

un peu heurté, avec quelque chose d'anguleux et de sec, et, si je puis dire, des arêtes d'un luisant un peu froid. De rares couplets font exception et rappellent un moment que le romantisme a pourtant passé par là. Ces vers de Beppo, par exemple :

> O Fideline,
> Quand les beaux soirs de juin parfument la colline
> Et qu'on voit sur le lac les étoiles trembler,
> Ne sentez-vous donc pas votre cœur se troubler?
> Le vent parle d'amour en un ravissant style.
> C'est donc bien amusant, dites, d'être inutile,
> D'être la coupe où nul ne boira, le repas
> Sans convive, la fleur qu'on ne respire pas?
> C'est donc bien beau d'avoir vingt ans, le charme rare,
> L'esprit, tout le bonheur d'un homme, et d'être avare?
> C'est donc bien grand et bien charmant, en vérité,
> L'égoïsme du cœur?

Encore je ne sais pas si ces vers (sauf les premiers) ne me rappellent pas plutôt le lyrisme précieux de la première moitié du xviie siècle. Surtout l'exquise et mignarde conversation de Beppo et de Lydia (acte I, scène v) vous en fera ressouvenir. Et, pour le reste (je ne vous livre là qu'une impression), le style et la versification de M. Vacquerie m'ont très souvent fait songer à la façon fine et sèche de certaines comédies (trop peu connues) de qui?... Mon Dieu, de Dufresny, si vous voulez le savoir.

La plupart des autres drames de M. Vacquerie ne sont pas pour éclaircir la notion assez vague que j'ai du romantisme. Ils ne sont pas beaucoup plus « situés » dans le temps que les tragédies de Corneille et de Racine; ils ne le sont pas autant que les comédies de

Molière, et ils le sont beaucoup moins que les comédies d'Augier ou de Dumas fils. Même dans ceux qui
se passent de nos jours (*Jean Baudry, le Fils*), l'observation des mœurs, du milieu contemporain, se réduit
à fort peu de chose. L'unité de la conception, la
rigueur de la composition y sont admirables. Et, si
la forme y est « précieuse », c'est bien autant à la façon
de Corneille que de Victor Hugo. Corneille... eh bien,
oui, c'est souvent à Corneille que M. Vacquerie me
fait penser : il me le pardonnera. *Formosa* m'a bien
l'air d'une tragédie cornélienne, — dont le style
implique seulement (je veux bien l'avouer) un renou-
vellement de la langue poétique. Don Jorge, Jean
Baudry, Louis Berteau sont conçus comme des personnages de Corneille; ce sont des Idées qui parlent,
avec éloquence et subtilité. Et quand, par endroits, le
poète réussit à faire vivre les personnages où il a
incarné ces idées, ils semblent alors plus grands que
nature, comme les héros cornéliens. On dirait qu'ils
ont tous été conçus *a priori*. Don Jorge, c'est l'honneur
absolu; Jean Baudry, c'est la charité absolue ; Louis
Berteau, c'est la probité absolue. M. Vacquerie s'est
demandé : — Dans quelles circonstances un gentilhomme, pour qui l'honneur est réellement une religion,
souffrira-t-il le plus? Et cette religion, quelle est la
marque la plus éclatante, la plus inattendue, la plus
saisissante qu'il en pourra donner? Et il a écrit les
*Funérailles de l'honneur.* — Dans quelles conditions la
bonté paraîtra-t-elle le plus désintéressée et le plus

héroïque? Il faut, pour cela, qu'elle s'épanche sur des
étrangers; il faut qu'elle soit sans salaire; il faut
qu'elle souffre et que cette souffrance lui vienne de
ceux à qui elle s'est dévouée, etc... Et M. Vacquerie a
écrit *Jean Baudry*. — Dans quelles conditions la
probité pourra-t-elle être sublime? Il faut pour cela
qu'elle soit douloureuse; il faut, par exemple, qu'elle
exige le sacrifice du plus ardent et du plus bel amour
et que, ce sacrifice, elle soit obligée de le cacher et
qu'elle ne puisse donner ses raisons sans déshonorer
une mère... Et M. Vacquerie a écrit le *Fils*. Et tout,
dans la construction de ces trois pièces, est subordonné
à ce dessein de nous montrer, dans le plus haut degré
de pureté et d'éclat qui se puisse concevoir, les trois
vertus que j'ai dites. Tout le théâtre de M. Vacquerie
exprime la sublimité morale, le plus haut stoïcisme,
le plus bel Idéal que puisse embrasser, du moins par
le désir, une âme de nos jours, une âme qui, tard
venue, a pu emprunter à la fois à la sagesse antique,
au christianisme et à la Révolution ses principes de
noblesse intérieure. Et ainsi, encore que le théâtre de
M. Vacquerie tienne un peu de celui de Victor Hugo
par certains procédés d'invention dramatique et de
style, il me paraît (j'y reviens) plus proche peut-être
de celui de Corneille. Il est vrai que, de son côté,
l'auteur de *Hernani* est quelque peu parent de l'auteur du *Cid*, — et que le romantisme lui-même a
quelque rapport avec la littérature du temps de
Louis XIII, — autant que cela est possible à travers

deux siècles et après qu'il a coulé tant d'eau sous les
ponts. Bien indéfinissable, le romantisme. Car voyez :
Lamartine n'est guère romantique, Vigny non plus, ni
peut-être Musset. Si on le serre de près, le romantisme
ne sera plus qu'une révolution de la langue. — Mais,
direz-vous, cette révolution ne suppose-t-elle pas
celle de la pensée et du sentiment ? — C'est vrai.
J'avais donc raison de vous dire que *Souvent homme
varie* m'avait brouillé les idées.

# ALEXANDRE DUMAS FILS

---

## I

COMÉDIE FRANÇAISE : *Francillon*, pièce en trois actes, de
M. Alexandre Dumas fils.

24 janvier 1887.

Je n'ai pas besoin de vous raconter scène par scène
*Francillon*, que tout le monde connaît aujourd'hui.
En deux mots, Francillon, comtesse de Riverolles, est
une « princesse Georges » qui se défend et qui se venge,
et qui ne pardonne qu'après s'être vengée. C'est une
honnête jeune femme amoureuse de son mari, charmante, loyale, généreuse et fière, — et un peu nerveuse.
Lui est un homme du monde quelconque, ni bête ni
spirituel, ni méchant ni bon, correct et insignifiant.
Comme Francine a voulu nourrir elle-même son enfant,
il n'a pu supporter ce régime et est retourné à une de
ses « anciennes », Rosalie Michon. Le soir où commence le drame, il doit aller retrouver Rosalie au bal
de l'Opéra. Francine, jalouse et toute fiévreuse, le
supplie de rester, et, comme il refuse : « Écoute alors,

dit-elle, et qu'il n'y ait pas de malentendu entre nous.
Regarde-moi bien. Je t'aime passionnément ; j'adore
l'enfant né de cet amour, je suis une très honnête
femme et je n'ai qu'une idée, c'est de continuer à l'être ;
mais, comme je tiens le mariage pour un engagement
mutuel, comme nous nous sommes volontairement
juré respect et fidélité, que je te suis fidèle et que tu
n'as à me reprocher que d'avoir fait mon devoir, je
te donne ma parole que, si jamais j'apprends que tu
as une maîtresse, une heure après que j'en aurai
acquis la certitude... j'aurai un amant. Et je te pro-
mets, moi, que tu seras le premier à le savoir. Œil
pour œil, dent pour dent. » Lucien ne prend point
ces propos au sérieux, et part. Francine sort derrière
lui, achète un domino et un masque, se fait conduire
au bal de l'Opéra, y voit Lucien avec Rosalie, avise
sous le péristyle un inconnu de bonne mine et l'em-
mène souper à la Maison d'Or, dans le cabinet voisin
de celui où soupe Lucien.

Le second et le troisième acte qui, à vrai dire, n'en
font qu'un, sont remplis par le récit que Francine fait
à son mari de son expédition, par l'enquête à laquelle
procède Lucien, par le conseil qu'il tient avec son
père et ses amis, par les affirmations persistantes de
Francine, et enfin par la ruse de femme qui lui arrache
l'aveu de son innocence et amène le dénouement.
L'inconnu rencontré par Francine est justement le
clerc de notaire que Lucien a fait venir pour établir
l'état respectif de leurs deux fortunes (car ils vont se

séparer). La baronne Thérèse Smith, une bonne
femme, une couveuse, amie de Francine, lui fait croire
que le clerc s'est vanté d'avoir été son amant. Alors,
Francine avec un cri involontaire : « Il en a menti ! »
Et voilà Lucien aux pieds de sa femme. Cela durera
ce que cela pourra.

Deux actions épisodiques, fort jolies l'une et l'autre :
Henri de Symeux, un brave garçon un peu grisonnant
déjà, mais très gentil et qui aime bien sa maman,
épousera la très fine et bonne petite Annette, la sœur
de Lucien. Et un autre ami de la maison, Jean de
Carillac, atteint d'une gastrite, épousera Rosalie
parce que la mère Michon fait très bien les infusions
de camomille.

Je ne sais pas encore si *Francillon* est un chef-
d'œuvre. Nos enfants le sauront. Mais c'est un drame
extrêmement intéressant, conduit à miracle, et qui
va d'un train ! Cela part de la même veine que *Monsieur Alphonse* ou *la Princesse Georges*. C'est le dialogue
le plus rapide, le plus nourri et le plus brillant ; c'est
l'observation la plus acérée et l'esprit le plus éblouissant ; c'est la plus vigoureuse et la plus gaillarde
misanthropie ; c'est le mouvement dramatique le plus
haletant, le plus précipité, et le plus sûr. Vraiment,
c'est le comble de l'art, et l'on sent comme une allégresse intellectuelle dans cette maîtrise de soi et dans
cette triomphante perfection de métier. Et la « thèse »
n'y manque point, la thèse morale qui donne toujours,
quoi qu'on ait dit, un si poignant intérêt aux drames

de M. Dumas, qui fait qu'ils ne vivent pas seulement
de la vie des personnages qu'ils mettent aux prises,
mais que l'âme même de l'écrivain, toute son âme,
s'y agite intérieurement ; et qu'ils n'intéressent pas
seulement notre esprit et qu'ils n'émeuvent pas seulement notre cœur, mais remuent toute notre conscience
dans ses profondeurs les plus secrètes.

Une simple remarque, d'abord, sur la construction
de la pièce. Cette construction est très particulière.
Après l'exposition du premier acte, la pièce est toute
en interrogatoires et en récits. Les mêmes faits y
sont racontés cinq ou six fois, plus ou moins longuement, par des personnages différents. Nous avons le
récit de Francine à son mari, celui du domestique
Célestin à son maître, celui de Lucien au marquis son
père, celui du garçon de restaurant Eugène à Stanislas
de Grandredon et celui du clerc de notaire Pinguet à
Lucien et à ses amis. Mais tous ces récits et tous ces
interrogatoires, c'est l'action même, comme dans
l'*OEdipe-Roi* ou encore, si vous voulez, comme dans
l'*École des Femmes*. Molière le dit justement dans *la
Critique* : « Les récits eux-mêmes sont des actions,
selon la constitution du sujet. » Et nous verrons tout
à l'heure que M. Dumas, s'étant arrêté à l'idée de
faire Francillon innocente, toute l'action ne pouvait
plus être qu'une enquête, c'est-à-dire une série d'interrogatoires et de récits.

Et la thèse maintenant? Elle n'est pas, comme dans
d'autres ouvrages de M. Dumas, développée et soute-

nue par un personnage qui n'est que le porte-voix de
l'auteur. Elle est intimement mêlée à l'action. Cette
fois, pas l'ombre d'un Thouvenin. C'est l'héroïne du
drame, c'est Francine elle-même qui soutient cette
idée (sinon expressément, du moins par ses actes) :
que la femme a le droit de répondre par l'infidélité
à l'infidélité du mari, ou plutôt (car on n'a jamais le
droit de commettre une faute, même pour en punir
une autre) que la femme, en trompant l'époux qui l'a
trompée, ne lui fait rien de plus que ce qu'il lui a fait,
et lui rend bien, en réalité, « œil pour œil » et « dent
pour dent » ; bref, que la faute de la femme et celle du
mari sont *moralement* égales ; que, par conséquent, la
morale mondaine a tort de se montrer moins rigoureuse
pour celle-ci que pour celle-là, et enfin (ce qui est la
même vérité sous un autre aspect) que le devoir de la
fidélité conjugale est aussi absolu pour le mari que
pour l'épouse.

Or, voici un de ces démentis que l'observation de la
réalité inflige souvent à la logique : il semble que la
dernière proposition soit vraie, mais non pas les
autres, qui n'en sont pourtant que des corollaires.
D'où vient cette contradiction? Des lois mêmes de la
nature et de celles de la conservation sociale. Oui, théo-
riquement, le crime paraît égal chez l'homme et chez
la femme infidèles. Mais d'abord, la faute de l'épouse
peut avoir des conséquences matérielles que la faute
du mari n'a pas. Il est donc *utile* à la société que la
première passe pour plus grave. Et notez que, vraie

ou fausse, cette idée, inculquée de bonne heure dans
l'esprit de la femme, et consacrée à chaque instant
par les jugements du monde, rend sa faute plus grave
en effet, même à ses propres yeux. Mais ce n'est pas
tout. L'acte qui est ici le signe extérieur de la faute,
la Nature y incline moins vite l'Ève délicate que l'Adam
grossier. Dans le paradis primitif, c'est l'homme que
le désir tourmente le premier; il ne s'éveille chez la
femme que sollicité par son compagnon. Les filles
d'Ève tentent longtemps avant d'être tentées. Il est
évident que, dans une réunion mondaine, leurs bras et
leurs gorges nues nous parlent plus éloquemment que
ne leur parlent, à elles, notre musculature ensevelie
sous l'habit noir. Puis, certains détails de leur plastique leur sont comme un conseil et une aide à la
pudeur. Elles sont faites pour attendre et se défendre,
et pour provoquer peut-être, non pour attaquer. Et la
pudeur a chez elles des charmes qu'elle n'aurait certainement pas chez nous. Elle ajoute, je ne sais
comment, à leur beauté. Aussi, quand elles sont bien
nées, ont-elles toujours beaucoup de peine à violer les
derniers commandements de la pudeur. Nous, point.
A cause de tout cela, la suprême rencontre de la chair
ne sera jamais tout à fait la même chose pour les
femmes que pour nous. Pour elles, cela s'appelle
une « chute ». Bref la nature a voulu que cela leur
parût une bien plus grosse affaire qu'aux hommes, et,
d'autre part, la société avait intérêt à ce qu'il en fût
ainsi et à régler là-dessus ses usages et ses jugements.

Et c'est pourquoi Francine a beau faire : honnête femme, elle peut bien se donner toutes les apparences de la faute; elle ne pourrait pas, elle ne voudrait pas la commettre. Elle sent vaguement, bien qu'affolée, que, si elle la commettait, elle rendrait beaucoup plus que « dent pour dent » et deviendrait d'un seul coup plus criminelle que son mari ; que, dans tous les cas, elle serait plus « souillée ». C'est par tendresse qu'elle a souffert, mais c'est par orgueil qu'elle se venge. « Ne me rends pas ridicule », a-t-elle dit à son mari, et c'est ce même orgueil qui lui rend impossible la réalité des représailles. Elle n'a pas songé un moment à livrer à l'inconnu du bal de l'Opéra quelque chose de plus que le bout de ses doigts gantés. Aussi personne autour d'elle ne peut croire qu'elle a fait ce qu'elle dit. Et nous, nous ne le voulons pas. Nous ne nous demandons plus : « Avait-elle le droit de le faire ? » mais : L'aurait-elle fait, par hasard, dans une heure de désespoir fou ? et ce doute nous emplit d'angoisse. Et c'est ce qui explique que toute la pièce soit en interrogatoires. Sa folie nous fait peur, non pour son mari, mais pour elle. Ce qu'il nous faut, ce que nous attendons, c'est la confession de son innocence. Et finalement, M. Dumas lui-même, ayant clairement senti que malgré tout, et fût-ce dans un coup de folie, sa Francillon ne pouvait choir, semble avoir réduit sa thèse à cette proposition : que l'homme est aussi étroitement obligé que la femme à la fidélité dans le mariage.

Et cela est déjà assez sévèrement évangélique et
assez « dur à entendre », pour parler comme l'apôtre
saint Jean. Car enfin, si aux mois de grossesse vous
ajoutez les mois d'allaitement, songez que ce malheureux Lucien de Riverolles serait condamné par là à
une continence de plus de dix-huit mois. Et ne dites
point qu'il ne serait pas plus à plaindre que sa femme.
La situation n'est pas égale. Pendant tout ce temps
la chair de la femme est occupée et absorbée par ses
nouvelles fonctions ; celle de l'homme reste oisive, et
forcément s'ennuie et s'inquiète... Mais qu'importe à
M. Dumas ? Cet homme est le plus farouche des idéalistes et le plus déterminé des mystiques. C'est le
moine et l'ascète du théâtre comtemporain. Il a passé
sa vie et consacré toute son œuvre à opposer aux
basses exigences dé la nature et aux hypocrites convenances sociales le commandement impérieux d'un
idéal austère et purement chrétien. C'est là proprement
le sel et le levain de son œuvre. Et le singulier bonheur
de ce théâtre, c'est que, si cet ascétisme vous gêne, vous
pouvez en faire abstraction : ce qui restera, ce sera la
peinture la plus vivante et la plus vraie de nos mœurs.
Mais laissez-y, croyez-moi, et acceptez l'ascétisme qui
est au fond : ces comédies n'en vivront pas moins et
elles vous feront grandement réfléchir par surcroît.

Venons aux objections que n'a pas manqué de susci-
ter, comme bien vous pensez, le nouveau drame de
M. Dumas. On a en fait deux principales. Elles se con-
tredisent et je m'en réjouis.

La première est celle des gens du monde, de ceux qui guettent chez l'auteur d'*Une visite de noces* tous les manquements aux habitudes des salons, qui remarquent avec suffisance depuis trente ans que ses personnages s'appellent quelquefois par leur titre te que cela est contraire à l'usage du monde, et qui triomphent là-dessus, et qui se croient très malins. D'après eux, il est impossible et même inconcevable qu'une « femme du monde » parle et agisse comme Francine, ni que ses amis lui parlent comme ils font (Ah ! Dieu ! quel ton dans ce salon !), ni que Lucien, aussitôt qu'il a appris l'aventure de sa femme, s'en aille la leur confier. Pourquoi est-ce impossible ? — « Parce que c'est impossible, vous dis-je. On voit bien que M. Dumas n'est pas du monde. » — On a quelque répugnance à répondre à ces niaiseries. Quelqu'un m'affirme d'abord que, à l'heure triste où nous sommes, on trouve plus d'un salon où l'on en dit d'autrement « raides » que dans celui de Francillon. Mais, au reste, faut-il vous rappeler avec quel soin M. Dumas nous explique ces familiarités, ce ton de camaraderie et, d'autre part, le pacte conclu entre Lucien et ses amis ? Puis vous connaissez bien mal le cœur humain si vous vous imaginez qu'un mari trompé est nécessairement le plus silencieux et le plus discret des hommes. Et encore celui-là n'est pas trompé ; il craint seulement de l'être. Et, pour en venir à Francillon, M. Dumas n'a-t-il pas pris soin de nous la présenter comme une créature un peu

exceptionnelle? Ne nous a-t-il pas avertis qu'elle
souffre depuis longtemps? L'action ne s'ouvre-t-elle
pas dans un moment de crise? Et ne voyons-nous pas,
durant tout le premier acte, qu'elle perd la tête peu à
peu, et que la jalousie l'envahit et l'affole? C'est,
comme dit la baronne Thérèse, « un petit cheval de
sang avec lequel il faut avoir la main légère ».

Je suis bien bon de répondre à ceux qui ont fait
cette découverte que Francine manque absolument aux
convenances; car d'autres trouvent qu'elle n'en fait
pas assez, qu'elle devrait mener sa vengeance jusqu'au bout et ne pas s'en tenir à une apparence de
représailles. Cela, c'est la seconde critique, celle des
homme forts, et des esprits audacieux. Ils estiment,
cette fois, que M. Dumas s'est montré timide, qu'il a
reculé devant sa propre thèse, qu'il n'a point osé en
tirer les conséquences logiques, qu'il les a adroite-
ment et lâchement escamotées. Francine devait être la
maîtresse du beau garçon rencontré à l'Opéra, et le
dire, et le prouver, et croire qu'elle a bien fait. Voilà
qui eût été crâne ! M. Dumas n'est qu'un faux brave.
— Évidemment l'auteur de *Francillon* a songé à tout
cela. Mais, comme j'ai dit, Francine, telle qu'elle nous
est présentée, ne *peut* se charger que des apparences
de la faute, et ces apparences, d'ailleurs, suffisent à
son dessein. — Ou bien, alors, il fallait tout changer,
modifier profondément le caractère de Francine, lui
donner un amoureux, qui attendrait, et pour qui elle
aurait d'avance quelque faiblesse combattue; déplacer

l'intérêt de la pièce (il ne s'agirait plus de savoir si la
femme offensée a réellement fait ce qu'elle, dit ; le
mari saurait tout de suite à quoi s'en tenir) ; bref,
bouleverser toute l'économie de l'œuvre. Le dénouement, d'ailleurs, ne pourrait guère être que la mort
ou le suicide ; ce qui, par un détour, démentirait la
thèse trop absolue et nous ramènerait aux conclusions
mitigées de *Francillon*. Et, enfin, cette pièce de conception radicale pourrait sans doute être bonne ; mais
M. Dumas n'a pas voulu la faire, et celle qu'il nous
a donnée est excellente. Alors quoi ?

Autres menues objections : « Lucien est vraiment
un homme trop médiocre pour être aussi éperdument
aimé par cette adorable créature. » Je vous laisse le
soin de répondre à cette critique ingénue. — Ou
bien : « Ce n'est qu'une donnée de vaudeville prise au
tragique. » Oui, tout de même qu'une donnée de
tragédie peut être traitée en vaudeville. Ou bien : « Le
vieux marquis de Riverolles est indécent et prend
vraiment avec trop de légèreté le malheur de son fils. »
— Ou bien : « Il n'est plus « chic » d'aller au bal de
l'Opéra. » Quoi encore ? Je crois que c'est tout.

# I

PALAIS-ROYAL : *Franc-Chignon*, parodie en trois nattes, de MM. William Busnach et Albert Vanloo. — BIBLIO-GRAPHIE : La *Critique de Francillon*, comédie en un acte et en prose, de M. Henri Lapommeraye

7 février 1887.

La semaine n'a rien donné de nouveau. Je n'en suis pas moins obligé d'écrire, sur ce rien, le même nombre de lignes que si j'avais vu un drame en cinq actes et deux ou trois vaudevilles. C'est une des bizar-reries de ma profession.

Quand je dis qu'il n'y a rien... il y a une parodie de *Francillon*. Mais j'ai tant parlé dans ces derniers temps de la pièce de M. Dumas, que je n'ai plus rien à en dire, je vous le jure. J'ai exhalté *Francillon;* j'ai expliqué de mon mieux l'idée de l'auteur, comme je la comprenais; j'ai essayé de réfuter les objections qu'on a faites; j'ai comparé, peu s'en faut, M. Dumas au Christ et à Çakia-Mouni... Que puis-je faire aujourd'hui? Dire le contraire? Mais je ne le pense pas encore.

Et pourtant, il faut que je parle une fois encore

de *Francillon*. Il le faut ; le devoir m'y oblige, et la
plus pressante des nécessités. Je ne sais pas du tout,
en ce moment, avec quoi je remplirai ces cinq cents
lignes ; je sais seulement qu'elles seront écrites pour
l'heure qui m'est fixée. Mais quelles angoisses jusque-
là ! Si je n'allais rien trouver ? Ou plutôt, si, n'ayant
rien à dire, la puissance de développer ce rien, de
l'exprimer par de longues suites de mots, allait me
manquer subitement ? Au fond, je ne crois pas qu'il
soit de plus dur labeur que celui d'un homme qui est
obligé de livrer, tel jour, une quantité déterminée de
phrases écrites. Heureux le cantonnier qui casse des
cailloux sur la grande route bordée de peupliers, ou
le vigneron qui accole avec des brins d'osier les
souples sarments de la vigne ! Heureux aussi ceux qui
pèsent du sucre ou qui vendent des étoffes ! Heureux
ceux dont le travail n'est qu'une série de petits actes
matériels, déjà connus, toujours les mêmes, et qu'ils
sont sûrs de pouvoir accomplir ! Ils sentent quelquefois la lassitude, mais ils n'ont jamais l'anxiété. Heureux même les ouvriers des arts plastiques, peintres
ou sculpteurs ! Ceux-là, sans doute, peuvent être
inquiets, et sentir leur œuvre inégale à leur rêve ;
mais il y a, dans leur travail, toute une partie de
métier à laquelle ils sont assurés de pouvoir suffire.
Ils auront toujours la force d'appliquer, bien ou mal,
des couleurs sur de la toile ou de façonner de la terre
mouillée. S'ils ne sont pas certains de bien faire, ils
sont certains de pouvoir faire quelque chose. Car la

matière de leur œuvre, argile ou pâte colorée, est
visible et tangible ; elle est là, devant eux, et ils savent
bien qu'elle n'échappera pas à leurs doigts. Mais
l'écrivain fait son œuvre avec je ne sais quoi dont il
n'est pas sûr et qui peut sans cesse se dérober. Il est
obligé de tout tirer de son cerveau, et il ignore ce
qu'il y a dedans. Non seulement il ne sait pas si ce
qui en sortira sera bon ; mais il ne pourrait même
jurer qu'il en sortira quelque chose. Tandis que
j'écris cette phrase, je ne sais pas encore quelle sera
la suivante, ni si je serai capable de l'écrire. Je travaille avec de l'inconnu. L'opération intellectuelle qui
produit en moi des pensées et qui les traduit ensuite par
des mots, il me semble qu'elle se fait sans moi, que je n'y
suis et que je n'y puis être pour rien ; et à chaque instant je crains qu'elle n'échoue, j'ai peur que ce travail
inconscient et mystérieux ne s'arrête subitement et ne
me laisse la plume en l'air. Et cela sans doute nous
enseigne la vanité de la gloire littéraire ; cela nous
apprend que nous ne devons point nous attribuer le
mérite de ce qui s'élabore en nous de passable ; et
c'est là une excellente leçon ; mais en même temps
l'incertitude continuelle sur le résultat de ce travail
intérieur est pleine d'angoisse et de souffrance. Dites-
moi, Seigneur, irai-je jusqu'au bout, cette fois ? Je ne
sens en moi qu'un vague grouillement d'idées banales ou
d'idées confuses. Pourrai-je débrouiller celles-ci ? Sau-
rai-je me passer de celles-là ? Et enfin, vulgaires ou
rares, trouverai-je des assemblages de mots qui les

expriment? Non, non, je ne les trouverai pas. Je sens
maintenant la congestion toute proche... Rien, rien...
des signes noirs sur du papier blanc... les spirales
bleues de ma cigarette... la grosse chaleur du poêle...
plus de pensée, et un immense effort pour penser,
n'importe quoi et n'importe comment... Ah! comme
je comprends le vers de Musset :

> On voit des fainéants qui labourent la terre!

Eh bien ! donc, puisqu'il le faut, parlons encore de
*Francillon* et de la parodie qu'en a donnée le Palais-
Royal. Si vous trouvez que c'est beaucoup de *Francillon* à la fin, je suis peut-être de votre avis, mais je
passe outre, ne pouvant d'ailleurs pas faire autrement.

Il y a, ce me semble, trois principales façons d'entendre la parodie. et qui sont toutes bonnes. Et peut-
être aussi qu'il y en a d'autres.

Si c'est un poème, tragédie ou épopée, qu'il s'agit
de parodier, on peut, en conservant aux héros leur
nom et leur rang, leur prêter le langage le plus vulgaire (ainsi Scaron dans l'*Enéide travestie*), ou bien
au contraire garder la pompe du langage, mais substituer aux héros antiques des gens d'aujourd'hui, et,
de préférence, de petites gens ou des grotesques
(ainsi Boileau dans *Chapelain décoiffé*). L'effet comique
est alors produit par le contraste entre la solennité
du style et la vulgarité du sujet, ou inversement
Le *Lutrin* appartient à ce genre de parodie, et aussi
les *Odes funambulesques* de Théodore de Banville.

Ou bien, si c'est un drame ou une comédie sérieuse, on exagère démesurément les traits distinctifs des personnages, leurs caractères, leurs tics, leurs façons de parler et d'agir. Le comique de la parodie est alors le même que celui de la caricature.

Enfin, s'il y a quelque affectation dans le style, quelque incohérence dans le caractère des personnages, quelque invraisemblance dans l'action, on y insiste, on les pousse jusqu'à l'absurde; et, si la pièce contient quelque thèse morale, quelque paradoxe ou quelque sentiment singulier, on cherche à en tirer des conséquences lointaines, imprévues et ridicules. La parodie peut être alors une forme joyeuse de la critique.

Il va sans dire qu'on peut mélanger ces trois espèces de parodie. Ce n'est guère à la dernière, mais plutôt à la seconde qu'appartient le *Franc-Chignon* de MM. Busnach et Vanloo. Ils y ont été tranquillement et bonnement. Francillon s'appelle Franc-Chignon, a le diable au corps et fait des sauts de carpe. Riverolles s'appelle Rive-Gniolle, est complètement idiot et tourne comme un ours en cage. Annette s'appelle Canette, lave la vaisselle, balaye les appartements et compte les morceaux de sucre. Mᵐᵉ Smith s'appelle Mᵐᵉ Suite, a eu cinq enfants en deux fois, et les a nourris elle-même tous les cinq. « Les deux premiers, je comprends ça, dit Franc-Chignon, tu avais de quoi ! Mais les trois autres?... Que faisait le troisième? — Eh bien! il attendait son tour. — Et ton mari? — Il attendait aussi. » Symeux s'appelle Ciremieu ; Grandredon, Grand-Edredon ; Pinguet, Seringuet. Le reste à l'avenant. C'est bien simple.

Pourtant, MM. Busnach et Vanloo ont eu une idée : c'est de mettre en action le récit de Francillon et de nous montrer Eugène. Mais je ne trouve pas qu'ils en aient tiré grand'chose.

Ils ont habillé Pinguet en Pierrot et en ont fait un pitre d'aspect misérable et piteux, qui se précipite sur les truffes, et que le garçon appelle Alphonse. Pendant ce temps-là, Francillon regarde par un trou de vrille, ce que fait son mari dans le cabinet d'à côté. « Ah ! il lui prend la main... Venez, monsieur, prenez-moi la main. » Et Seringuet accourt, la bouche pleine. « Le bras, maintenant. Montez, montez, mais montez donc ! » — Cela est assez gai ; mais je crois que la scène serait plus plaisante si les auteurs, au lieu de transformer en clodoche le clerc de notaire Pinguet, avaient au contraire exagéré encore la correction et la dignité de sa tenue, tout en lui laissant la gaucherie et la timidité d'un débutant. Ce monsieur si bien, traité comme un domestique par une dame qui lui paye à souper sans qu'il y comprenne rien, pouvait avoir, avec sa belle tête de magistrat, de beaux ahurissements.

Ou bien on pouvait faire tout le contraire. On pouvait (insinuant ainsi dans la parodie un peu de critique presque sérieuse) montrer Pinguet si entreprenant. . que Francillon, qui n'a pas tout prévu et qui

a d'ailleurs un peu de champagne dans la tête, finît
par se venger plus complètement qu'elle ne voulait...
Et elle se trouverait d'abord tout sotte, et puis elle en
prendrait son parti, et le dénouement de la pièce resterait le même. Seulement, après ce grand cri : « Il
ment! » Francillon prendrait Thérèse à part et lui
dirait : « Eh bien ! non, tu sais, il ne ment pas. Ça y
est, ça y est parfaitement... Mais ne le dis pas à
M. Dumas. Il n'a pas prévu ça, et ça l'embarrasserait...
Ou bien il voudrait que je me tue : il est si sévère!
Ah! il ne plaisante pas sur l'article! C'est comme moi
avant. Mais à présent, je suis raisonnable... C'est
drôle, mon accident me fait mieux voir les choses...
Je suis plus juste pour mon mari, depuis que je me
suis donné des torts... Tu verras, comme nous allons
faire un bon petit ménage! »

Et Eugène? Nous comptions beaucoup sur Eugène.
L'affiche nous avait prévenu : « On verra Eugène. »
Et nous l'avons vu, et nous l'avons trouvé un peu
terne. Tout son rôle consiste à énumérer à Francillon
les occupants des cabinets particuliers (au 3 l'intré-
pide Vide-bouteille et le Phoque; au 4, la petite
duchesse et Laure de Noves, etc...), à tutoyer Pinguet
et, quand Francillon est partie, à s'attabler avec lui
devant le buisson d'écrevisses, — le buisson où,
d'après Grosclaude, Jéhovah apparaît à M. Dumas
fils.

Nous attendions un Eugène plus grand. Eugène
pouvait être énorme. Il doit avoir vu tant de choses.

cet homme à figure de diplomate, avec son sourire
discret et digne entre ses favoris réguliers, dans la
bouffissure pâle des garçons de restaurants de nuit. Il
a vu défiler les malheureux qui s'amusent et leurs
lamentables compagnes. Peut-être même a-t-il vu
verser du champagne dans les pianos, ce qui est,
comme on sait, le « comble » et l'expression suprême
de la haute vie. Il sait quelle bête stupide est l'homme,
et à quel point c'est triste de faire la fête... Glissant
par les couloirs surchauffés de gaz, dans ses silencieux escarpins, il frappe, avant d'entrer, à la porte
des salons cythéréens, parce que c'est l'habitude;
mais vraiment il ne dérangerait personne; rien ne le
surprend, rien ne l'émeut ni le tente, il sait le fond
des choses et la vanité de tout. Il est philosophe et
pessimiste. Il connaît les hommes et les femmes, et
les méprise également. Il devine l'honnête femme,
imprudente et curieuse, qui vient, pour la première
fois, souper avec son ami et qui ne veut pas mal
faire, et qui a l'intention bien arrêtée de se refuser
encore, et qui se donnera pourtant, et peut-être avant
le dessert. Et il se dit : « Encore une! » et il songe en
refermant la porte : « Pauvre petite femme! »

Eugène a pu se former ainsi, peu à peu, une philosophie de l'amour assez semblable à celle de
M. Dumas fils. Ne croyez-vous pas qu'on eût pu mettre,
dans la bouche d'Eugène, quelques-unes des théories
favorites de l'auteur d'une *Visite de noces?* Entre le
perdreau et le foie gras, il débiterait quelques tirades

de Lebonnard ou quelque paragraphe de l'*Homme-
Femme*. Ce garçon nocturne serait à la fois cinglant
comme de Ryons, mystique comme Claude et chaste
comme Thouvenin. Il serait apocalyptique; il parlerait de « la Bête », comme quelqu'un qui la connaît
bien, qui lui sert depuis quinze ou vingt ans des
truffes et des homards à l'américaine, et qui lui prête
même de l'argent, quelquefois. Tout de suite il pres-
sentirait le cas de Francillon et son dessein, et il l'ai-
derait à l'accomplir, et il veillerait sur elle, la conso-
lerait, se ferait són directeur spirituel, et il exhorterait
Pinguet à la continence... J'ignore du reste, n'ayant
en aucune façon le don du comique, si cet Eugène-là
serait plaisant. Mais celui de MM. Busnach et Vanloo
manque certainement un peu d'ampleur et d'imprévu.

M^lle Alice Lavigne est, comme vous n'en doutez pas,
tout à fait remarquable dans le rôle de Franc-Chignon.
Cette artiste a le génie de la caricature. Elle a des
soubresauts, des bondissements, des hoquets et des
cris de tragédienne en délire, avec des grimaces
subites, des gestes et des intonations de fille des fau-
bourgs, qui font un amalgame le plus savoureux du
monde. Les autres interprètes, sauf le lunaire Dau-
bray, n'ont guère de fantaisie ni de gaieté.

M. Henri de Lapommeraye vient de publier la
*Critique de Francillon*, — ingénieusement imitée de
la *Critique de l'École des Femmes;* trop imitée, à mon

avis, et c'est même le seul reproche que j'aie à faire
à M. de Lapommeraye. Au lieu d'Uranie, d'Elise, de
Dorante, du poète Lysidas, etc., que n'a-t-il pris pour
interlocuteurs des gens d'aujourd'hui? Sa petite pièce
aurait ainsi quelque chose de plus vivant, de moins
scolaire, et nous n'aurions pas la surprise et la douleur d'entendre des contemporains de Molière parler
quelquefois notre vilain langage. « Ne poussons pas
de pointes, marquis, faut-il dire à Dorante; le jeu est
dangereux pour tous! Restons sur le terrain des idées,
sans faire d'excursion sur le terrain des personnes,
lequel conduit souvent sur un autre terrain... » Le
*terrain des idées* et, pour comble d'horreur, le *terrain
des personnes*, M. de Lapommeraye sait pourtant bien
que ce n'est pas là précisément la langue du XVIIᵉ siècle.
Au reste, et ce léger défaut signalé, la petite étude
dialoguée de mon excellent confrère est un modèle de
netteté, de bonne grâce, de bon sens et de bon
jugement.

Depuis le temps qu'on parle de *Francillon*, on a dit
sur elle bien des sottises, — parfois spirituelles. On ne
saurait répondre à toutes, et ce serait d'ailleurs fort
inutile... Mais il me paraît que M. de Lapommeraye
n'a oublié aucune des critiques un peu sérieuses
dirigées contre la pièce de M. Dumas, et qu'il les a
toutes réfutées par les meilleures raisons, les plus
simples et les plus claires.

Voici de fort bonnes réflexions sur la donnée même
de la pièce : «... Le marquis, dit Dorante, parle loi

sociale, droit écrit. Nous nous occupons, nous, de la
loi et des droits du cœur. Pas plus que moi, M. Dumas
ne prétend que la femme est fondée légalement à
tromper le mari qui la trompe; la représaille juri-
dique est la plainte en adultère, la demande en séparation de corps ou en divorce suivant l'intensité de
la foi religieuse; mais, en dehors de la loi écrite, en
vertu de la loi naturelle qui prime celle-ci, la femme
peut se croire déliée à l'égard de son mari, quand le
mari n'exécute plus le contrat. C'est d'ailleurs un
moyen très légitime de défense préventive de la part
de l'épouse que de menacer l'époux de la peine du
talion. Donc la donnée de la comédie nouvelle est
inattaquable. »

Elle l'est d'autant plus, pourrait-on ajouter, que la
théorie en question n'est point formulée par l'auteur
lui-même ou par quelque personnage qui serait son
porte-voix, mais par une femme jalouse, passionnée,
exaltée, que l'auteur saisit en pleine douleur, en pleine
maladie, en pleine crise morale.

On dit (et c'est une des plus spécieuses parmi les
objections des mécontents) : — A qui ferez-vous croire
que Francine se conduit comme une honnête femme?
Une honnête femme répugnerait à l'idée seule de la
comédie que joue Francine, comme à un commencement de souillure. Elle pourrait sans doute, à
tort ou à raison, se croire le droit de rendre à son
mari « œil pour œil » et « dent pour dent », mais elle
n'en userait pas, elle ne voudrait même pas faire

semblant d'en user. Pourquoi? Par un sentiment d'ir-
réductible pudeur, par un invincible respect de soi.
Elle sentirait d'ailleurs que, en faisant exactement ce
qu'a fait son mari, elle serait infiniment plus coupable que lui, parce qu'elle le ferait, elle, sans être
tentée et en portant dans son cœur un autre idéal du
devoir; et que, à cause de cela, c'est elle, vraiment,
qui serait sans excuse. Et elle ne consentirait même
pas à simuler la faute, parce qu'elle ne pourrait jamais
supporter l'idée d'être souillée et perdue dans l'esprit
de l'homme qui la fait souffrir, mais qu'elle aime
malgré tout. Non, décidément, que Francine, que cette
charmante et fière Francine s'en aille la nuit acheter
un domino; qu'elle se faufile dans l'obscène cohue
d'un bal public; qu'elle « raccroche » un homme;
qu'elle s'expose à sentir sur elle les mains de cet
homme; que, dans un cabinet particulier, sous la
glace rayée de noms de filles, près du divan public,
elle célèbre cette espèce de « messe blanche » de la
débauche sans être même sûre que ce sera une messe
blanche jusqu'au bout... non, non, cela est impossible,
et nous n'y croyons pas!

Or, écoutez maintenant le sage Dorante : « ... Eh!
parbleu, c'est la condition même de toute comédie
que de faire agir les gens autrement qu'ils ne le
devraient s'ils étaient sages, sensés, calmes, de sang-
froid. Si tous les personnages qu'on met sur la scène
faisaient ce qui est bien, juste, réfléchi, mais il n'y
aurait plus de théâtre possible! Il est évident que, si

Orgon avait une dévotion raisonnable, il ne serait pas
tartufié; si Don Juan n'était pas... Don Juan, il n'aurait pas tant de femmes dans les bras et sur les bras;
si Oreste n'avait pas écouté Hermione, il n'eût pas
tué Pyrrhus; et Phèdre ne serait pas morte victime
de Vénus, si elle n'avait pas brûlé d'une flamme
incestueuse pour son beau-fils. Francine est une sensible, une nerveuse, même, si vous le voulez, une
exagérée qui, étant jalouse, pousse jusqu'à l'extrême
une idée juste. »

L'autre objection, la moins sotte qu'on ait faite, est
celle-ci : « Et après? Croyez-vous que le dénouement
arrange les choses pour longtemps? Riverolles s'est
entendu traiter de Sganarelle par sa femme; Francine
a respiré l'odeur du vice. Je vous le dis : rien n'est
raccommodé; au contraire. Cela fera un ménage de
chien. Et Lucien ne tardera pas à retourner aux
filles; et, comme Satan est là qui rôde, un beau jour
Francine tombera dans ses bras. » Eh bien! non; moi
je crois plutôt qu'elle se souviendra de Pinguet, du
bon Pinguet, si doux, si discret, si bien élevé, — si
beau gars du reste, et qu'elle voudra le retrouver; et,
si j'avais écrit une parodie de *Francillon*, j'aurais
ajouté un tableau pour développer cette hypothèse.
Mais, pour parler sérieusement, l'avenir du ménage
Riverolles ne m'apparaît pas si sombre. Ils ont tous
deux au cœur d'amers et salissants souvenirs? Mais
le temps efface bien des choses. Et pourquoi ne s'ai-
meraient-ils pas enfin, par cela seul qu'ils ont beau-

coup à se pardonner l'un à l'autre et que l'étrange
escapade de Francillon a, peu s'en faut, égalisé les
torts? Et enfin, si Francillon tourne mal, la thèse
essentielle de M. Dumas n'en triomphe que plus clairement : à savoir que l'homme est tenu, dans l'état de
mariage, à la même fidélité que la femme; car on
verra, en remontant la série des causes que, si Francillon se perd, c'est par la faute de son mari...

Mais j'ai bien tort de m'embarrasser dans ces expli-
cations. La meilleure réponse est évidemment celle de
Dorante : Oh! madame, vous imaginez là une suite à
la comédie. L'exemple a été donné dès longtemps;
mais qu'est-ce que cela prouve contre l'auteur? Par
ce procédé toutes les suppositions sont possibles, et,
sauf la mort des personnages, laquelle tranche toute
question, il n'y a pas un dénouement qui résiste
à l'application de ce système, etc... » C'est le langage
même du bon sens.

# MEILHAC et HALÉVY

---

## I

Variétés : Reprise de *la Belle Hélène*, opérette en trois actes, de MM. Meilhac et Halévy, musique d'Offenbach.

29 novembre 1886.

Cette opérette célèbre a été déjà été reprise, je crois, il y a une dizaine d'années, et, si je ne me trompe, elle n'eut pas alors un très grand succès. C'était sans doute trop tôt ; on craignait, en y prenant trop de plaisir, d'avoir l'air d'absoudre la « corruption impériale ». On n'a plus de ces scrupules aujourd'hui; le public, cette fois, se presse à *la Belle Hélène* et semble s'y divertir singulièrement.

On en peut donner plus d'une raison. *La Belle Hélène* présente déjà un intérêt historique, un intérêt de document. Elle est, avec *la Grande Duchesse* et *Orphée aux enfers*, l'exemplaire le plus éclatant du seul genre dramatique relativement nouveau qu'ait produit la seconde moitié de ce siècle (la première moitié ayant inventé le drame romantique). Puis, *la Belle*

13

*Hélène* a été l'un des divertissements favoris d'une
époque fort insouciante par malheur, mais qui a été
aussi l'une des plus tranquilles, des plus gaies, des
plus amusantes et des plus brillantes de notre histoire. Et nous revoyons cette société un peu étourdie
de plaisir, vive et spirituelle et qui avait inventé la
« blague ». Puis, pour beaucoup d'hommes dont les
tempes commencent à s'argenter, *la Belle Hélène*, c'est
leur jeunesse ; et ce qu'ils aiment dans cette musique
endiablée d'Offenbach, c'est le souvenir de leurs belles
années. Joignez que cette parodie de l'antiquité classique est faite pour flatter la pédanterie naturelle et
les instincts scolaires du peuple de bacheliers que nous
sommes. Tel bourgeois, en écoutant les plaisanteries
(dirons-nous sacrilèges ?) de MM. Meilhac et Halévy,
se sait bon gré de les comprendre, est tout heureux
de retrouver au fond de sa mémoire des lambeaux
d'Homère et de Virgile, des souvenirs de textes grecs
ou latins qui l'ennuyaient fort, qu'il comprenait mal
et qu'il ne sentait à aucun degré, mais qui lui inspi-
raient tout de même du respect : car il était entendu
que d'avoir ânonné sept ou huit ans sur ces textes,
cela constituait une éducation proprement « libérale ».
Et le brave homme se rappelle sa rhétorique, les caricatures des écoliers aux marges de leur *Iliade* ou de
leur *Enéide*, et le *Virgile travesti* de Scarron, dont leur
professeur leur a lu un jour des passages. Et alors il
se gaudit, et, pour un peu, il ferait à son voisin des
citations latines, comme les deux Labadens qui se re-

trouvent dans la comédie de Labiche. Hélène qui est
une « cocotte », la petite princesse Hermione qui col-
lectionne les timbres-poste, le jeu des calembours et
des bouts rimés, Ménélas habillé de jaune, etc., ces
anachronismes et ces transpositions sont exactement
à sa portée et lui sont en outre excessivement agréa-
bles parce qu'ils remuent en lui des restes vagues de
baccalauréat. Il se pourrait, dans trente ou quarante
ans, quand les nouveaux programmes auront eu le
temps de porter leurs fruits, quand les générations
formées par l'enseignement nouveau n'auront même
plus de l'antiquité grecque la teinture qu'en ont Mis-
tingue et Lenglumé, il se pourrait que le succès de *la
Belle Hélène* en fût sérieusement compromis. Mais ne
prévoyons pas les malheurs de si loin.

Pour l'instant, nul ne songe à résister à *la Belle
Hélène*. L'autre jour, aux premières notes de l'ouverture, dès que cet air de la Marche des rois, si rapide
et si gai (avec je ne sais quoi de fantasque et de falot),
a jailli de l'orchestre, une joie irrésistible a envahi
toute la salle ; les faces se sont épanouies, les men-
tons ont battu insensiblement la mesure ; un frisson
de plaisir a parcouru, à toutes les galeries, toutes les
rangées de spectateurs, comme on voit sur l'eau, autour d'un caillou jeté, se propager des cercles lumineux. C'est qu'elle est exquise, cette musique si fine, si
légère, si élégante dans ses caprices les plus hardis,
j'allais dire si attique ; et pourquoi pas ? Nous ne savons pas trop aujourd'hui ce que c'était au juste que

l'atticisme ; mais, si l'on entend par là le tour aisé, la
clarté, la mesure et la grâce, quelque chose qui nous
donne l'idée d'une vie heureuse et facile sous un ciel
lumineux (telle que nous concevons la vie antique et
particulièrement celle des Athéniens), ne peut-on pas
bien appeler attique la partition de *la Belle Hélène* ?
En dépit de ses ironies et de ses bouffonneries, cette
jolie musique, voltigeant sur le décor, sur le petit
temple grec, sur l'Acropole au fond, sur les tuniques
et les chlamydes pailletées d'or, m'a fait rêver un moment d'une Grèce coquette et pimpante, d'une Grèce
en miniature, d'une petite île de l'Archipel, pleine de
fêtes et de jeux, aimée du soleil, consacrée à Vénus,
habitée par une belle race contente d'être au monde,
ignorante du péché, inaccessible à la tristesse chrétienne et fort insoucieuse de la vie future... Il est vrai
que le libretto de la pièce, aggravé par les grimaces
et les coups de gueule des pitres, dément un peu le
rêve suggéré par la musique. Mais le contraste même
est curieux. La parodie irrévérencieuse et, çà et là,
un peu débraillée, est traversée par des souffles de
gracieuse et légère poésie. Le charme des mélodies
absout l'impiété des paroles. Ou plutôt il semble que
les auteurs de *la Belle Hélène*, tandis qu'ils s'égayent
sur l'antiquité homérique, sentent tout à coup l'attrait mystérieux de ces beaux poèmes qu'ils paro-
dient, oublient de railler, et s'attendrissent, et achèvent le dialogue burlesque en duo gracieux.

Cette grâce est le premier mérite de la fantaisie

d'Offenbach et de MM. Meilhac et Halévy. Un autre
mérite, c'est le piquant de cette parodie. Elle ne consiste pas seulement à transformer en queues-rouges
les magnifiques héros de la plus antique épopée et de
la plus vénérable qui soit, ni à prêter à des gens d'il
y a trois mille ans les usages, la langue et même l'argot d'aujourd'hui. La parodie vise ici (et c'est ce qui
fait l'unité de *la Belle Hélène*) une des croyances essentielles de ce monde lointain. L'idée de fatalité, qui
rend parfois si mélancoliques les épopées d'Homère et
remplit d'épouvante les tragédies d'Eschyle, les auteurs de *la Belle Hélène* s'en emparent ; ils la laissent
planer sur leur petite Hélène transformée en « cocotte »
et sur toute son aventure, et ils tirent de là des effets
d'un comique excellent. Cette « fatalité », si terrible
dans les vieux poèmes, devient, sur les lèvres d'Hélène, de Pâris et de Calchas modernisés, une excuse
d'une drôlerie inépuisable ; et l'on finit par y voir
beaucoup moins une parodie d'Homère qu'une satire
inattendue de la morale de quelques milliers de
romans contemporains. Que de choses dans une opérette !

Vous vous rappelez la première apparition d'Hélène « aux bras blancs », dans le troisième chant de
l'*Iliade*. A cause d'elle, deux peuples se massacrent
depuis neuf ans déjà. Mais dès qu'elle approche, les
cœurs des hommes sont émus ; et les vieillards eux-
mêmes, « semblables aux cigales qui chantent dans
le feuillage d'un grand arbre », les vieillards se di-

sent entre eux, en baissant la voix : « Non, il ne faut
pas s'indigner si, pour une pareille femme, les
Troyens et les Achéens supportent de longues misères. Car elle égale en beauté les déesses immortelles.
Cependant, plût aux dieux qu'elle s'en retournât sur
les vaisseaux pour ne point causer notre perte et celle
de nos enfants ! » Voilà tout ce qu'ils trouvent à dire
contre l'enchanteresse. Priam l'appelle « chère fille »
et Hector « chère sœur ». Tous lui sont bienveillants
et la traitent même avec respect. Pourquoi ? C'est
d'abord parce qu'elle a la beauté, et que la beauté es
divine. Oh ! les noms charmants que donne à Hélène
le vieil Eschyle ! « Ame sereine comme le calme des
mers, beauté qui ornait la plus riche parure, doux
yeux qui perçaient à l'égal d'un trait, fleur d'amour
fatale aux cœurs. » — Donc, ils ne veulent pas qu'elle
soit coupable ; mais, de plus, ils ne croient pas qu'elle
le soit. Aux yeux de ces hommes primitifs, il y a certains entraînements des sens auxquels on ne résiste
point. C'est une force inconnue, invincible, comparable aux puissances terribles de la nature extérieure.
C'est un mal d'en haut, un mal envoyé par les dieux.
« Tu n'es point coupable, dit le pieux Priam à Hélène :
ce sont les dieux qui ont tout fait. » Hélène n'est que
l'instrument de leurs desseins qui sont de mêler l'humanité et en même temps d'arrêter, dans son intérêt,
son développement excessif. C'est ce qu'Homère en-
trevoit peut-être ; en tout cas, c'est ce qu'Euripide
exprimera plus tard fort clairement : « Les dieux ont

employé la beauté d'Hélène pour mettre aux prises les Grecs et les Phrygiens, et provoquer des carnages qui ont soulagé la terre. »

Hélène le sait ; elle sait qu'elle est en proie à une force supérieure et divine. Elle essaye de résister. Elle est modeste, réservée, laborieuse. Elle passe son temps enfermée dans la maison de Pâris, où elle file la laine et distribue la tâche à ses femmes, comme une sage matrone. Elle s'en veut d'avoir suivi le bel étranger aux douces paroles, l'élégant et paresseux jeune homme à la beauté de femme. Elle se traite elle-même d' « épouse odieuse » et de « chienne ». Elle se rappelle son enfance, elle regrette le foyer déserté, elle regrette Ménélas, « l'homme vaillant qui fut son premier époux » et « qui ne le cède à personne, ni pour la sagesse, ni pour la beauté »... Elle le dit en face à son amant, et le raille sur sa lâcheté : « ...Tu te vantais de l'emporter sur lui... Va, maintenant, va provoquer Ménélas chéri d'Arès à combattre encore contre toi !... Ou plutôt, garde-toi de cette folie ! Tu ne tarderais pas à tomber sous sa lance... » Ainsi, l'amant élégant et beau parleur, l'amant citadin et artiste, préféré au mari un peu simple et rustique ; puis les désillusions, les remords, l'ennui, la justice rendue à l'époux, le séducteur méprisé et pourtant subi, la liaison devenue une chaîne pesante, la tyrannie de l'habitude et de la chair retenant seule la malheureuse et l'emprisonnant dans sa faute... rien n'est donc nouveau ; car cela a défrayé je ne sais combien

de romans, et cela est déjà dans les poèmes homéri-
ques. Donc, elle souffre, la pauvre Hélène ; elle s'é-
crie, à peu près comme Job : « Ah ! plût au ciel que,
le jour même où ma mère m'enfanta, un souffle de
tempête m'eût emportée sur la montagne ou m'eût abî-
mée dans les flots de la mer retentissante ! » Et quand
Aphrodite, la divine et irrésistible entremetteuse, veut
la jeter encore une fois dans les bras de Pâris, elle
l'insulte et la brave : « Va toi-même, va prendre place
aux côtés de ton favori ; renonce aux routes divines ;
que tes pieds ne se tournent plus vers l'Olympe;
mais toujours près de lui, souffre et garde-le, jusqu'à
ce qu'il fasse de toi sa femme ou son esclave. Pour
moi, je n'irai point partager sa couche, car vraiment
ce serait une chose abominable ! » Mais elle a beau
faire ; il faut qu'elle aille où Vénus l'entraîne, et elle
y va, dans ce lit parfumé où l'attend le lâche et gracieux amant qu'elle méprise...

Telle est l'Hélène d'Homère : victime et instrument
du destin, mue par les dieux ennemis, marchant droit
devant elle, dans le sang, sur les corps amoncelés,
pareille à une statue d'airain d'une beauté merveilleuse vers laquelle se tournent avec adoration les
mourants qu'elle écrase, grande par là, d'une beauté
surhumaine et comme impersonnelle ; — et femme
en même temps, femme de chair, vivante et souffrante,
et gracieuse infiniment : une Némésis involontaire,
aux doux yeux éplorés de colombe.

Vous voyez maintenant l'artifice essentiel de la parodie de MM. Meilhac et Halévy. La grâce très pure, très simple, un peu austère, de l'Hélène homérique, ils l'ont chiffonnée et encanaillée, ils en ont fait du « chic » et du « chien », ils ont changé la fille de Léda en une belle petite du second empire. Et surtout, cette fatalité formidable dont le mystère enveloppe la belle Argienne et qui répand autour d'elle une terreur religieuse, ils l'ont tournée en plaisanterie, ils en ont fait la « f...atalité » commode et comique, invoquée par les héroïnes de roman, par les personnes de petite vertu, la fatalité des chaises-longues et des cabinets particuliers, la fatalité d'Emma Bovary ou simplement de Chichinette. La tragique apostrophe à Vénus, que je citais tout à l'heure, ils l'ont traduite comme vous savez :

> Dis-moi, Vénus, quel plaisir trouves-tu
> A faire ainsi cascader ma vertu ?

« C'est la faute à la fatalité », cela revient comme un refrain dans leur irrespectueuse bouffonnerie. Ils blaguent l'Ananké, ils en font le synonyme grec d'un tempérament joyeux et exigeant. Ils relèvent ainsi leur parodie d'un grain de satire morale. C'est une ironie de boulevard, avec un fond rigoriste et chrétien, comme il y en a souvent dans l'ironie de boulevard. Le sévère prologue des *Destinées*, d'Alfred de Vigny (le monde antique disant : « Fatalité », et le monde moderne « Responsabilité », ce qui du reste

n'a pas changé grand'chose aux affaires humaines),
pourrait, Dieu me pardonne ! servir d'épigraphe à
*la Belle Hélène*. Cela fait un fond joliment solide aux
refrains d'Offenbach et aux coq-à-l'âne de MM. Meilhac
et Halévy. Un fond si solide que j'en suis moi-même
effaré.

D'ailleurs, outre l'excellence de l'idée maîtresse de
cette parodie, que d'inventions réjouissantes ! Le
grand-prêtre Calchas semble échappé d'un dialogue
de Lucien. (Je m'étonne seulement de trouver tant de
plaisanteries anticléricales dans un ouvrage auquel
a collaboré M. Ludovic Halévy.) Le culte de l'antiquité grecque pour la beauté du corps et pour la force
physique est ingénieusement raillé par la stupidité
d'Achille, la fatuité de Pâris et le gâtisme des deux
Ajax. Je vous dis que *la Belle Hélène* est une œuvre
d'une inspiration austère, une protestation contre le
naturalisme hellénique. Je vous avouerai même que,
lorsque je relis la lumineuse *Iliade*, cette protestation macaronique me fait peine. Et ne souffrez-vous
pas de voir « le blond Ménélas, chéri d'Arès », que les
anciens ne trouvaient nullement ridicule, transformé
en mari de fabliau, en cocu de pure tradition gauloise ? Mais c'est ma faute ; pourquoi ai-je relu
l'*Iliade* ? J'ai peur que ce ne soit là une mauvaise lecture quand on est décidé, comme je suis, à admirer
*la Belle Hélène*. Au surplus, que de gaieté, que de
traits heureux, et même que d'observation spirituelle
sous cette bouffonnerie sans prétention ! Quand le

plus malin des deux Ajax nous récite ces bouts-rimés :

> Toute chaîne
> A deux poids,
> Toute peine
> En a trois,

j'admire la sagacité d'Agamemnon prévoyant trois
mille ans à l'avance les poètes « symbolistes » et disant au doux gâteux : « Ça ne veut rien dire, mais
c'est harmonieux : tu feras école. » Le mot de Pâris
à Hélène qui lui objecte « sa réputation » : — « Ah !
nous retombons dans le marivaudage », me semble
plein de suc ; et quand, Pâris étant proclamé vainqueur, Hélène embrasse son mari pour marquer sa
joie, j'aime ce mouvement si naturel.

GYMNASE : *Froufrou*, pièce en cinq actes de MM. Meilhac et Halévy.

11 octobre 1886.

Le Gymnase a repris *Froufrou ;* il ne pouvait me faire un plus grand plaisir. *Froufrou* est la seule comédie « sérieuse » et à dénouement tragique de MM. Meilhac et Halévy. Elle garde la grâce piquante de leurs fantaisies dramatiques, et elle y joint les larmes, l'émotion pénétrante et profonde. C'est un drame touchant qui est en même temps une ravissante comédie de mœurs, et c'est, je crois, le plus simple des drames touchants. C'est une histoire tout unie qui se déroule avec une clarté et une aisance incomparables; rien de la tension, de l'effort de ramassement qu'on sent parfois dans les pièces d'Augier et de Dumas, deux robustes à qui la grâce manque un peu.

Remarquons, du reste, que, trois ou quatre imbroglios mis à part, ce qui caractérise éminemment le théâtre de Meilhac et Halévy, c'est la simplicité absolue de la conception, de la composition et du style Pour

un rien j'appellerais cette simplicité « attique ».
Ajoutez à cela l'observation la plus aiguë et la moins
pédante, aucune prétention, pas de « mots d'auteur »,
nulle affectation d'esprit, et pourtant de l'esprit
répandu partout, comme à fleur de phrase ; le don
divin de la fantaisie, de l'imagination capricieuse
dans l'observation exacte ; le don plus rare encore de
la modernité ; ce rien qui, dans une pièce ou un roman,
laisse cette impression que c'est bien ce qu'il y a de
plus récent dans nos mœurs et dans nos façons d'être
dont on nous fait la peinture ; enfin, parmi cet esprit,
cette ironie et ce caprice, on ne sait comment, une
pointe d'attendrissement çà et là (comme dans *la
Petite Mère* et dans *la Cigale*) ; un don de sympathie
humaine et de pitié. Tous ces dons, haussés pour une
fois du vaudeville à un genre plus relevé, devaient
produire *Froufrou*, la moins ambitieuse, la plus
aisée et la plus charmante des « grandes comédies ».

L'héroïne est adorable, et si vivante ! C'est déjà la
femme de cette fin de siècle, mais prise, si je puis
dire, dans sa période de formation, au moment où
elle n'est pas encore irrémédiablement sèche et perverse. Depuis, nous avons vu Paulette, qui n'a presque
plus de cœur ni de sens, qui n'a guère que de la
curiosité. Froufrou a encore en elle de quoi aimer et
de quoi souffrir. Mais, en attendant qu'elle meure de
ce qui reste de bon dans son âme d'oiseau, c'est un
petit animal délicieusement frivole, avide de mouvement et de bruit, chez qui les impressions sont si

mobiles et se succèdent avec une telle rapidité qu'on peut se demander si elle a bien le temps d'être une personne morale, d'avoir une conscience, un for intérieur et tout ce qui s'ensuit; exquise d'ailleurs, et qu'on adore pour sa gentillesse, sa vivacité, sa fragilité, son inutilité. Ces petites créatures-là sont attirantes justement par le mystère de leur vide et par le vertige de leur mouvement perpétuel. Elles ont un charme irritant; il y a quelque chose de presque douloureux dans l'impossibilité de les saisir, de les fixer, de les tenir. On les aime désespérément...

« Fragilité, fugacité, caprice, votre nom est femme! » cela est vrai; mais, si vous dites : « Femme, ton nom est douceur, dévouement, sacrifice », cela sera vrai encore; et voici, en face de Froufrou, la douce Louise, sa sœur, la grâce et la bonté sereine en bandeaux plats et en robe noire, Louise la résignée, à qui je prête involontairement le doux, modeste et pur profil de la *Jeune Fille* d'Hippolyte Flandrin, vous savez? celle qui est au Musée du Louvre. Entre Louise et Froufrou, Sartorys n'hésite pas : comme il est d'un caractère sérieux et un peu concentré, c'est naturellement la folle et l'évaporée qu'il choisit, ne se doutant pas que Louise l'aime, et que Louise, ce serait le bonheur... Dès lors, voyez comme tout le drame se déroule aisément et logiquement. Froufrou s'habille, babille, brille et froufroute. Elle répète des comédies avec son père, cet aimable Brigard, le plus

moderne et le moins grave des pères. Et, comme elle
ne s'occupe ni de sa maison, ni de son enfant, ni de
son mari, la bonne Louise, appelée par Froufrou
elle-même, s'installe au foyer et lentement, doucement, sans le savoir ni le vouloir, lui prend sa place.
Cependant, ce qui devait arriver arrive : Froufrou
est tentée ; elle croit aimer M. de Valréas ; elle est
prise de peur ; elle veut changer de vie et réclame la
place qu'elle a abandonnée à sa sœur. Mais son mari
refuse de la prendre au sérieux, et la traite comme
une petite fille — ou comme une maîtresse. Qui donc
la sauvera? Son père? Il est trop jeune, il ne comprend pas, ou il a peur de comprendre. Son fils? Il
est avec tante Louise. Louise lui a tout pris, son
mari et son enfant. Ah! c'est comme cela? Personne
ne veut la défendre? Elle ira donc où tout le monde
la pousse. Et c'est par un dépit de linotte que Froufrou se perd. Pauvre Froufrou! Quelle merveille que
ce troisième acte! La scène de Froufrou avec Sartorys,
puis avec Brigard, la scène entre les deux sœurs,
que de finesse et d'exactitude dans toute cette observation morale! et quelle vie et quelle vérité dans ces
dialogues! et comme tout cela s'enchaîne et se développe naturellement et aisément, jusqu'à la fuite
éperdue de la pauvre petite folle! Je ne sais s'il y a,
dans tout le théâtre contemporain, rien de plus
vrai, de plus fort, comme on dit, ni dont la force soit
plus souple et moins étalée.

Puis, les voilà à Venise, les deux pauvres amants,

dans la ville des gondoles, des romans et des romances.
C'est lugubre; ils s'ennuient; ils sont obligés de
faire des efforts désespérés pour se persuader qu'ils
se suffisent l'un à l'autre. « Êtes-vous heureuse?
demande M^me de Cambri à Froufrou. — Mais, oui;
qu'est-ce que je deviendrais, mon Dieu ! si je n'étais
pas heureuse! » Sartorys arrive; il rapporte à Froufrou
sa dot, qu'elle lui avait renvoyée : il n'en veut pas.
Puis il tue Valréas. Il est bien dur, Sartorys. Qu'il tue
Valréas, nous le voulons bien encore. Mais il devrait
comprendre, avoir un peu pitié de la pauvre Froufrou,
du moins avoir pitié plus tôt... Froufrou rentre chez
son père, mais elle est bien malade... Un jour, elle
revient chez son mari, suppliante, revoit son enfant
et meurt pardonnée. Il y a longtemps que nous lui
avons pardonné, nous. Bien sombre, ce dénouement.
MM. Meilhac et Halévy nous montrent une petite
phthisique, malheureuse comme on ne l'est pas, et
jolie comme les amours, qui se traîne à genoux, puis
qui retrouve son petit garçon et l'étouffe de baisers,
puis qui s'éteint doucement, — en disant des choses
si gentilles et si tristes... Et ils nous font pleurer avec
cela, les lâches ! Je pleure, du moins j'en ai grande
envie, mais je proteste contre un dénouement où l'on
abuse de mon bon cœur, et, un peu plus, je crierais
au mélodrame. — Eh bien ! j'aurais joliment tort.
Car que faire de Froufrou, je vous prie? La laisser
vivre? Non, non, je ne veux pas la voir vivre, avec
la plaie inguérissable d'un horrible souvenir et des

airs de pénitente et d'humiliée auprès de Sartorys, qui n'oublierait pas non plus et qui, sûrement, n'étant que d'une finesse médiocre, laisserait voir qu'il se souvient... Et puis Froufrou grave, sérieuse, austère, ce n'est plus Froufrou. Ou bien, si Froufrou reste au fond Froufrou, la leçon a beau avoir été rude, on n'est sûr de rien avec les petites femmes de cette espèce, et qui sait si elle ne recommencera pas? Décidément, le mieux est qu'elle meure. La mort, la douce mort la sauve à jamais de sa fragilité et ne nous laisse le souvenir que de sa grâce et de sa souffrance. Et puis, Froufrou, c'est un souffle, un frisson, un bruissement qui court, quelque chose qui fuit et échappe, qui ne peut pas durer longtemps. Je ne vois pas Froufrou vieille, j'ai même beaucoup de peine à voir Froufrou mûre. J'aime mieux qu'elle s'en aille.

Et la morale de la pièce? Il n'y en a point. Pas l'ombre de thèse, mais la vie comme elle est, de la vérité et des larmes, et, partout, une indulgente équité de moraliste clairvoyant. Sartorys est un excellent garçon : sa seule faute est d'épouser Froufrou parce qu'il l'aime, et de l'aimer trop; cette poupée de Froufrou a un fond de loyauté et de courage; Louise est la perfection même; Valréas est un galant homme; Brigard n'est pas un père fort respectable, mais il a bon cœur... Et voyez le résultat de la rencontre de tous ces braves gens : des douleurs, des désespoirs et des morts.

Personne n'est méchant, et que de mal on fait!

C'est la morale de *Froufrou*, s'il vous en faut une : en
sorte que ce drame, si moderne et si parisien, est en
même temps aussi largement humain qu'il se puisse

# MEILHAC

---

Palais-Royal : *Gotte,* comédie en quatre actes, de M. Henri Meilhac.

6 décembre 1886.

« De l'importance de l'unité d'impression dans les œuvres d'art, » on pourrait, sous ce titre, à propos de la nouvelle pièce de M. Henri Meilhac, récrire un chapitre d'esthétique qui ne serait pas neuf, — oh ! non, — mais qui continuerait d'être juste.

Voici, d'une part, un vaudeville excellent, d'une bouffonnerie audacieuse, imprévue, originale, avec ce fond d'observation qui ne manque jamais chez l'auteur de *la Petite Marquise.* Voici, d'autre part, une fine comédie de ton moyen, une pénétrante étude de sentiments, de beaucoup de vérité avec un grain de fantaisie. Chacune de ces deux pièces est bien près d'être une merveille en son genre. Mêlez-les ensemble et entrelacez-les, fût-ce avec l'art le plus consommé : il semble que cette opération ne leur puisse rien enlever de leur mérite ; et cependant il y a

des chances pour que, réunis et combinés, vos deux
chefs-d'œuvre ne vaillent plus tout à fait ce qu'ils va-
laient isolément. C'est que ces passages répétés d'un
ton à l'autre nous obligent à un effort, à un petit travail d'accommodation qui ne peut jamais se faire
assez rapidement et ne laisse point assez de sécurité
au plaisir que nous goûtons.

C'est, je crois, le cas pour *Gotte*. J'y ai pris un
plaisir très délicat et très vif, gâté par un peu de
trouble et d'incertitude. On me forçait trop souvent
à modifier l'orientation de mes esprits ; on substituait
trop vite une espèce de comique à une autre. Bref, on
me changeait trop soudainement mon plaisir. Renvoyé à chaque instant du vaudeville énorme à la fine
comédie et du sourire discret au rire fou, j'éprouvais
quelque chose des angoisses d'un volant entre deux
raquettes. Maintenant que je suis prévenu, il est pro-
bable qu'une seconde représentation de *Gotte* me
semblerait délicieuse. Je tâcherais de me munir, auparavant, d'une agilité d'esprit suffisante. Mais, la
première fois, j'ai été, çà et là, quelque peu décon-
certé. J'étais ravi, je me sentais chatouillé par tous
ces traits comiques, de qualité si rare et d'espèces si
variées, et je riais tout le temps ; mais, ballotté entre
des impressions trop diverses, je finissais par rire
aux anges, sans trop savoir de quoi, comme les
hydrocéphales et les petits enfants. C'est égal, ce
n'est pas une œuvre vulgaire qu'une comédie où il y
a tant de délicatesse et tant d'imagination bouffonne,

tant de fantaisie et de vérité, de sagesse et de folie, de gaîté et, tout au fond, d'amertume, — et dont le seul défaut, enfin, est dans l'excès même de sa richesse. Tâchons de nous reconnaître dans ce gaspillage. Le mieux est peut-être de vous raconter séparément les deux jolies pièces que M. Meilhac a écrites, croyant sans doute, l'insouciant! n'en écrire qu'une.

M. et M<sup>me</sup> Courtebec sont deux excellents époux, deux tourtereaux de cinquante ans. Ils vivent doucement, dans la bonne graisse d'un égoïsme bien tranquille, — chacun avec son vice qu'il entretient soigneusement. Le vice de M. Courtebec est la gourmandise : « Bonne humeur toujours et, quand on peut, bonne nourriture, c'est ma devise, » répète ce digne homme toutes les cinq minutes. Le vice de M<sup>me</sup> Courtebec est le jeu, particulièrement le poker. Elle a cette idée fixe qu'elle gagnera quelque jour une fortune et, quand elle perd, elle trépigne et braille comme un enfant en colère.

Les Courtebec ont pour cuisinière la jeune Gotte, une orpheline qui leur a été recommandée par le notaire Verduron. Gotte est tombée amoureuse de son maître pour l'avoir entendu fredonner l'air de Gounod : *Dans les sentiers ombreux*. Depuis, elle lui fait des yeux de carpe et lui donne quand elle peut des coups de poing dans le dos. Ces familiarités gênent un peu Courtebec; mais il les supporte : Gotte fait si bien les petits plats !

Or, un jour Gotte reçoit une lettre du notaire Ver-

duron, lui annonçant qu'un certain Benoît-Benoît,
mort au Chili, lui laisse dix-huit millions. Gotte se
fait lire la lettre par M^{me} Courtebec.

Dix-huit millions! M^{me} Courtebec en pâlit : « Ma
chère enfant, dit-elle à Gotte, M^e Verduron vous écrit
simplement qu'il se porte bien et vous exhorte à vous
bien conduire. » Dix-huit millions! Une cuisinière ne
peut pas hériter de dix-huit millions.

Ici la farce devient très belle, très hardie et vaguement effrayante. M^{me} Courtebec conte la chose à son
mari. La vision de tout cet or réveille instantanément
chez ces bourgeois de bonne vie et mœurs deux gre-
dins pleins d'inconscience et de sérénité. Très naturellement, ils ont tout d'abord l'idée de supprimer la
cuisinière... Mais ils ne s'y arrêtent pas, car ils sont
« d'honnêtes gens ». — « Voyons, dit Courtebec,
comment d'honnêtes gens s'y prendraient-ils pour
s'emparer de l'héritage de leur cuisinière? » Le meilleur moyen, c'est de l'amener d'abord, à force de
petits soins, à tester en leur faveur, avant qu'elle
sache l'aubaine qui lui est tombée du ciel. Et voilà
les deux époux qui caressent Gotte et qui la font
asseoir à leur table. Madame elle-même lui portera
son café au lait dans son lit, etc. En même temps ils
la pressentent, ils lui demandent ce qu'elle ferait si,
par hasard, elle héritait d'une grosse somme. « Oh!
dit Gotte en montrant le blanc de ses yeux, si j'avais
de la fortune, je la déposerais aux pieds de celui que
j'aime. »

Comme les mauvaises pensées s'engendrent l'une
l'autre avec une merveilleuse facilité, ce mot de Gotte
inspire au bon Courtebec un projet atroce. Puisque
Gotte l'aime, s'il divorçait pour l'épouser? C'est ce
qu'il essaye de faire entendre, en douceur, à M<sup>me</sup> Courtebec. Il faut dire, à sa décharge, qu'il a arrosé son
dîner d'une bouteille d'excellent chambertin et de
quelques petits verres... C'est égal, il y a un fond de
morosité sous la fantaisie folle de ce troisième acte.
Cela fait songer aux dernières scènes de *l'Affaire de
la rue de Lourcine;* mais, dans le vaudeville de Labiche, l'enchaînement des crimes de Lenglumé s'explique par la terreur; au lieu que c'est la fascination
de l'or qui fait pulluler les noirs desseins dans l'âme
des Courtebec. Cela est d'un comique violent, mais
non d'une grande gaîté. On fait de pénibles retours
sur la misère de la nature humaine. « Seigneur, dit
la prière chrétienne, ne nous exposez pas à la tentation. » Qui sait, monsieur mon voisin, si vous n'épou-
seriez pas Gotte? Et qui sait surtout si vous ne feriez
pas le petit mouvement du pouce qui supprimerait,
à trois mille lieues d'ici, le mandarin chinois et vous
donnerait une fortune? Et cette grosse M<sup>me</sup> Courtebec, qui souffle dans l'oreille de son mari l'idée scélé-
rate, et ce gros et pacifique Courtebec qui, une fois
parti et le chambertin aidant, ne s'arrête plus dans
la voie du crime... ne les avons-nous pas vus sous un
autre habit, dans les plus sombres drames? N'est-ce
pas Macbeth et lady Macbeth? N'est-ce pas le ménage

assassin de *Monte-Cristo* (j'oublie les noms)? J'exagère
à dessein mon impression. Mais il est certain que
*Gotte* ne vous secoue pas d'un rire innocent, libre,
aisé et purement hygiénique. C'est de la farce un peu
amère et un peu féroce; de celle qui se gaudit de
trouver l'humanité abominable, et de constater qu'il
n'y a souvent, entre les honnêtes gens et les coquins,
que l'épaisseur d'une occasion...

Au quatrième acte, M. Meilhac revient à un comique plus clément. Les époux Courtebec, en se réveil-
lant le lendemain matin, retrouvent sur l'oreiller leur
antique innocence. La veillée criminelle n'a été qu'un
mauvais rêve. Ils se repentent, ils se réconcilient.
Gotte, touchée des bontés de madame, a renoncé à
soupirer pour monsieur, et, quand elle apprend qu'elle
est dix-huit fois millionnaire, l'excellente fille les
plante là, comme il est naturel, pour aller tout de
suite se faire habiller en dame et acheter, à l'agence
de Truc-sur-Mer (vous ai-je dit que nous étions aux
bains de mer?) les vingt-sept villas qui sont à vendre.

Mais on apprend à la fin que la lettre du notaire
Verduron s'était trompée d'adresse. Elle était pour
M^{me} Lahirel, et c'est M^{me} Lahirel qui a reçu la lettre
d'amour écrite pour Gotte.

Cet échange de lettres est le seul détail par où le
noir, farouche et désopilant vaudeville que je viens
de résumer se rattache à l'exquise comédie qu'il me
reste à vous présenter.

Lahirel est un mari jaloux, mais d'une espèce ori-

ginale. C'est un jaloux plein de franchise et qui se
rend justice. Il a cinquante ans et sa femme en a
vingt. Il sait qu'elle est sage, mais il n'est pas tranquille. Il passe son temps à regarder Marceline; puis,
quand il l'a bien regardée, il se regarde et il compare, et il tire des conclusions. « Il est impossible
qu'elle m'aime et il est impossible qu'elle ne me
trompe pas... Moi même, si j'étais à sa place, je me
tromperais! — Mais alors, lui dit Courtebec, pourquoi l'as-tu épousée? — Eh! parce que je l'aimais.
On est si bête quand on aime! Je me sentais tout ra-
jeuni... jusqu'au moment où, selon l'usage, on nous
a laissés seuls! »

Il est touchant, ce bon jaloux. Et Marceline est
charmante. C'est une honnête femme qui aime tran
quillement son mari, parce qu'il est son mari, parce
que c'est un brave homme, parce qu'elle a de l'esprit,
de la raison et un tempérament calme, et aussi un
peu parce qu'il est jaloux. « Cela flatte toujours, dit-
elle, qu'un homme devienne si bête à cause de vous. »

Les adorateurs ne lui manquent pas. L'un d'eux la
poursuit jusque chez les Courtebec. C'est Alfred des
Esquimaux, un petit jeune homme pas méchant qui
a gardé un fond de candeur. Il fait sa déclaration.
Marceline se moque de lui, gentiment, et s'amuse de
son reste de gaucherie et d'innocence. Mais elle ne
lui enlève pas tout espoir. « Une femme, dit-elle,
peut manquer à ses devoirs pour trois raisons : 1º Si
elle est perverse. Or, je ne le suis pas. 2º Si son mari

est insupportable. Mon mari l'est, mais pas encore
assez. 3° Si l'homme qui l'aime est irrésistible. Êtes-
vous irrésistible? — Et que faut-il faire pour être
irrésistible? — C'est bien simple : me donner une
preuve d'amour à laquelle je ne puisse résister. »

A Truc-sur-Mer. Lahirel a changé de méthode. Il a
juré de ne plus surveiller sa femme et de ne plus être
jaloux; et il essaye. En réalité, il est plus jaloux que
jamais. « N'abuse pas de ma confiance, dit-il à Marceline... J'en ai si peu ! » Là-dessus arrive, à l'adresse
de Mᵐᵉ Lahirel, la lettre destinée à Gotte. Lahirel ne
peut se tenir de la décacheter. La lettre commence
par ces mots : « Délicieuse coquine. » Joignez que
Lahirel amène trois fois de suite neuf au baccarat.
Plus de doute. Il devient si « insupportable » que
Marceline, exaspérée enfin, se décide à ne plus attendre la « preuve d'amour » qu'elle exigeait au premier
acte. Elle-même le laisse comprendre à Alfred des
Esquimaux. Et alors, par un revirement imprévu et
pourtant naturel, le brave garçon, touché jusqu'au
cœur, et pris de pitié pour l'aimable petite femme,
lui remontre quelle sottise elle va faire et lui conseille
de rester fidèle quand même à son imbécile de mari :
« Eh quoi ! c'est vous, vous qui me parlez ainsi? dit
Marceline toute surprise. — Vous m'avez demandé
une grande preuve d'amour, répond le bon Alfred,
voilà ce que j'ai trouvé de mieux. — Ah ! s'écrie la
petite femme, c'est gentil ce que vous faites là !
Tenez, c'est trop gentil, il faut que je vous embrasse ! »

A ce moment même, le mari paraît. Vous l'atten-
diez. Cette fois, il demandera le divorce. Même quand
il sait que la « délicieuse coquine » était Gotte, et
que c'est Marceline qui hérite des dix-huit millions,
il persiste dans son dessein. Ce désintéressement
touche Marceline. Elle daigne alors se justifier, et
trouve des mots et un accent qui rassurent son jaloux.
« Alors, dit Lahirel, je ne suis pas trompé?... C'est
drôle, je ne puis pas me faire à cette idée-là ! »

On le voit, les deux pièces que je viens de raconter
n'ont aucun rapport entre elles, sinon qu'elles sont
nouées et dénouées l'une et l'autre par le même accident extérieur. Leurs scènes alternent régulièrement,
mais ne se tiennent point. Et elles paraissent d'autant moins se tenir que les deux pièces sont écrites,
comme j'ai dit, d'un style et dans un esprit sensiblement différents, — le vaudeville étant d'une folie dé-
bridée et d'un pessimisme éclatant, au lieu que la
comédie est d'une rare délicatesse et d'une cordialité
toute souriante.

J'attends que le Palais-Royal modifie son affiche
comme il suit : *Gotte*, comédie en deux pièces : 1° *les
Courtebec ou la Tentation*, pièce en trois actes, assez
courts; 2° *Lahirel ou le Jaloux corrigé*, pièce en un
acte, assez long. Je me hâte d'ajouter que, si M. Henri
Meilhac s'obstine à maintenir sa combinaison, je me
résignerai à goûter simultanément deux œuvres que
je préférerais savourer l'une après l'autre. Ce n'est
pas un si grand malheur, après tout, que de passer

dix fois de suite, dans la même soirée, du Meilhac
délicat au Meilhac délirant. On est un peu cahoté,
mais je vous assure qu'on s'y fait. Peut-être aussi
M. Meilhac a-t-il eu ses raisons pour s'en tenir à ce
plan un peu singulier, dont les inconvénients n'ont
pu lui échapper. Ces raisons, je les trouverais en les
cherchant, mais je ne les cherche pas, parce que je
les condamnerais tout de même... Et peut-être enfin
ai-je exagéré, par jeu et par malice innocente, l'indépendance réciproque des deux actions qui se dé-
roulent parallèlement dans *Gotte*, — tout de même
qu'une *Iliade* et une *Achilléide* se developpent côte à
côte dans l'épopée homérique.

# GONDINET

---

Comédie française : *Un Parisien,* comédie en trois actes, de M. Edmond Gondinet.

1ᵉʳ février 1886.

On me pardonnera d'avoir attendu huit jours pour parler d'*Un Parisien.* Au fond je ne suis pas fâché d'avoir attendu. La pièce m'avait fort amusé ; mais, qui sait ? si j'avais dû en rendre compte au pied levé, peut-être aurais-je été pris, comme plusieurs de mes confrères, d'une singulière honte d'y avoir eu trop de plaisir. J'aurais dit, comme les autres, qu'il y a là beaucoup d'esprit, mais qu'il n'y a point de pièce. Au lieu qu'en prenant mon temps j'ai pu découvrir le sujet d'*Un Parisien,* un peu d'étoffe sous les broderies, un peu de pâte solide sous la mousse légère des mots.

C'était une entreprise hasardeuse et imprudente que de faire jouer *Un Parisien* devant des Parisiens. Je crois que les spectateurs étaient sur leurs gardes et que beaucoup de Parisiens, vrais ou faux, étaient

14.

d'avance secrètement disposés à trouver « que ce
n'était pas cela ». Et ils l'ont trouvé, naturellement,
et ils ont même été bien durs pour ce pauvre Brichanteau. Sans doute, ils faisaient un retour sur eux-
mêmes : « Voyons, est-ce que je suis comme ça,
moi? » Et, en effet, ils ne sont pas comme ça; ils ne
font pas autant de mots que Brichanteau, et il y en a
beaucoup, parmi eux, qui n'ont jamais recueilli d'orpheline. — Ou plutôt ils avaient tous en tête je ne sais
quel type absolu du Parisien, et ils comptaient que
M. Gondinet le leur mettrait sous les yeux. Or, c'est
ce que ni M. Gondinet, ni personne ne pourra jamais
faire, et l'on comprend aisément pourquoi. Ce type
du Parisien par excellence devrait réunir les traits
communs à tous les Parisiens, et c'est de cela qu'il
serait fait tout entier. Or, ces traits se réduisent à
assez peu de chose. Ce sera, si vous voulez, une certaine tournure d'esprit, dégagée et un peu frivole,
l'habitude de la raillerie, un esprit d'ironie, de tolé-
rance et de détachement aimable... Et puis c'est tout.
Le parisianisme ne saurait donc constituer un caractère : ce n'est qu'une allure, une façon d'être, je dirais
presque *un accent*. Il y a assurément des Parisiens, et
il y en a même en province, et c'est à cet accent
qu'on les reconnaît. Mais un homme qui ne soit que
Parisien, mais le Parisien absolu, je ne l'ai jamais
rencontré et je ne puis même le concevoir.

Maintenant est-ce bien « *un* Parisien » que Brichanteau? Et le titre modeste de la pièce de M. Gon-

dinet est-il justifié? Pour moi il me semble bien difficile de refuser à Brichanteau l'accent de Paris. Il a,
au plus haut point, cette habitude de « persiflage »,
comme on disait au siècle dernier, de « blague »,
comme on dit aujourd'hui, qui caractérise éminemment l'esprit parisien. C'est, de plus, un épicurien
délicat, un dilettante, un nonchalant très ingénieux,
qui a su arranger et composer toute sa vie avec art
et qui tire doucement de Paris tout le plaisir qu'il
peut donner. Très égoïste, en apparence, très indulgent, très indifférent, très bon garçon, au reste spirituel en diable... Si vous lui refusez le nom de
Parisien, à qui le donnerez-vous? — Mais il s'applique
trop à être Parisien, et dès lors il ne l'est plus autant
qu'il le croit. — J'avoue que cette affectation ne m'a
pas frappé. — C'est donc que vous-même n'êtes pas
Parisien? — Alors nous n'en sortirons plus, à moins
de dire que cette affectation est plutôt du fait de
M. Coquelin aîné que de celui de M. Edmond Gondinet.

Il est vrai aussi (mais il le fallait bien) que Brichanteau est un Parisien d'une certaine espèce. C'est
un Parisien qui aime Paris et qui l'avoue, et cela lui
a fait tort. Il habite boulevard des Italiens; il vit
entre la Madeleine et la rue Drouot; il ne voyage pas;
il trouve que la verdure est déjà trop crue aux
Champs-Élysées; il reste des heures à sa fenêtre,
renversé dans un bon fauteuil, à écouter le bruit délicieux de son cher boulevard. Là-dessus, ceux qui se

donnent pour les vrais, les seuls Parisiens, se récrient
de pitié : « Ça, un Parisien? Allons donc! Máis un
Parisien demeure au parc Monceau ou dans le quartier de l'Etoile. Un Parisien voyage. Un Parisien passe
l'hiver à Monaco et l'été à la mer. Brichanteau est un
Parisien d'il y a cinquante ans, du temps de Roque-
plan ou d'Auber. Ou plutôt Brichanteau n'est qu'un
provincial. » Ces objections sont spécieuses. Mais,
outre qu'il faut tenir compte ici d'un peu d'exagération scénique, pourquoi Brichanteau ne représen-
terait-il pas une variété particulière du Parisien, je
veux dire le Parisien amoureux de Paris? Cette espèce
se fait rare, mais elle n'a pas complètement disparu,
je vous assure. Maintenant il est possible que ceux-là
surtout aiment chèrement Paris qui sont venus de
leur province et qui croient l'avoir découvert. Vous
vous rappelez que le Gascon Montaigne aimait la
grande ville jusque dans ses verrues. Brichanteau
appartiendra donc, si vous le voulez, à l'espèce des
Parisiens qui ne sont pas nés à Paris, et qui n'en sont
que plus Parisiens.

Le parisianisme de Brichanteau offre encore une
autre particularité. Ce Parisien, qui a le ridicule
d'adorer Paris, est de plus « un homme sensible ».
Sur quoi les Parisiens de tout à l'heure, se formant
sans doute du Parisien une image à la Balzac, rêvant
la Palférine, Rubempré ou tout au moins Morny,
haussent les épaules avec dédain devant ce candide
Brichanteau qui sait si peu la vie, qui recueille une

orpheline, comme dans les romans. qui la fait élever
par une gouvernante dans un coin de sa garçonnière
et qui n'a pas l'air de se douter que cela peut paraître
étrange. Mais d'abord il faut faire ici la part d'un peu
de fantaisie, comme dans certains petits chefs-d'œuvre
de MM. Meilhac et Halévy. Pour moi, ce rien de romanesque, mêlé à une vive esquisse de mœurs contemporaines, n'a rien qui me déplaise. On dit : « Cela est
absurde, cela ne se fait pas. Dans la réalité, votre
viveur n'aurait jamais l'idée saugrenue de s'embarrasser de cette petite. Au moins, si par un caprice
bizarre il recueillait Geneviève, la mettrait-il au couvent. » Mais Brichanteau ne nous dit-il pas lui-même
qu'il a plaisir à voir la petite « tripoter près de lui
ses pelotons de laine » ? M. Gondinet a justement
voulu que son Parisien gardât un joli coin de sensibilité et presque d'ingénuité. Et qui ne sait que ce
mélange de scepticisme et de tendresse se rencontre
en effet assez fréquemment chez les Parisiens? Les
exemples ne manqueraient pas s'il n'était indiscret de
les citer. On n'aurait pas de peine à découvrir chez
M. François Coppée, Parisien de Paris pourtant, et
dont la conversation manque étrangement de naïveté,
un fond de sensibilité et, peu s'en faut, de sensiblerie
populaire. Et, sous une forme littéraire très différente,
vous trouveriez un mélange analogue dans plus d'une
pièce de MM. Meilhac et Halévy, déjà nommés. L'auteur de *M*me *Cardinal* n'est-il pas aussi celui de l'*Abbé
Constantin?* Et j'imagine que vous ne traiterez point

M. Halévy de provincial. Enfin, nous avons tous
connu des boulevardiers « gobeurs » et qui n'étaient
point pour cela des sots.

Après cela, il me semble que le dessein de M. Gondinet est clair comme le jour, et qu'il fallait un peu de
mauvaise volonté pour ne point le voir. La « variété »
qu'il a voulu nous montrer est justement celle du
Parisien sensible. La pièce, si les sous-titres étaient
à la mode, pourrait aussi bien s'appeler : « l'Egoïste
généreux », ou « le Sceptique tendre », ou « le Boulevardier romanesque ». L'idée essentielle de l'auteur a
dû être de développer ce piquant contraste d'un esprit
ironique et d'un très bon cœur. Mais en même temps
il a voulu faire ressortir le parisianisme de son héros
par une opposition facile, en le fourvoyant en pleine
province, et peut-être ce long épisode obscurcit-il un
peu son dessein principal. Ce dessein n'est certes pas
difficile à démêler, mais je ne le trouve point marqué
assez constamment ni assez fortement, et ce serait là,
à mon avis, l'unique défaut de la pièce.

Mais, ce point accordé, M. Gondinet a certainement
imaginé les détails les plus propres à mettre en lumière le parisianisme spécial de Brichanteau. D'abord
son départ pour la province est plaisamment motivé.
Son nouveau propriétaire, M. Savourette, vient lui
donner son congé. Car M^{me} Savourette, au temps où
elle s'appelait M^{me} Valageot, a eu des bontés pour
Brichanteau qui a même fait décorer son premier
mari, et la bonne dame ne serait pas tranquille si

Brichanteau restait dans sa maison. Voilà donc notre
Parisien obligé de déménager : il est atterré et, par
un coup de désespoir, il se décide à suivre à Montauban des parents de province, M. et M^{me} Pontaubert
et leur fille Léonide, élève aussi diplômée que possible
du lycée de filles de Toulouse. On a dit : « Un Parisien qui a peur d'un déménagement, mais c'est
stupide ! Personne ne déménage plus facilement qu'un
Parisien ! » Pardon : je vous jure qu'il y en a que cela
ennuie. A entendre certains critiques, on dirait qu'un
Parisien est essentiellement un homme qui n'aime pas
Paris et que les déménagements amusent. C'est très
bizarre.

Voilà donc Brichanteau à Montauban. Les mêmes
farceurs qui avaient dit : « Ça, un Parisien ? » ont
dit : « Ça, la province? » Il est certain que ce n'est
pas toute la province, et qu'il y a là, d'ailleurs, comme
dans toute la pièce, une pointe d'exagération plaisante. Mais il me paraît aussi que M. Gondinet a su dégager précisément ce qui, dans la vie provinciale, doit
agacer le plus un Parisien de l'espèce de Brichanteau.
Ce que Brichanteau aime dans Paris, c'est la liberté
complète, une sorte de solitude charmante et toujours
amusée, la joie de faire ce qu'il veut sans se mêler de
ce que font les autres. Or, à Montauban, il ne peut
bouger sans que toute la ville braque les yeux sur lui.
Quarante-sept fenêtres surveillent le jardin des Pontaubert. Il ne peut faire un pas sans marcher sur une
convenance. On lui enlève Geneviève parce qu'il n'est

pas « convenable » qu'elle reste auprès de lui, et on la met en pension chez deux vieilles demoiselles qui lui disent pis que pendre de son tuteur. Avec son laisser-aller de Parisien, il compromet, sans s'en douter, M<sup>lle</sup> Léonide. M<sup>me</sup> Pontaubert la lui jette à la tête, les bijoutiers lui font des offres pour la noce, et la fleuriste, sans attendre la commande, lui envoie le bouquet de fiançailles...

Heureusement M. Savourette vient le tirer de là. Le digne homme a trouvé au fond d'un pot, sur la cheminée de son locataire, une photographie de M<sup>me</sup> Savourette. Très digne, il demande une explication : « Hé! dit Brichanteau, celle que vous a donnée M<sup>me</sup> Savourette est la vraie. — Et laquelle? — Il ne me plaît pas de la répéter. » Sur quoi, M. Savourette télégraphie à sa femme qui, rassurée par la discrétion de Brichanteau, consent à lui rendre son appartement. Et le Parisien reprend le train de Paris en emportant Geneviève.

Nous rentrons dans le vrai sujet de la pièce. C'est la vieille histoire du tuteur qui finit par aimer sa pupille. La donnée n'est pas neuve, mais elle est toujours excellente, car les conditions et les détails en peuvent être variés à l'infini. Déjà, à Montauban, Brichanteau a été très frappé de la gentillesse de Geneviève. A Paris il s'aperçoit, à l'attitude d'un ami, qu'il a fait sans le savoir une situation difficile à cette enfant. Après une scène où ce bon diable de viveur explique à Léonide Pontaubert, devant Geneviève, qu'elle doit se marier selon son cœur, et à quels signes une jeune fille reconnaît celui qu'elle aime, il découvre tout à coup qu'il aime, lui, la petite orpheline. Je l'avoue ingénument : cette scène, un peu artificielle, où le vieux boulevardier débite sa petite homélie entre les deux fillettes qui s'essuient les yeux, m'a paru gracieuse et piquante.

Je n'ai indiqué que le principal de l'action. Mais que d'épisodes réjouissants ! et, partout, que de jolis mots ! Je n'en veux pas citer un seul, car je n'aurais pas le cœur de choisir. Il est regrettable que tous ne soient pas, comme on dit, des « mots de situation », en sorte que plusieurs pourraient à la rigueur se détacher des scènes dont ils sont le très précieux ornement et se transporter dans quelque autre pièce. Oui, c'est vrai, et c'est vrai aussi qu'il y a dans *Un Parisien* un peu trop de froufrou et de papillotage. L'action pourrait se développer plus simplement et plus largement. Et j'aimerais, par exemple, que, en même temps que Brichanteau s'éprend pour sa pupille d'une tendresse croissante, il fût épouvanté des embarras, des dérangements de toute sorte que cette petite fille apporte dans sa vie si commode et si bien organisée d'égoïste raffiné. Une lutte s'engagerait au cœur du vieux Parisien, qui pourrait être plaisante et touchante. Mais, telle qu'elle est, la pièce de M. Gondinet m'a charmé. L'observation rapide s'y relève d'un aimable caprice d'imagination. J'aime Brichanteau, je le connais, je l'ai rencontré, et son cas m'in-

téresse. Le domestique Gontran, raisonneur et indulgent pour son maître, est une esquisse d'une touche
bien fine et bien moderne. Il est évident que M. Gondinet a trop d'esprit, mais je ne mets point d'amertume dans le reproche que je lui en fais. Il paye assez
cher cette intempérance, car c'est à cause d'elle que
sa pièce, qui est claire, n'est pourtant pas lumineuse,
puisqu'on a affecté de ne pas la comprendre. Mais, si
vous voulez bien vous pénétrer d'avance de ce qu'il a
voulu faire et de ce qu'il a d'ailleurs presque fait, vous
passerez à la Comédie française deux heures exquises.

# ERNEST RENAN[1]

---

L'*Abbesse de Jouarre*, drame, de M. Ernest Renan
(Calmann Lévy).

24 octobre 1886.

Le dernier livre de M. Renan a provoqué des accès
de pudeur bien divertissants chez un grand nombre
de pharisiens, ou de simples nigauds. Il y a deux ou
trois phrases qu'on se répète, d'un air à la fois scandalisé et émoustillé : la phrase de l'avorton, celle du
signe de la croix de la Bretonne... J'ai rencontré des
gens qui voyaient déjà l'auteur de la *Vie de Jésus*
enfermé pour sadisme dans ses vieux jours et occu-
pant ses journées à tracer sur le sable, du bout de sa
canne, des figures symboliques empruntées aux cultes
phéniciens... Il m'a été impossible, après avoir lu
l'*Abbesse de Jouarre*, de partager ces étonnements
vertueux ni ces sombres prévisions. C'est un livre
exquis, d'un grand charme, tout plein d'humanité, de

---

1 Cf *Les Contemporains*, 1re série (Lecène et Oudin).

bonté, d'indulgence, — et de candeur. M. Renan,
que beaucoup considèrent comme un Protée insaisis-
sable aux détours infinis, a toujours écrit ce qu'il
pensait et sentait, avec une franchise absolue. Et
c'est souvent par là qu'il a semblé extraordinaire. Il
n'a pas cru que sa très haute situation dans la science
et dans la littérature, la gravité et le caractère officiel
de ses fonctions, l'obligeassent à ignorer que la
femme existe, et qu'elle occupe une assez grande
place dans la vie des hommes. Le jour où il s'est senti
troublé et intéressé par la femme, il l'a dit. Seulement, ce jour-là a été pour lui un peu plus tardif que
pour d'autres. Puis, il venait à la femme avec des
dispositions particulières, déterminées par son éducation cléricale et par tout son passé. Et c'est pourquoi
il a eu, en présence du monstre, des impressions originales. Ces impressions, il les a exposées avec la
gravité, l'ironie et la grâce qui lui sont habituelles.
Mais il faut être étrangement frivole, gaulois au sens
le plus chétif du mot, disciple du Caveau et adepte
de la théologie de Béranger; il faut avoir l'esprit bien
mal fait et le nez singulièrement tourné aux frian-
dises banales pour flairer dans ces confessions ce que
quelques-uns y flairent. Pour moi, c'est justement ce
que je sens de scrupule et de pudeur chrétienne
tout au fond des hardiesses de l'*Abbesse de Jouarre*
qui me rend ce livre adorable. Je n'y trouve pas le
plus petit mot pour rire. Pour sourire, je ne dis pas.
L'*Abbesse de Jouarre*, c'est le retour aux bonnes lois de

nature d'un esprit qui s'en est éloigné dans la saison
où le commun des hommes y obéit le plus volontiers.
C'est donc un retour par le plus long, avec beaucoup de
complications et de cérémonies. Mais ces cérémonies
sont charmantes. Les bons boulevardiers, qui ont
pris tout de suite le plus court, jugent ce livre incon-
venant. Ils sont admirables ! Moi, je trouve le cas du
grand écrivain on ne peut plus intéressant, — je dirai
même touchant, pour peu que vous me pressiez.

Mais, avant de vous donner mes raisons, il faut
vous rappeler le sujet du drame. Il commence en
pleine Terreur. Julie de Saint-Florent, abbesse de
Jouarre, libre esprit et grand cœur, incrédule aux
dogmes chrétiens, mais fidèle aux rites de la religion
et de toute l'ancienne institution monarchique à cause
des bienfaits qu'elles ont apportés au monde, est
enfermée dans la prison de l'ancien collège du Plessis,
où elle attend la mort. Elle y rencontre le marquis
d'Arcy, qui l'a aimée autrefois, et à qui elle s'est
refusée, par dignité, et aussi parce que la liberté
d'esprit doit avoir pour rachat le respect absolu des
règles qui maintiennent l'ordre social. D'Arcy pensait
comme elle ; mais il estime que les circonstances les
délient de ce devoir : « Assignés pour une mort très
prochaine, nous sommes libres ; les lois établies en
vue des nécessités d'un monde durable n'existent plus
pour nous. » Julie ne trouve à lui opposer que son
orgueil : « Nous n'avons en ce moment à tenir compte
de personne ; mais jusqu'à la chute du couperet,

nous aurons à tenir compte de nous-mêmes... Voulez-
vous donc que je me présente devant la mort amoin-
drie à mes propres yeux? » D'Arcy lui répond :
« Vous croyez entrer plus grande dans l'éternité avec
votre attitude inflexible. Erreur, croyez-moi. Moindre
vous y serez... La vertu altière est chez la femme un
vice. Quelque chose vous manquera éternellement ;
éternellement, vous pleurerez votre virginité... » Julie
cède et s'abandonne, quelques heures avant le supplice.

On fait l'appel des condamnés; Julie a été rayée
de la liste. Un officier républicain, un des vainqueurs
de Fleurus, frappé de la beauté de son attitude devant
le tribunal révolutionnaire, a obtenu sa grâce. Mais
elle ne se croit plus le droit de vivre. « Je n'ai manqué à
mon vœu que quand je pouvais me croire déjà en la
possession de la mort. Je serais lâche, parjure, avilie,
si je profitais de ce sursis misérable. J'ai donné des
arrhes à la mort ; je payerai. » Elle essaye de s'étrangler avec son bandeau d'abbesse. On la sauve. Un
prêtre qui se trouve dans la prison, l'abbé Clément,
la force à lui faire sa confession. « Voyez, ma fille,
lui dit-il, le danger de prendre la vie plus haut que
ne le veut notre condition misérable... Vous avez eu
tort de raisonner avec le devoir. L'aspiration trans-
cendante est mauvaise en tout; oh ! vous devez maintenant le voir; heureux les simples! » Et il lui
impose pour pénitence d'accepter la vie.

Un an s'est écoulé. Julie est devenue mère d'une
petite fille. Elle gagne son pain en faisant des com-

missions pour deux marchandes de gâteaux du jardin
du Luxembourg. C'est là que La Fresnais la revoit.
Il lui demande son secret : elle le supplie de ne point
l'interroger et de ne plus la revoir. Six ans s'écoulent
encore. La Fresnais est devenu un très brillant général. Il a su le secret de Julie par le frère de l'ancienne
abbesse de Jouarre. Il accepte tout, car il l'aime toujours. Le frère de Julie intervient. « Chère sœur, il
faut en finir... Les temps que nous avons traversés,
et dont notre devoir à présent est de réparer les
ruines, ont été comme un interrègne de la nature...
L'homme n'a eu momentanément d'autre loi que
la noblesse de son cœur. Cette loi, qui ne chôme
jamais, vous l'avez observée... Je vous absous.
La Fresnais représente, en ce siècle naissant, un
principe excellent, l'anoblissement par la victoire...
Vous l'aimez... Épousez-le. » Julie, revenue au respect des formes établies, objecte ses anciens vœux.
Mais le premier consul a reçu du pape le droit de l'en
délier. Elle tend la main à La Fresnais.

Ai-je besoin de dire que la forme est ravissante ?
Des phrases courtes, où la même pensée est exprimée
par des formules de plus en plus surprenantes et
qui tout doucement aboutissent, sans qu'on sache
comment, à une dernière formule, d'une hardiesse
impertinente et tranquille ; puis, une phrase plus
longue, sinueuse et comme fluide, qui berce, ainsi
qu'un flot transparent, quelque claire image... Cela
est d'un art merveilleux. Au reste, cette langue indé-

finissable, tous les personnages la parlent plus ou
moins, — tous, jusqu'au geôlier et aux marchandes
de pain d'épices. Et quant aux autres... On entend
Julie, au moment le plus pathétique, alors qu'elle
doit haleter d'émotion, s'exprimer ainsi : « Qu'il en
coûte de se faire dans l'ordre moral une loi pour soi
seul ! » et d'Arcy : « Votre grande intelligence, sai-
sissant à la fois les pôles opposés des choses, a toujours séparé l'esprit de la lettre, l'institution de son
but idéal, la convention de ce qui la justifie. » C'est
une sorte de transposition philosophique du langage
de la passion. Et, d'autres fois, Julie et d'Arcy parlent
comme des héros de Diderot ou de Jean-Jacques :
« Arrêtez-vous, vous me percez le cœur... Oh! lutte
affreuse ! D'Arcy, vous me forcez à vous haïr ! » Il
est vrai qu'ils parlent aussi comme des poètes : « J'eus
pour elle une de ces amitiés d'enfance qui embaument
toute une vie et servent de chemin couvert à l'amour,
en permettant une douce familiarité. »... « Je toucherai
le rivage glacé, toute moite encore de tes baisers; je
m'assoirai dans la nuit, à peine séparée de toi. » Comment tout cela se fond, je ne sais, mais c'est un délice.

Si maintenant vous voulez pénétrer jusqu'au fond
de l'œuvre, vous la trouverez intéressante de deux
façons : par la bizarrerie de l'idée principale qui
reste obscure, ou du moins inexpliquée, et par l'étran-
geté du sentiment dominant qui, en revanche, est
fort clair et nous fait entrer assez avant, ce me
semble, dans l'âme de l'écrivain.

L'origine du drame paraît être dans cette page de la préface : « Je m'imagine souvent que, si l'humanité acquérait la certitude que le monde dût finir dans deux ou trois jours, l'amour éclaterait de toutes parts avec une sorte de frénésie; car ce qui retient l'amour, ce sont les conditions absolument nécessaires que la conservation morale de la société humaine a imposées, etc... » M. Renan a raison, et l'expérience a été faite : Thucydide nous raconte que, pendant la peste d'Athènes, les habitants de la ville, se sentant tous menacés d'une mort prochaine, se livraient aux débauches les plus effrénées... Mais quelles conclusions M. Renan tire-t-il de là ? C'est ici que l'incertitude commence.

Julie et d'Arcy, qui, pendant de longues années, ont lutté contre leur amour et considéré cette lutte comme un devoir, s'abandonnent tout à coup. Pourquoi? Parce qu'ils doivent mourir et que leur faiblesse devient sans conséquence, ne risque plus de troubler l'ordre social ni de faire tort à qui que ce soit. Ils n'ont plus à songer aux suites de leur acte. D'Arcy précise : ils sont bien sûrs de ne pas faire d'enfant. Il exprime cela par cette étonnante périphrase : « Le fruit de notre amour mourra avec nous, avorton de quelques heures, perdu dans le sein de la nuit infinie... » Et M. Renan approuve Julie et d'Arcy, on n'en saurait douter. C'est bien lui qui parle, sinon par la bouche de d'Arcy, du moins par celle du marquis de Saint-Florent.

La conclusion? Il semble qu'elle doive être bien modeste. M. Renan veut, sans doute, nous apprendre qu'il n'attache aucune idée de péché à l'œuvre de chair, laquelle n'est en soi ni bonne ni mauvaise, et ne devient coupable, en certains cas, que par les suites qu'elle peut avoir. Rien de plus. Cette opinion est radicalement antichrétienne, mais elle n'est pas prodigieusement originale. Et, pour tout dire, l'aventure de Julie et de d'Arcy n'a rien qui nous transporte. Ils se sont contenus jusque-là par décorum et par respect de l'ordre établi; du moment où ils ne risquent plus de scandaliser leurs frères ni d'ébranler les institutions, ils s'en donnent! C'est bien. Mais cela prouve, d'abord, que leur vertu leur pesait étrangement, puis, que cette vertu n'était qu'une vertu de politiques et n'avait pour fondement que l'intérêt social. Cela prouve enfin (songez donc! trois heures avant la mort!) qu'ils ont du tempérament. Ce sont deux philosophes positivistes pleins de santé. Nous n'avons rien à leur dire; mais nous n'avons pas non plus à les admirer. Ce qu'ils font est légitime, mais n'a vraiment rien d'héroïque. Il est toujours très facile, quand on n'est pas malade, de suivre certaines lois de la bonne nature.

Eh bien! il paraît que nous nous trompons. La conduite de Julie et de d'Arcy a quelque chose d'extrêmement élevé et, peu s'en faut, de sublime. Car « le bien est le but de ce monde, et l'amour est l'expression intense du bien ». Quel bien? Tout ce

passage est si équivoque qu'on peut très bien croire
qu'il s'agit ici de bien moral. Plus loin, d'Arcy dit à
Julie qui résiste encore : « Moi qui n'ai à sauver ni
l'honneur d'un Ordre, ni je ne sais quel vœu frivole,
je suis *plus grand* que vous. » En quoi plus grand ?
Je prends ma tête dans mes mains et ne trouve pas...
Quand la chose est faite. Julie dit à son ami : « Merci
pour ton acte de maître ! Tu m'as rendue *plus chrétienne* que je ne l'étais. » — En quoi plus chrétienne,
Seigneur ? Voilà un genre de baptême qui n'a été
prévu par aucun théologien. Pendant que Julie est
en train, que ne s'écrie-t-elle comme Pauline :

**Je vois, je sais, je crois, je suis dé... sabusée !**

Je comprends bien que d'Arcy et son abbesse ne
se sont pas ennuyés ensemble, et cela ne me fâche
point, et, s'il ne leur faut que mon absolution, je la
leur administre à pleines mains. Mais le sublime
de leur conduite m'échappe absolument. Ils appellent
ça « christianisme supérieur » et « aspiration trans-
cendante ». — « Voilà, aurait pu dire quelque contemporaine de l'abbesse de Jouarre, bien des affaires
pour une coucherie. » Revenir à la loi naturelle avec
ce fracas, voilà qui n'est guère naturel !...

Mais, au moment même où nous constatons ce
qu'il y a d'étrange et d'un peu obscur dans le livre
de M. Renan, nous touchons à ce qui en fait le charme
intime et rare. Cette bizarrerie s'explique par l'invincible sentiment de pudeur qui est, comme j'ai dit, au

fond de l'œuvre et qui paraît surtout par l'effort que
fait l'écrivain pour se mettre au-dessus.

Cette façon de prendre les choses de l'amour est
bien d'un ancien clerc, d'un homme en qui les ensei-
gnements de la morale chrétienne ont été profondément imprimés dans son enfance et dans sa jeunesse.
Si cet homme revient au *naturam sequere*, ce ne sera
jamais de la même allure ni avec la même sécurité
que ceux dont le christianisme a été superficiel et
éphémère. L'amour physique ne sera jamais pour lui
une chose toute simple et tout unie. Car, songez-y,
pour le vrai chrétien, et plus encore pour celui qui a
franchi le seuil du sanctuaire et s'est approché de
l'autel, la chair n'est que souillure, et ses œuvres
sont abominables en elles-mêmes, depuis la faute
d'Adam. Le plus grand péché; le péché par excellence, c'est l'impureté. Et l'impureté subsiste, même
dans le mariage, dès que les époux accordent quelque
chose au plaisir et font plus que n'exige la propaga-
tion de l'espèce. Cela est la pure doctrine chrétienne.
La chair est maudite. « Les dévots, dit la Bruyère,
ne connaissent de crime que l'incontinence. » Cette
remarque va loin... Mais que suit-il de là ? C'est que
le clerc ou le prêtre, émancipé, continuera d'attacher
une importance énorme à « l'œuvre de chair ». Et
même c'est le tranquille et libre accomplissement de
cette œuvre qui constituera pour lui l'émancipation
totale de l'esprit. Et c'est pourquoi Julie et d'Arcy, à
qui M. Renan a prêté involontairement son âme, font

tant de manières pour en venir là. Dans la réalité, un
gentilhomme et une abbesse incrédules du xviiie
siècle n'y auraient pas mis tant de façons. Les
empêchements dont ils nous parlent sont de ceux
qu'il est facile de lever. S'ils craignaient de scandaliser les simples, ils n'avaient qu'à prendre quelques
précautions ; et, s'ils avaient eu un enfaut, il leur
était aisé d'assurer son sort. S'ils étaient vraiment
des gens du siècle dernier, ils se seraient donnés l'un
à l'autre dès le premier jour. Mais l'esprit qui est en
eux c'est celui de l'auteur de la *Vie de Jésus ;* et, ils
ont beau dire, ce qui les a retenus, ce ne sont point
des raisons de convenance ni d'intérêt général, c'est
l'idée persistante et ineffaçable, encore qu'inavouée,
que le plaisir charnel n'est en lui-même que souillure
et péché. Et cela explique que la pensée de ce péché
suprême exerce sur eux une sorte de fascination, et
qu'ils en parlent tant, et que leur imagination s'y
enfonce et ne s'en puisse dépêtrer

Mais aussi, dès qu'ils ont consenti à ce qui reste
pour eux un péché, ils éprouvent le besoin invincible
d'ennoblir, de spiritualiser, de sublimiser un acte si
simple, de lui attribuer un caractère religieux, d'en
faire une espèce de sacrement mystique. Ils n'auront
jamais le courage de considérer cet acte tout nu, et
de le prendre pour ce qu'il est. Il faut absolument
qu'ils y fourrent Dieu, et le ciel, et l'infini. Et ainsi
ils demeurent chrétiens et tout préoccupés de pureté
et de pudeur chrétienne, au moment même où ils

offensent cette pudeur... « Plus que jamais, dit Julie
en sortant des bras de d'Arcy, je suis sûre que notre
passage à travers la lumière répond à une volonté
du ciel, et que l'ombre où nous allons entrer n'est
que le revers d'un autre infini, comparable au sein
d'un père. » Un peu avant, d'Arcy disait à son amie :
« Le don suprême s'est présenté à vous... », un peu
comme Jésus dit à la Samaritaine : « Si vous connais-
siez le don de Dieu !... » et, tout en remettant ses
vêtements en ordre : « L'amour, s'écrie-t-il, est la
révélation de l'infini, la leçon qui nous enseigne le
divin. » Au fond, ces mots n'ont aucun sens précis.
Qu'importe ? Il faut, à ces âmes incurablement chrétiennes, ce galimatias religieux pour se consoler de
leur chute.

Ainsi, ce qui rend ce livre si attachant et si singulier, c'est que l'amour charnel y est absous et glorifié
par un homme pour qui cet amour *a été* la suprême
souillure, et qu'on le sent à travers les hardiesses
trop préméditées de cette glorification inquiète. Et il y
a autre chose encore. Le livre est d'un homme qui
s'est trop tard soucié de l'amour. Si l'on sent du
trouble dans l'*Abbesse de Jouarre*, on y sent plus
encore du regret. Regret de quoi ? Laissez-moi vous
conter un apologue.

Il y avait autrefois, dans une ville de l'Inde, un
fakir très saint, nommé Valmiki, qui, dès son adolescence, s'était appliqué à dompter sa chair par les
macérations afin d'entrer vivant dans la paix du Nir-

vâna. Mais, un jour, ayant lu des livres étrangers,
il reconnut la vanité de son entreprise et cessa de
croire à ce qu'enseigne le Bouddha. Même il écrivit
des ouvrages où il démontrait que le Bouddha n'avait
point fait de miracles et qu'il n'était point Dieu.
Mais, en même temps, il professait une sagesse si
haute et si sereine, et ses écrits avaient tant de grâce,
qu'il se fit, dans la ville et dans tout le royaume, un
grand nombre de disciples et d'admirateurs.

Cependant, Valmiki continuait à vivre dans la
chasteté, afin que nul ne pût dire que c'était l'attrait
des plaisirs grossiers qui l'avait fait renoncer à ses
premières croyances. Mais, à mesure qu'il avançait
en âge, il semblait aimer beaucoup les femmes, et il
parlait d'elles, sans nécessité, dans tous ses livres
comme si elles l'eussent préoccupé très vivement. Et
il écrivait sur elles des choses si douces, si caressantes
et si délicates, que tous ceux qui le lisaient en étaient
charmés et troublés jusqu'au fond de leur cœur.

Or, un jour, une veuve de trente ans, qui s'appelait
Maïa, jolie, intelligente et riche, eut cette pensée :

— Si Valmiki parle ainsi des femmes, c'est sûrement qu'il regrette de ne les avoir pas connues dans
sa jeunesse. Il voudrait les connaître à présent; mais,
il n'ose, soit par timidité, soit parce que sa vie passée
et sa grande situation l'obligent à persister, par
dignité, dans son amère continence. Eh bien ! j'irai,
et je me livrerai secrètement à lui. S'il n'a plus la
jeunesse et la beauté du corps, il a la bonté, il a l'es-

prit, il a le prestige de la gloire et du génie, et il ne
m'en coûtera pas trop d'être son initiatrice. Enfin,
j'ai pitié de lui ; et je veux qu'il ait connu par moi,
avant de mourir, ce que n'ignore presque aucun des
autres hommes.

Maïa s'habilla de gazes légères et se parfuma soigneusement. Elle alla chez Valmiki à la nuit tom-
bante, s'assit auprès de lui, et l'interrogea sur quelque
points de philosophie. Et, tout en lui parlant, elle se
serrait contre lui, elle le grisait de son haleine, et,
enfin, elle lui passa ses bras nus autour du cou :

— Je sais, dit-elle, de quoi vous souffrez : prenez-
moi

Mais Valmiki se dégagea doucement et répondit :

— Vous vous trompez.

Par la fenêtre ouverte, qui donnait sur la campagne,
on pouvait voir, aux dernières lueurs du crépuscule,
une bergère de quinze ans, toute blonde et toute rose,
qui ramenait ses moutons.

Valmiki la montra du doigt à Maïa, et dit avec une
grande tristesse :

— Je voudrais avoir vingt ans et être aimé d'une
enfant pareille à celle-ci. Or, voilà ce que vous ne
pouvez me donner, ni vous, ni personne.

Et, comme Maïa s'en allait, toute confuse, elle en-
tendit Valmiki murmurer derrière elle une des phrases
de son dernier livre :

— Quelque chose te manquera éternellement; éternellement, tu pleureras ta virginité.

# LÉON TOLSTOÏ

*La Puissance des ténèbres*, drame en cinq actes, du comte
Léon Tolstoï, traduit par M. E. Halpérine (librairie
académique Didier)

6 juin 1887.

On est rassasié de livres; on croit qu'il n'est plus
possible d'en écrire de nouveaux et que tous ceux
qu'on pouvait faire on été faits. Les œuvres même des
plus habiles et des plus réputés de nos contemporains,
on les connaissait, semble-t-il, avant de les lire. On
les parcourt cependant avec un reste de curiosité, mais
sans que le cœur en batte plus vite ni que les yeux
s'humectent un instant. On jurerait qu'on a perdu à
tout jamais la faculté d'être ému par les choses im-
primées. Et cela arrive surtout au malheureux critique, qui n'a plus le droit de lire naïvement et pour
son plaisir, et qui n'ouvre plus un livre qu'avec l'ob-
sédante préoccupation de savoir « comment c'est
fait » et « ce qu'il en dira ». Mais un jour, tandis
qu'il feuillette avec une défiance tranquille et résignée

un ouvrage nouveau, — tout à coup il se sent pris.
Une pitié, une tendresse où une terreur l'envahit. Ce
que ce livre lui raconte, c'est peut-être une très
vieille histoire; et pourtant il lui semble qu'il ne la
connaissait pas. C'est comme s'il découvrait l'humanité. Et alors il pardonne à la littérature; il reprend
confiance; il se dit que l'art ne meurt point, et que
le monde a beau être vieux et toujours le même, toujours il se rajeunira au miroir de certains hommes
privilégiés, pour la consolation et le ravissement des
autres hommes. Il n'y faut que bien voir, sentir profondément, et avoir du génie.

Le drame récent du comte Tolstoï, la *Puissance des
ténèbres*, m'a donné cette surprise, ce coup au
cœur, et cette grande joie. J'en avais cependant commencé la lecture avec un parfait détachement, sans
désir d'admirer et d'être ému. Même je me disais
qu'on a beaucoup vanté ces Russes; qu'on a un peu
trop accablé, sous leur naturalisme évangélique, le
naturalisme curieux, sensuel et dédaigneux de nos
romanciers; que ceux-ci, sachant mieux choisir,
mieux lier, mieux composer, sont, après tout, de plus
grands artistes; que leur refus de s'attendrir et de
s'apitoyer trop visiblement n'est peut-être qu'une
pudeur ou bien une crainte de sortir de l'art, de nous
émouvoir à trop bon compte et par des moyens qui ne
relèvent pas de la littérature; que leur morosité même,
leur pessimisme, leur mépris des hommes est un sentiment très intéressant, très humain, et qu'enfin rien ne

nous empêche d'éprouver cette pitié qu'ils n'expriment
pas volontiers, mais que la tristesse et la brutalité de
leurs tableaux nous suggèrent... Ainsi je réclamais
pour mes compatriotes et je les voulais défendre contre
ces Slaves diffus, dés ordonnéset mystiques... Eh! ce
n'est pas difficile d'être mystique! Si nous voulions...
Et pendant ce temps-là, à travers la forme bizarre et
dépourvue pour nous de beauté proprement littéraire,
à travers la singularité et parfois l'obscurité de tour-
nures et d'images probablement intraduisibles, subitement l'âme de Tolstoï m'ébranlait d'une secousse,
s'emparait de moi et bientôt me possédait tout entier.

C'est loin, loin, là-bas, dans la Russie immense.
Là vivent des paysans plus primitifs, plus près de
la terre, plus ignorants que les derniers paysans de
France; de pauvres créatures ne roulant dans leur
cerveaux étroits qu'un très petit nombre d'idées, en
proie aux instincts élémentaires, et sur qui règne
vraiment « la puissance des ténèbres ».

Le drame qui se joue entre eux est extraordinairement brutal. Le « riche moujik », Petr Ignatitch, a
épousé en secondes noces Anissia. Il a une fille du
premier lit, Akoulina, « un peu dure d'oreille et un
peu idiote », et Anissia lui a donné une autre fille, la
petite Anioutka. Petr est de santé chétive et passe ses
journées à se traîner et à grogner sur le poêle de
l'isba. Anissia le hait et le malmène, et elle a pris
pour amant son valet de ferme, Nikita. Mais elle apprend que les parents de Nikita veulent le marier avec

une certaine Marina. « Écoute, Nikita, dit-elle, si tu
épouses Marina, je ne réponds pas de moi... Je me
tuerai. J'ai péché, j'ai violé la loi; mais à présent,
impossible d'y revenir... » Nikita, passif, promet ce
qu'elle veut et la prend dans ses bras...

A ce moment Matrena, la mère de Nikita (vous
allez certainement vous embrouiller dans ces noms,
mais ce n'est pas ma faute), Matrena entre « en faisant
des signes de croix devant les icones ». Elle a vu
Nikita et Anissia s'écarter vivement l'un de l'autre.
« Et moi, dit-elle, ce que j'ai vu, je ne l'ai pas vu; ce
que j'ai entendu, je ne l'ai pas entendu. Il s'amusait
avec une petite baba (femme). Eh bien! un petit veau,
ça s'amuse aussi. Pourquoi ne pas s'amuser? C'est
l'affaire de la jeunesse. » Et Matrena, ayant renvoyé
son garçon, conte à Anissia que le mariage dont on a
parlé ne se fera point: « Vois-tu, ma petite baie, le
petit... tu sais toi-même comme il aime les petites
babas... Et puis, il est beau, il n'y a pas à dire... Eh
bien! il vivait au chemin de fer. Là vivait aussi une
jeune fille comme cuisinière. Eh bien! elle s'amoura-
cha de lui, cette petite fille... S'est-il passé entre eux
quelque chose ou non?... Mais le vieux (le père de
Nikita) en eut vent... « Marions-les, qu'il dit, marions-les pour couvrir le péché... » Mais ne t'inquiète
pas, cela ne sera point... Notre petit-fils vit dans le
bonheur, attend le bonheur, et moi j'irais le marier à
une coureuse!... Nous ne voulons ni l'emmener, ni le
marier. Vous nous donnerez un peu d'argent, et, ma

foi, qu'il reste !... Je connais tout, ma petite baie, je
sais pourquoi les jeunes babas ont besoin de paquets
de poudre à faire dormir... J'en ai apporté... Je vois,
ma petite baie, que ton vieux va tourner de l'œil : et
comment vivrait-il? Si on lui donnait un coup de
fourche, il ne sortirait pas de sang. Et voilà qu'au
printemps tu l'enterreras sans doute... Il te faudra
bien alors prendre quelqu'un dans ta cour. Et mon
fils, pourquoi ne serait-il pas moujik?... » Et elle tend
à Anissia les paquets de poison, et Anissia les prend,
presque sans résistance.

Mais voici venir Akim, le père de Nikita. De tous
ces ignorants, celui-là est le plus ignorant et le plus
humble. Pour l'instant, le métier de ce pauvre homme,
si vous voulez le savoir, c'est de vider des fosses d'ai-
sances. Ce n'est pas un mauvais métier. Il en parle
avec la simplicité d'un enfant de Dieu. Et comme sa
femme fait la dégoûtée : « C'est vrai, dit-il, que tout
d'abord... taïè... ça suffoque pour ainsi dire ; mais on
s'y fait... C'est comme du marc, pour ainsi dire... et
puis on y gagne assez.. Quant à l'odeur, pour ainsi
dire, taïè... nous autres, nous ne devons pas y regarde trop près ; sans compter que rien n'empêche de se
changer. » La parole d'Akim, vous le voyez, n'est
qu'un balbutiement, un embryon de langage. A peine
ce pauvre homme est-il un homme. Pourtant il a
quelque chose à dire. Il veut savoir si c'est vrai que
son fils a séduit et trompé la petite Marina. Et
alors...

Alors c'est comme une lumière soudaine et surna-
turelle parmi ces « ténèbres ». Au travers de ses
« pour ainsi dire », de ses « taïè » et de son obscur
bégayement, ce misérable entre les misérables révèle
une âme sublime et sainte sans le savoir. Car chacun
de ses balbutiements exprime l'amour de la justice,
la bonté, la charité, la foi en Dieu. Ce pauvre homme
qui, seul, entre ces créatures d'ombre, porte en lui
cette lumière, la conscience, devient tout à coup grand
et vénérable. Il a des paroles, — bien simples pourtant, — qui viennent, on le dirait, de plus loin que
lui. On a la vision soudaine de la beauté morale,
dans les conditions les plus propres à faire sentir ce
que cette beauté a de mystérieux, d'inexpliqué, d'irrésistible et de divin. On a l'impression que cet être
si borné, si infime, possède la vérité éternelle, connaît seul le sens et le but de l'univers. Les bouts de
phrases informes qu'il émet péniblement prennent la
majesté d'une révélation. Toute cette scène est d'une
beauté incomparable ; je vous y renvoie, ne pouvant
la citer tout entière et ne voulant pas la mutiler. C'est
la plus dramatique et la plus saisissante mise en action de la pensée de Pascal : « Tous les corps, les fir-
maments, les étoiles, la terre et ses royaumes, ne
valent pas le moindre des esprits, car il connaît tout
cela et soi ; et les corps, rien. Tous les corps ensemble,
et tous les esprits ensemble, et toutes leurs produc-
tions, ne valent pas le moindre mouvement de charité ; car elle est d'un ordre infiniment plus élevé...

De tous les corps ensemble on ne saurait en faire réussir une petite pensée ; cela est impossible, et d'un autre ordre. De tous les corps et esprits on n'en saurait tirer un mouvement de vraie charité ; cela est impossible et d'un autre ordre, surnaturel. »

Nikita jure devant l'icone qu'il n'y a rien eu entre Marina et lui ; et, quand il est resté seul : « Je me suis senti comme poussé, dit-il, quand j'ai fait le signe de la croix devant l'icone. Comme ça, j'ai tout fini d'un seul coup. On dit qu'on a peur de jurer faux... Des bêtises, tout cela, des mots. C'est très simple. »

Là-dessus, Marina vient trouver Nikita. La douceur et la résignation de Marina ont le même caractère de simplicité absolue et de grandeur que la sainteté du vieil Akim : « Tu sais bien toi-même, dit-elle à Nikita, que je n'ai aimé personne que toi. Que tu m'épouses ou non, je ne t'en voudrai pas... Je n'ai jamais eu aucun tort envers toi : pourquoi ne m'aimes-tu plus ? pourquoi ?... Ce qui me peine, ce n'est pas que tu m'aies promis le mariage, mais que tu ne m'aimes plus... Tu m'as reniée ; tu m'as tuée ; mais je n'ai aucun ressentiment contre toi. Va avec Dieu ! Si tu trouves mieux, tu m'oublieras ; sinon, tu te souviendras de moi. Nikita, adieu, puisque c'est ainsi. » Elle veut l'embrasser ; il l'écarte avec violence. « Ah ! dit-elle en s'en allant, Dieu ne te donnera pas le bonheur ! »

Le second acte est effrayant comme un cauchemar. Petr s'obstine à ne point mourir, malgré la poudre

blanche. « Ah! dit Anissia à Matrena, pourquoi m'as-
tu donné cette poudre?.. Que j'ai peur! Oh! s'il pouvait mourir de mort naturelle! » Mais l'horrible
Matrena la rassure et la presse. « Une seule chose,
ajoute-t-elle. Ne dis rien de tout ceci à Nikita. Il est
bête ; Dieu préserve qu'il entende parler de cette poudre ; il ferait Dieu sait quoi! Il est trop sensible, lui,
tu sais : il ne peut pas même égorger un poulet. Ne
lui dis rien. Malheur! Il ne réfléchirait pas...» Ce qui
inquiète les deux femmes, c'est qu'elles ne savent
point où Petr a caché son argent, et que Petr veut
voir sa sœur Marfa, sans doute pour le lui remettre.
Enfin, Anissia découvre le magot dans les vêtements
du mourant... Maintenant, Marfa peut venir... Petr
meurt ; les commères arrivent. « Il faut appeler les
anciennes ; il faut apprêter le corps... Y a-t-il de l'eau
dans le chaudron ? N'en reste-t-il pas dans le samo-
var? »

Neuf mois après. — Nikita a épousé Anissia, et, presque tout de suite, est devenu l'amant de sa belle-fille
Akoulina. Ici, une scène fort curieuse. Le vieil Akim
vient pour emprunter une petite somme à son fils. On
lui dit que Nikita est allé à la ville pour toucher de
l'argent. Akim ne comprend pas. Le vieux valet de
ferme Mitritch lui explique laborieusement ce que
c'est que la banque. Akim, le bon chrétien, s'indigne :
« ...Comment! Dieu ordonne de travailler, et toi, pour
ainsi dire, tu places ton argent à la banque, et tu dors!
Et ton argent, pour ainsi dire... taïe... te nourrira!

Une infamie, pour ainsi dire ; ça... taïè... pas conforme
à la Loi. » Et, poursuivant ses réflexions naïves:
« Ah! oui, nous vivons dans un temps... taïè... Ainsi
le « sortir » (lieu d'aisance), pour ainsi dire, que j'ai
vu à la ville... taïè... comment a-t-on imaginé cela?
C'est poli, c'est lisse, pour ainsi dire: on dirait des
magasins.. taïè... Et à quoi ça sert-il? A rien!...
Ah! on oublie Dieu, on oublie, pour ainsi dire, Dieu..
taïè... Dieu!... » Cependant Nikita rentre, absolument
ivre, avec des cadeaux pour Akoulina.. Les deux
femmes échangent d'abominables injures. Akoulina
sait le crime d'Anissia et le lui jette à la face... Nikita
met Anissia à la porte, puis, dans un attendrissement
d'ivrogne, la rappelle... Le vieil Akim sort de la maison en secouant la poussière de ses pieds: « Tu es
pris, dit-il à son fils, dans la richesse comme dans un
filet, pour ainsi dire. Ah! Nikita, il faut avoir une
âme. » Et comme, un peu après, Akoulina offre le
thé à Nikita: « Non, dit-il subitement dégrisé; je ne
veux pas... Éteignez la lumière... Oh! que je suis
malheureux! que je suis malheureux!... »

Le quatrième acte dépasse tout en épouvante.
Akoulina est enceinte et est prête d'accoucher. Il faut
faire disparaître l'enfant, car Akoulina est demandée
en mariage par un garçon de bonne famille. Pressé
par sa mère et par Anissia, le malheureux Nikita
creuse une fosse dans la cave, reçoit le nouveau-né,
le met sous une planche et s'assied dessus... La scène
est pleine de mots terribles. « Descends dans la cave,

dit Matrena; creuse dans un coin une petite fosse; la
terre ést molle. Après, tu nivelleras de nouveau. Notre
petite mère, la terre, ne le dira à personne. Elle
nivellera comme une vache avec sa langue. Va
donc, va, mon fils. » Et Anissia: « Il m'a déjà assez
bafoué, avec sa gueuse. Mais en voilà assez. Au moins
je ne serai pas la seule... Il sera aussi un assassin...
Qu'il sache ce que c'est! » Et Matrena, pendant que
Nikita s'assied sur la planche: « Ho! Ho-o-o! On
aimerait mieux ne pas pécher, mais que faire? » Et
quand c'est fini, Nikita répète cinq ou six fois:
« Comme ils craquaient sous moi, ses petits os!
Krr... krr... Qu'est-ce qu'ils ont fait de moi? Il piaule
encore, parole, il piaule... — Ma chère petite mère,
aie pitié de moi. » Il boit de grands coups d'eau-de-
vie; mais il entend toujours les petits os craquer et
l'enfant piauler: « Il piaule toujours... Qu'est-ce qu'ils
ont fait de moi?... Où me sauver? »

Et il y a une variante à ce quatrième acte! Et je ne
sais si la variante n'est pas plus tragique encore que
la première version! Nous n'assistons plus au meurtre
de l'enfant. Nous sommes dans l'isba; la petite
Anioutka est couchée dans son lit, et le vieux Mitritch
sur le poêle. Anioutka a peur; elle a entendu les cris
du petit enfant; elle entend du bruit dans la cave...
Elle supplie le vieux de la prendre sur son poêle avec
lui; et le vieux, qui soupçonne ce qui se passe, berce
la petite avec de bizarres histoires, qu'il entremêle
de malédictions à l'adresse des « babas »... Mais,

lisez, lisez, je vous prie! C'est plus terrible, en vérité,
que *Macbeth* ou *le Roi Lear.*

Au cinquième acte, c'est la noce d'Akoulina. Nikita
reste dans la cour. Anissia lui fait horreur : il songe à
la tuer. Il songe aussi à se pendre. Et toujours il
répète : « Qu'ont-ils fait de moi? » Marina le rencontre;
elle est douce et résignée comme autrefois; elle a
épousé un vieux veuf qu'elle soigne bien, et dont elle
aime les enfants. Elle essaye de consoler Nikita : « On
ne vit pas sans chagrin. Mais on pleure, et ça passe...
Moi, je ne me plains pas de ma vie. Non, je ne me
plains pas. J'ai tout avoué à mon vieux, et il m'a
pardonné, et il ne me reproche rien. Je n'ai pas à
regretter ma vie; mon vieux est tranquille et gentil
pour moi; j'habille, je débarbouille ses enfants; et, de
son côté, il me comble d'attentions. Pourquoi me
plaindrais-je? C'est Dieu qui l'a voulu ainsi. — Ah!
dit Nikita, je n'ai eu de bon temps qu'avec toi : te rap-
pelles-tu comme les nuits nous semblaient courtes,
au chemin de fer? — Ne rouvre pas la plaie. Je suis
mariée selon la Loi, et toi aussi. Mon péché m'a été
remis: ne remue pas les vieux souvenirs. » — Les
discours de la bonne Marina éveillent une première
lueur dans l'âme obscure de Nikita. Les propos
d'ivrogne de Mitritch achèvent l'œuvre intérieure.
Cette phrase du vieux soldat l'a frappé: « Il ne faut
pas avoir peur des gens. » A ce moment, sa mère et
sa femme (à moitié ivres) l'appellent. Il entre dans la
salle du repas de noces et avoue publiquement ses

péchés. L'ouriadnik, qui se trouve là, veut l'arrêter
et « dresser l'acte » dès le commencement de sa confession. Mais le père, le vieil Akim intervient: « Toi,
pour ainsi dire... taïè... bouton de cuivre... pour
ainsi dire, attends. Laisse-le... taïè... dire tout, pour
ainsi dire... Ne parle pas maintenant de l'acte. Il y a
ici œuvre de Dieu... taïè... un homme, pour ainsi dire,
se repent, et toi... taïè... un acte !... Parle, mon fils,
dis tout. Tu te sentiras mieux. Épanche-toi devant
Dieu, n'aie pas peur des hommes. Dieu ! Oh ! le voilà,
Dieu ! » Et Nikita, ayant terminé sa confession, ajoute,
voulant sauver sa femme et sa mère : « C'est moi qui
ait tout fait. C'est moi qui ai conçu la chose, c'est moi
qui l'ai exécutée. Mène-nous où il faut; je ne dirai
plus rien. »

Tel est ce drame. Je n'ai pu vous en donner qu'une
analyse fort incomplète. C'est une œuvre d'une vie
intense, et c'est une œuvre de pitié et de foi. Cette foi,
le comte Tolstoï vous la communique. Si l'on pouvait
se reprendre, on dirait : — Je vois bien qu'Anissia est
criminelle par amour, Matrena par ambition maternelle, Nikita par faiblesse et parce que les fautes s'engendrent fatalement l'une l'autre; si bien que les
crimes de ces pauvres êtres paraissent presque involontaires. Mais je vois que les vertus d'Akim et de Marina
ne le paraissent pas moins. J'admire ces saints, j'ai
compassion de ces brutes; et après? Je doute fort que
dans la réalité ces brutes se transforment jamais, comme
Nikita, par le repentir, et je constate une fois de plus

que ce monde est mauvais ou, si vous voulez, inintelligible. — Mais, en y repensant, je me souviens que
Tolstoï a laissé veiller une petite lumière dans l'âme
ténébreuse de Matrena, d'Anissia et de Nikita: ils
savent et répètent qu'ils commettent le péché. A la
fin, cette petite lumière de la conscience se ravive (du
moins chez Nikita) à l'approche du grand foyer que
portent en elles les âmes saintes et modestes d'Akim
et de Marina. Et l'idée du drame est sans doute celle-
ci: « Les méchants (qui ne sont que des malheureux)
ont toujours en eux de quoi connaître Dieu et lui
revenir, — surtout si les bons aiment et plaignent les
méchants. » Cela me rappelle ces vers très candides
que j'écrivais il y a bien longtemps:

> Heureux qui sur le mal se penche, et souffre, et pleure,
> Car la compassion refleurit en vertus;
> Et sur l'humanité, pour la rendre meilleure,
> Nos pleurs n'ont qu'à tomber, n'étant jamais perdus.

Mais, pour cela, il faut croire que l'univers existe
uniquement afin que la justice y règne un jour entre
les hommes, et, pour que, en attendant, l'amour de
la justice (qui implique la pitié et la charité) soit engendré dans les âmes par l'épreuve même de la vie...
Croyons-le donc. Nous avons besoin que l'univers ait
un sens, et qu'il ait celui-là. Ce besoin, ceux qui
l'éprouvent le plus vivement sont les meilleurs d'entre nous: mais, puisque nous reconnaissons ceux-là
pour « les meilleurs », c'est donc que ce besoin est

16.

au fond de toutes les âmes. Il y est, quelquefois
bien au fond, mais il y est. Je m'y abandonne sans
honte, puisque, si je me trompe, c'est avec toute la
planète...

# HECTOR CRÉMIEUX

---

Théâtre de la Gaité : *Orphée aux Enfers*, opérette en quatre actes et sept tableaux de M. Hector Crémieux, musique de Jacques Offenbach.

28 février 1887.

Je ne me rappelle pas exactement le détail du mythe solaire d'où est sortie la légende d'Orphée. Sauf erreur, Orphée doit être le Soleil, Eurydice l'Aurore et Pluton la Nuit. Et Eurydice, ramenée des enfers par son époux, lui échappe dès qu'il se retourne, de même que l'Aurore s'évanouit aussitôt que le Soleil l'a regardée...

Les trois quarts des anciens récits inventés par les hommes ont ainsi pour origine l'observation naïve des phénomènes célestes; ils ne sont que de l'astronomie et de la cosmographie interprétées par des imaginations enfantines. Presque toutes les fables de la mythologie grecque, et jusqu'aux contes de ma Mère l'Oie, c'est, en dernière analyse, l'histoire du soleil, de l'aurore, des nuages, du jour et de la nuit, de l'hiver et du printemps. A vrai dire, il n'est pas de conte, de légende, voire de drame et de roman qui ne puisse se ramener à un mythe solaire ou météorologique. On y a ramené, comme vous savez, l'histoire de Napoléon, et je me fais fort d'y réduire les *Trois Mousquetaires* ou le *Vicomte de Bragelonne*. Et cela se comprend. Le ciel et les saisons n'offrent aux hommes que des images de vie, de mort, de fuite, de voyage, de lutte, de résurrection. Or, c'est aussi de cela qu'il s'agit toujours dans les drames humains. Les douze travaux du Soleil sont les douze travaux d'Hercule, et pourraient être les douze vengeances de Monte-Cristo.

Les anciens ne se doutaient guère et ne s'inquiétaient point, à ce qu'il semble, de l'origine et du sens primitif des belles légendes que les poètes leur racontaient. L'aventure d'Orphée n'était pour eux, du temps de Virgile, qu'une mélancolique histoire d'amour. Le jour même de ses noces, Eurydice meurt, piquée par un serpent. Son époux, armé de la lyre divine, va la redemander aux royaumes infernaux. Pluton consent à lui rendre l'aimée à la condition qu'il marchera devant elle et qu'il ne la regardera pas avant d'avoir atteint les plages de la lumière. Mais il se retournera, n'en doutez point. S'il ne se retournait pas, c'est qu'il l'aimerait faiblement. Il faut qu'il la perde de nouveau, puisqu'il l'adore ! Sentez-vous la tristesse et la beauté de ce symbole ? — Après qu'il l'a perdue, il passe ses jours et ses

nuits à la chanter, à l'appeler par son nom, le long
des bords désolés d'un fleuve du Nord, tel qu'un héros
des vieux poèmes germaniques. Et, alors, les Ménades
jalouses l'égorgent et le déchirent, et jettent ses
membres dans le fleuve. Mais sa tête surnage, et,
tandis que les flots l'entraînent, ses lèvres mortes
continuent de murmurer : « Eurydice ! Eurydice ! »
Et cette délicieuse histoire d'amour et de fidélité, qui
nous vient pourtant de la Grèce lumineuse, a, je ne
sais comment, par la mélancolie de ses détails, par
la profondeur du sentiment qu'elle traduit, un air de
légende du Nord ; et, si j'étais quelque peu érudit, je
chercherais, et je suis sûr que je trouverais, à ce
conte tragique et tendre des origines septentrionales.

Mais Orphée n'est pas seulement le parfait amant,
fidèle et épris jusque par delà la mort, c'est l'ancêtre
des poètes, le père de la civilisation, le législateur
inspiré qui rassemble les hommes, les déshabitue de
la vie éparse et sauvage, leur enseigne la douceur et
la concorde, et fonde la première cité. Si nous ne
connaissions ces choses depuis si longtemps, si notre
faculté de sentir et d'admirer n'était tout émoussée
par l'accoutumance, rien ne nous semblerait plus
beau ni plus grand que cette antique conception du
poète, plus fort par la lyre que les chefs primitifs
par les muscles et par l'épée ; que les lions suivent,
charmés, avec des lambeaux de chair entre leurs
dents, à qui les tigres viennent lécher les pieds, et
qui fait s'incliner en cadence, sur son passage, les

chênes et les grands pins : âme toute-puissante sur
les hommes, sur les animaux et sur la nature entière,
parce qu'elle est tout amour, toute sympathie et
toute bonté. Saluons avec humilité, nous, ses fils
indignes, ce lointain et magnifique patron des hommes
de lettres.

Poète et législateur, Orphée passait, en outre, pour
le fondateur de la religion la plus pure, la plus noble,
la plus « intérieure » et la plus sanctifiante que l'antiquité ait connue. C'est de lui, disait-on, que les
mystères d'Eleusis tenaient leurs rites et leur enseignement. Avant l'« orphisme », on croyait sans doute
à une vie future, mais inerte et sans châtiments ni
récompenses; l'idée de justice était encore confuse ;
on mettait le crime dans l'acte plus que dans l'intention, et l'ancien dogme rejetait le crime d'un seul sur
toute la famille ou la cité.

Les Mystères établissent le dogme de la responsabilité personnelle. Par eux, la vertu devient ce qu'elle
est restée : l'empire sur les passions. Ils enseignent
qu'on va à la félicité éternelle par la vertu, et à la
vertu par l'épreuve. Et ils ont leur culte, — leurs
« offices », leur « messe », — qui consiste dans la
représentation de deux drames symboliques : l'his
toire d'Eleusis et celle de Bacchus, l'évangile du blé
et l'évangile du vin.

Ils mettent en scène la douleur et la joie de Cérès
perdant et retrouvant sa fille, c'est-à-dire l'allégresse
et le deuil de la nature, selon que le grain est sur

l'épi ou qu'il est enfoui dans la terre. Mais la vigne,
outre la vertu de revivre qu'elle partage avec le blé,
en a encore une autre, et qui n'est qu'à elle. Du raisin
foulé sort le vin, qui donne l'ivresse poétique, qui
soulève l'âme au-dessus d'elle-même, et par qui s'ac-
complit l'union entre les puissances physiques et les
puissances morales. Ainsi, c'est un acte religieux que
de boire ensemble le vin ; c'est déjà une « communion »
mystique, car le vin est le sang d'un dieu. Et ce dieu
a souffert, a répandu son sang avant d'être assis dans
l'éternelle paix. Il a donné à ses fidèles l'exemple de
la purification par la douleur.

Dans la légende générale de Bacchus, il s'est formé,
en effet, une légende particulière : « Bacchus, fils de
Jupiter et de Proserpine, est confié aux Curètes ; les
Titans, quelquefois considérés comme ses frères,
trompent la vigilance de ses gardiens, le déchirent,
font bouillir ses membres dans une chaudière et s'en
repaissent. Mais Pallas leur dérobe le cœur et l'apporte
encore palpitant à Jupiter, qui reforme autour de ce
centre le corps de son fils, foudroie les Titans et
l'associe à sa gloire. Par cette légende, le principe
immortel de la vie se personnifie avec une particulière
énergie dans Bacchus ; les épreuves par où il passe
deviennent une *passion*, un drame plein d'émotions,
de crainte, de douleur, d'espérance et de joie. De
plus, cette histoire est la nôtre, car nous sommes nés
des cendres des Titans foudroyés, de ces cendres où
étaient mêlées avec la substance des monstres des

parcelles du corps du dieu. Dans cette origine
l'homme lit sa destinée : il doit séparer en lui les
deux éléments dont il est formé, le pur de l'impur,
Bacchus des Titans; cette purification, commencée
maintenant, continuée à travers des existences suc-
cessives, le conduira à l'existence finale, où, délivré
des misères humaines, il se reposera dans la béatitude
infinie. » (Bersot, d'après le *Sentiment religieux en
Grèce*, par M. Jules Girard.)

Les plus grands esprits de la Grèce antique furent
initiés à ces mystères. C'est l'orphisme qui a inspiré
à Eschyle ses *Euménides* et son *Prométhée*, et à
Sophocle son *Œdipe à Colone*. Tout le théâtre d'Euripide est imprégné d'orphisme. Et il est permis de se
demander, avec un peu d'inquiétude, si, après vingt-
quatre siècles écoulés, l'humanité a trouvé quelque
chose de mieux que cette morale et cette religion.
L'orphisme ne sépare point l'homme de la nature; il
l'y plonge au contraire; il nous fait sentir notre
parenté avec les choses et c'est aux phénomènes
naturels qu'il demande des images et des symboles
de nos joies, de nos douleurs et de notre vie morale.
C'est une religion charmante pour l'imagination. Et
c'est aussi une religion émouvante pour le cœur; la
« passion » de Notre-Seigneur Bacchus était célébrée
avec des chants d'amour et de deuil, des gémisse-
ments et des lamentations, puis des cantiques de joie
et des alleluias. Il semble bien que, dans ces Mystères,
commence déjà d'éclore le sentiment qui sera la

grande nouveauté du christianisme : l'amour de Dieu.
Et, enfin, cette religion est austère ; elle affirme nettement la responsabilité morale ; elle nous présente
la vie comme une expiation ; elle conseille même la
chasteté, elle en connaît le charme et le prix. L'Hip
polyte d'Euripide, ce pur représentant de l'orphisme,
a la pudeur et la gravité d'un jeune religieux. Il porte
à Diane, sa patronne, des guirlandes de fleurs, comme
font les jeunes filles aux autels du mois de mai ; et
les strophes qu'il lui récite ont la douceur et la piété
d'un cantique à la sainte Vierge. Vraiment le degré
de beauté morale, où pouvaient s'élever les hommes
par la doctrine d'Orphée, n'a guère pu être dépassé.

Et, en même temps, cette doctrine est si flexible
que l'esprit s'y meut à l'aise : les récits où les âmes
simples aiment à voir des réalités, les sages sont
libres de les prendre pour de beaux mythes et de
profonds symboles... Ce qu'une autre religion apportera, c'est le mépris de la nature, dont elle séparera
l'homme violemment, c'est un plus grand et plus
effectif amour de Dieu, c'est une plus grande pitié de
la condition humaine, c'est un accroissement de la
charité ; mais c'est aussi plus de tristesse, plus de
terreur, et l'obligation morale de croire à un dogme
précis, comme à la vérité absolue... Ah! cher Orphée, si délicieusement chanté par Virgile, j'ai, après
tout, le soupçon que tu n'avais pas dit à l'âme humaine le dernier mot qu'elle voulait entendre ; mais
comme on devait être bien dans ta petite église, et

quelle douce halte l'élite de l'humanité à dû y faire !

Je remercie M. Hector Crémieux de m'avoir fourni l'occasion de repasser ces beaux souvenirs, et je ne lui reprocherai point de les avoir profanés. Il pourrait me répondre que, s'il est le premier en France qui ait parodié les dieux de l'Olympe sous cette jolie forme de l'opérette (*Orphée* est antérieur à *la Belle Hélène*), les plus spirituels des écrivains grecs lui avaient donné l'exemple de cette impertinence ; qu'Aristophane, ce conservateur, a, le premier « blagué » les dieux ; qu'Euripide nous montre Mes-Bottes à table sous la figure d'Hercule dans la plus touchante de ses tragédies (*Alceste*), et que tout l'Olympe est traité avec la plus complète irrévérence dans les dialogues voltairiens (déjà !) de Lucien de Samosate. Il pourrait ajouter que Scarron et Perrault ont parodié l'*Enéide* et que Marivaux a travesti l'*Iliade*. Et il ne faut point s'indigner de ces libertés qu'ont prises d'aimables esprits avec ces dieux vénérables et charmants de l'antiquité grecque ; car ces dieux sont un peu les nôtres ; nous aimons à regarder les Grecs comme nos ancêtres intellectuels, et ce ne sont donc là qu'amusements de famille. C'est ainsi que les bonnes gens du moyen âge traitaient les saints avec un naïf sans-gêne, jugeant qu'ils ne s'en offenseraient pas et qu'on peut se permettre bien des choses avec les gens qu'on aime, et qui le savent. Nous ne commettons pas un si grand crime en tirant la barbe aux Olympiens, comme font les petits enfants aux vieux grands-

pères. Et j'alléguerai encore, en faveur de M. Hector
Crémieux, que sa parodie est restée ingénieuse, claire
et gaie, et que nous avons été fort contents de la
revoir l'autre jour.

Vous vous rappelez l'idée de cette parodie. Elle est
simple, elle est plaisante, elle est dans la pure tradition de l'esprit gaulois. A qui fera-t-on croire
qu'Orphée, ayant eu le bonheur de perdre sa femme,
n'ait pu s'en consoler et soit allé de lui-même la
redemander aux enfers? Aussi est-ce l'Opinion publique qui traîne le malheureux à la recherche d'une
compagne qui ne pouvait le sentir. Il convient aussi
qu'Orphée soit un mari trompé, le « cocuage » étant
le fond même du comique moderne. Et, à ce propos,
je voudrais bien qu'on me dise pourquoi cette situation du mari, qui depuis quatre ou cinq siècles nous
paraît si divertissante et qui défraye les neuf dixièmes
de nos fabliaux, de nos contes et de nos vaudevilles,
n'a jamais suggéré aux anciens la moindre plaisanterie; et pourquoi ce qui met en liesse Rabelais,
Molière, la Fontaine et Labiche, échappe à Aristophane, à Plaute et à Térence. Car, je ne crois pas
me tromper, le type de Sganarelle et les tradition-
nelles plaisanteries sur le cas de ce malheureux
appartiennent bien exclusivement au moyen âge et
aux temps nouveaux. Je pense qu'on en trouverait
les raisons en considérant ce qu'était le mariage et
ce qu'était la famille chez les anciens et chez nous.
Mais j'abandonne cette recherche à plus habile que

moi, car il y faudrait un érudit doublé d'un moraliste...

Le réveil des dieux, au commencement du second acte, est charmant. C'est une gentille idée d'avoir fait rentrer sournoisement, avant l'aurore, dans leurs palais de nuages, les déesses et les dieux coureurs de prétentaines terrestres : Vénus, Cupidon, Mars et Diane. Les rodomontades de Jupiter, les scènes que lui fait Junon, l'énorme déesse « calée » par tous les Olympiens, cela vous a une bonne odeur de littérature classique et rappelle aux honnêtes gens les gracieuses fantaisies d'Homère dans la divine *Iliade*. L'arrivée du pauvre Orphée, que l'Opinion publique pousse par les épaules, la visite de Pluton à son bon cousin Jupiter sont d'ingénieux prétextes à des tableaux et à des défilés qui, dans le papillotage d'un Olympe en clinquant baigné de lumière électrique, nous aident à ressaisir la vision de l'antique Olympe, de l'humanité divinisée, de la plus belle mythologie qui ait été créée par l'imagination des hommes. — La splendeur du spectacle et des décors, que notre esprit corrige et complète, suffirait à nous faire absoudre l'inoffensive impiété de la comédie. Et le si joli ballet des Mouches, au troisième acte, ne nous fait point sortir de la Grèce antique. Je songe à ce que devait être le chœur des Guêpes dans la comédie d'Aristophane, et je me rappelle que les Grecs avaient leur Jupiter chasse-mouche : *Zeus apomyos*. Et quelle adorable musique voltige sur tout cela, tantôt fine, pimpante et railleuse, tantôt rapide, violente et en-

diablée! La chanson d'Eurydice à Bacchus me remue
tout entier. Non, ce n'est point une chanson de grisette en petit bonnet, mais de bacchante couronnée
de raisins et ceinturée d'une peau de tigre; ce n'est
point un air du Caveau; c'est vraiment une mélodie
sacrée; elle ne s'adresse point au dieu de Panard et
de Béranger, mais je la vois monter vers le fils ressus-
cité de Zeus, vers l'Iacchos des Mystères... Et tout à
coup voici éclater la musique du cancan infernal, de
cet effréné quadrille dont Francisque Sarcey disait si
bien dans son feuilleton du 10 octobre 1881 :

« Vous l'entendez chanter à votre oreille, n'est-ce
pas? Est-ce qu'aux premiers sons de cet orchestre
enragé il ne vous semble pas voir toute une société
se levant d'un bond et se ruant à la danse? Elle
réveillerait des morts, cette musique. Comme ses
rythmes, tantô  sautillants, tantôt furieux, avaient
l'air d'être faits pour communiquer une trépidation
morale aussi bien que physique à ce public de désac-
cordés, pour qui la vie n'était qu'une manière de
danse macabre! Au premier coup d'archet qui sur la
scène mettait en branle les dieux de l'Olympe et des
Enfers, il semblait que la foule fût secouée d'un grand
choc et que le siècle tout entier, gouvernements,
institutions, mœurs et lois, tournât dans une prodi-
gieuse et universelle sarabande. »

Tel qu'il est aujourd'hui (et je ne regrette point
qu'on ait agrandi cette opérette jusqu'aux proportions
d'une féerie), *Orphée aux Enfers* est un de ces spec-

tacles qui occupent doucement tous les sens à la fois,
qui amusent l'esprit, sollicitent l'imagination, éveillent la mémoire et font surgir de ses profondeurs
toute une procession de beaux souvenirs. On y res-
sent un peu du plaisir qu'on a à relire Homère, et
beaucoup de celui qu'on trouve à regarder de belles
images. Cela réunit les charmes divers du harem, de
la parade, de la musique, des contes chers à nos
aïeux et de la poésie grecque. C'est une transposition
gauloise d'une fable antique, qui vous induit en
rêveries d'exégèse religieuse, cependant qu'on écoute
de la musique parisienne et que les yeux s'arrêtent
sur de gracieux corps féminins. On jouit obscurément
de trente siècles à la fois, car il n'y en a pas beaucoup moins entre le joueur de lyre Orphée et le com-
positeur Jacques Offenbach.

# GYP

ET LA

# VIE PARISIENNE

***

*Autour du divorce*, de Gyp (Calmann Lévy).

22 août 1886.

La *Vie parisienne* est, en effet, un journal très
parisien et qui, à cause de cela, ne se lit bien qu'en
province. A Paris on n'a pas le temps; et puis on a
Paris même. La *Vie parisienne* est un journal unique
et excellent, étant exclusivement consacré à l'étude
et à la glorification, parfois ironique, de la femme de
luxe, de la femme considérée comme le plus joli des
êtres créés, comme celui dont l'habillement est le
plus compliqué et dont la possession est le plus
recherchée; considérée enfin comme l'expression
suprême de tout ce qui, dans la civilisation contemporaine, tend à l'accroissement et au raffinement du
plaisir. Les études, en apparence frivoles, de la *Vie
parisienne* ont par là une grande portée. Car la
femme de luxe, à y regarder de près, suppose, résume

et révèle l'état social, les mœurs, la philosophie, le
tour d'esprit, et même l'industrie, l'art et la littérature d'une époque. Une société peut se trahir tout
entière dans le plus beau, le plus riche et le plus
cher de ses joujoux. Vous pouvez donc, si cela vous
fait plaisir, regarder les directeurs de la *Vie parisienne*
comme de grands moralistes sans le savoir, comme
des sociologues qui ne seraient pas de l'Institut.

La *Vie parisienne* est d'abord le recueil d'écritures
le plus profondément imprégné de cette *odor di
femmina* qui flotte sur le monde depuis qu'Ève s'est
dressée parmi les grandes fleurs du paradis terrestre,
ou depuis que Vénus a tordu ses cheveux ruisselants
de l'eau de la mer Ionienne. La *Vie parisienne* est le
seul moniteur intelligent, amoureux et vraiment renseigné, de la « mode » féminine et des chiffons
féminins. Vous n'avez pas oublié la remarquable
série d'études méthodiques qu'elle a publiées dans
ces dernières années sur les différentes parties de la
toilette des femmes (*Comment elles s'habillent*). Vous
avez pu mesurer avec stupéfaction à quel point l'antique feuille de figuier s'est compliquée. A dire vrai,
je crois qu'elle s'est plus compliquée en ce siècle que
dans tous ceux qui ont procédé. Si nous avions une
étude analogue, aussi savante, aussi précise, aussi
minutieuse, sur la toilette complète des femmes
vers la fin du siècle dernier, sentez-vous combien la
comparaison serait intéressante, et quelles conséquences un moraliste et un historien en pourraient

tirer ? Vous y verriez, je pense, nos arrière-grand'-
mères presque uniquement soucieuses de la partie
extérieure de leur habillement ; et, de ce culte croissant
pour ce que Philaminte appelait « une guenille »,
vous pourriez conclure, suivant les cas, soit à un
pervers raffinement de mollesse, soit au contraire à
un sentiment idéaliste et artistique, à un instinct per-
fectionné d'hermine, à un orgueil de la beauté qui,
s'il n'est point la pudeur, en fait souvent l'office.
Soyez certains que la complication et l'irréprochable
minutie des toilettes de Paulette d'Alaly sont pour
quelque chose dans sa vertu (une vertu purement
formelle, je l'avoue) et contribuent à la maintenir
dans sa froideur naturelle ou acquise. (Il est vrai
que Blanche d'Altorf a peut-être la même lingère et
que cela ne la protège point.) Quant au lecteur, si
vous voulez savoir quel obscur et subtil plaisir il
peut bien trouver dans ces descriptions, rappelez-
vous le petit Justin, ce Chérubin apothicaire, regardant Félicité repasser le linge d'Emma Bovary : « Le
coude sur la longue planche où elle repassait, il con-
sidérait avidement toutes ces affaires de femme
étalées autour de lui, les jupons de basin, les fichus,
les collerettes... — A quoi cela sert-il? demandait le
jeune garçon, en passant la main sur la crinoline ou
les agrafes. — Tu n'as donc jamais rien vu? répon-
dait en riant Félicité. » Or il ne s'agit ici que du
linge d'une petite bourgeoise du temps de Louis-
Philippe.

La *Vie parisienne* ne donne pas seulement la toilette, elle donne la femme. C'est Marcelin qui la dessine, à la page du milieu, d'un trait fort simplifié, un peu conventionnel et étrangement expressif. Ce n'est point Ève, Aphrodite, ni Chloé; c'est la femme telle que l'ont faite et pétrie des siècles de civilisation et de corset, très éloignée dans son anatomie des proportions naturelles et normales que nous présente la statuaire grecque, mais rapprochée de l'idéal de grâce et de beauté féminine propre à cette fin de siècle : quelque chose de délicat et de chiffonné dans les traits du visage, parfois quelque reste des principaux types ethnographiques de la race blanche, mais atténué, adouci, enveloppé; dans les lignes du corps une grande sveltesse, même une longueur excessive; la taille amincie, comprimée, jusqu'à renverser les proportions de la cage des côtes qui semble retournée; le buste et les hanches singulièrement amplifiés par cet article; bref, un dessin général qui, tout en allongeant le corps, en exagère les cambrures et les saillies significatives. En somme, c'est un peu la femme de Grévin, mais avec plus de mollesse. D'ailleurs, les jolies créatures que Grévin campe en trois coups de crayon immuables se rapprochent visiblement du type égyptien; tandis que les longues jeunes femmes de la *Vie parisienne* rappelleraient plutôt certaines statuettes florentines.

Mais, outre que la *Vie parisienne* nous renseigne avec abondance sur la plastique et sur le vêtement de la femme de luxe comtemporaine, elle la fait vivre et parler et nous montre ce qui s'agite autour d'elle. Ce journal qui semble écrit par un couturier, une lingère, un tapissier, un cuisinier et un parfumeur qui auraient du génie et de l'esprit ; ce journal qui, pour chaque détail de la vie élégante, nous révèle la mode de demain, tout en se moquant de la mode, nous offre en même temps, croquées d'un trait vif et juste, avec une pointe d'exagération railleuse, les plus amusantes scènes de mœurs contemporaines, de fins tableaux du monde et du demi-monde, du monde des cercles. du monde des théâtres. Songez que c'est à la *Vie parisienne* que nous devons ces chefs-d'œuvre : *Monsieur et Madame Cardinal* et les *Notes de M. Thomas Graindorge*, sans compter *Monsieur, Madame et Bébé*, un livre qui a été original, et qui est encore piquant et gracieux. La *Vie parisienne* a deux académiciens parmi ses anciens rédacteurs. Il n'a manqué, je pense, à M. Renan que l'occasion d'y écrire. Et encore telle page exquise sur la toilette des femmes, dans son *Marc-Aurèle*, pourrait servir d'épigraphe à certaines études de Marcelin. La *Vie parisienne* est assurément un des journaux les mieux écrits de Paris. Les honnêtes gens qui la rédigent parlent naturellement la meilleure langue, la plus saine, la plus vive, la moins prétentieuse. La *Vie parisienne* est le plus libre des journaux (je vous prie d'entendre « libre » au meilleur sens). Les rédacteurs y disent absolument tout ce qu'ils pensent. La critique des livres et des pièces de théâtre s'y fait, sous une forme fantaisiste, avec une grande indépendance de jugement et une malveillance universelle, mais sans amertume; et, parmi les railleries volontairement injustes et les caquetages impertinents, vous y trouverez souvent de bonnes vérités qui vous soulageront. Enfin la *Vie parisienne* est un journal éminemment bienfaisant et consolateur. Chaque semaine, pendant une heure ou deux, elle fait vivre ses lecteurs, même les plus humbles ou les plus solitaires, de la vie la plus somptueuse et la plus brillante, de la vie de Gaillac, de Montespan, de Poiseul, de La Balade, de Pourailles et de Parabère. Presque aussi bien que les romans de M. Georges Ohnet, la *Vie parisienne* révèle « le monde » aux déshérités qui ne le connaissent pas. Grâce à elle, Bouvard et Pécuchet peuvent se livrer en imagination à des débauches de la dernière élégance. Et comme se représenter les choses c'est en jouir, et peut-être mieux que quand on les tient; comme, d'autre part, la *Vie parisienne* mêle à ses tableaux les plus osés une ironie qui les empêche d'être des tableaux proprement « corrupteurs » et dangereux aux âmes, jugez quelle reconnaissance nous devons à cette feuille frivole.

Si j'en parle aujourd'hui, c'est que justement trois de ses rédacteurs ordinaires viennent de réunir en volume quelques-unes des fantaisies qu'ils y ont publiées, et que, ces fantaisies se développant souvent sous la forme du dialogue, on peut croire à la rigueur qu'elles relèvent de la critique dramatique.

Que dis-je! le nouveau livre de Gyp (*Autour du divorce*) en relève certainement ; car d'abord il est tout entier en monologues et en dialogues ; puis beaucoup mieux qu'*Autour du mariage*, il forme un petit drame complet qui a son exposition, son nœud et son dénouement. Même le dénouement y est amené par un de ces « retournements » que recommande M. Sarcey. Au fond, le sujet est le même que celui de *Divorçons*. Mais ce sujet-là est éternel et appartient à tout le monde. Vous le trouvez également dans la Bible (Ier chapitre de la Genèse) et chez M. Camille Doucet (le *Fruit défendu*). Il suffit que Gyp y ait mis sa marque, et je vous assure qu'elle y est.

Paulette d'Alaly, la Paulette que vous connaissez, en a assez de son mari Elle ne l'a pris que pour être libre; et sans cesse M. d'Alaly, excité par la vieille marquise, la gêne, la contrarie, lui fait des scènes. Elle veut divorcer; mais comment s'y prendre? Voilà Paulette à la Librairie nouvelle, puis à la librairie de la place Dauphine, achetant toute une bibliothèque de livres sur le divorce. Il faut, pour qu'elle puisse divorcer, que son mari se soit rendu coupable d' « injures graves » et de « sévices ». Elle les aura! Elle parvient un jour à se faire dire par M. d'Alaly, devant témoins, qu'elle a une «conversation de fille ». Voilà l'injure grave. Une autre fois, dans un bal, elle l'exaspère à ce point qu'il lui serre le bras un peu fort ; et voilà les sévices. Elle court chez

un avocat, qu'elle ahurit et ensorcèle. Le tribunal
« permet d'engager l'instance ». Enquête, interrogatoire des témoins. Visite de Paulette aux trois juges :
puis plaidoyers et jugement. Le divorce est prononcé...
Peu de temps après, Paulette rencontre M. d'Alaly
dans le monde. Maintenant qu'il n'est plus son mari,
elle le trouve charmant; il l'est devenu en effet,
depuis qu'il n'a plus à surveiller sa femme. Elle va
chez lui un soir, en secret, comme chez un amant...
Ils se remarieront. Pour combien de temps ?

Paulette est exquise et étourdissante. Elle mène
son affaire avec une impétuosité, une décision, une
audace, une crânerie, une impertinence, un esprit,
un dédain des conventions et des convenances !...
Paulette est une figure ou, si vous voulez, une figu-
rine qui restera. Premièrement, elle est jolie à
croquer et réalise le type féminin le plus moderne,
celui qui appartient peut-être le plus en propre
à ces dix dernières années, celui d'un être quelque
peu androgyne, très féminin par le caprice, la ner-
vosité et l'illogisme, mais masculin par l'allure,
par le dédain du sentiment, et un peu aussi par le
costume. Contraste piquant, où l'élément garçonnier
fait ressortir l'autre, rend la femme plus tentante et
plus savoureuse. Puis Paulette est amusante, et même
comique. Le comique vient ici de ce que Paulette,
appartenant à un monde où certaines convenances et certains préjugés sont encore très puissants, et qui même ne subsiste encore que par

eux, passe continuellement par-dessus, avec une
audace toujours neuve et imprévue et une espèce
de sérénité dans l'insolence. Et l'effet est d'autant
plus grand que Paulette elle-même a l'air, physique-
ment, d'un produit fabriqué, d'un objet artificiel :
en sorte qu'on est « suffoqué », comme elle dirait,
de trouver ce libre esprit, ce mépris du convenu,
cette indépendance absolue de jugement chez cette
poupée de luxe. Paulette, c'est en somme Froufrou,
mais une Froufrou née vingt ans plus tard. Elle est
beaucoup plus mal élevée, plus savante et plus
hardie que Froufrou. Elle représente un phénomène
social dont on ne pouvait encore observer, au temps
de Froufrou, que les premiers symptômes : le
« monde » cessant de se prendre au sérieux, se
« blaguant » lui-même, blaguant ses propres rites et
les conventions qui le protègent. On avait déjà vu
quelque chose de cela vers la fin du siècle dernier :
mais c'était moins complet. Paulette est essentiellement irrespectueuse. Paulette est une révolutionnaire.
Paulette, avec ses gilets d'homme taillés par Worth
ou Doucet, est presque une nihiliste. Et voyez ce qui
la distingue profondément de Froufrou et quel chemin
a fait, depuis vingt ans, l'héroïne de Meilhac et d'Halévy. Paulette n'est plus capable de la faute et de la
folie de Froufrou. Elle n'a pas de faiblesse. Cette
petite créature immorale reste « vertueuse » par
froideur de tempérament, par sécheresse de cœur, et
aussi par une espèce de désenchantement universel

et anticipé. Un soir, sans amour, sans désir, par un
coup de tête, elle donne rendez-vous à un de ses adorateurs. Elle va jusqu'à la porte, et ne monte pas.
« Est-ce assez cocasse, hein?... C'est bien plus difficile
qu'on ne croit de se mal conduire ! puisqu'il est convenu que ça s'appelle se mal conduire. Et pourtant je
me raisonnais, je m'activais... Ah ! ouiche ! impossible
de se décider ! » Et plus loin, à son mari : « C'est
vous qui êtes cause de tout, vous m'embêtez tellement
que je n'ai plus l'entrain nécessaire pour me venger. »
Et enfin, quand l'idée du divorce lui est venue :
« Divorcer ! c'est-à-dire avoir la paix, pouvoir aller
et venir tranquillement, parler à celui-ci, ou à celui-
là... sans être accusée de... fornication !... je suis
absolument décidée à divorcer !... puisque je ne suis
pas capable de faire autre chose ! Enfin, on ne peut
pourtant exiger que je tourne mal... si ça m'est
désagréable ! » Et la voici peinte par elle-même :
« Que voulez-vous? Je suis folle, capricieuse, fantasque, et par-dessus tout rêveuse. — D'Alaly, stupé-
fait : Rêveuse? Vous ? — Chercheuse, si vous préférez
un autre mot... Oui... je m'imagine toujours que ce
que j'ignore doit être supérieur à ce que je sais...
que ce que je connais est ennuyeux et ce que je ne
connais pas amusant... que les choses défendues
sont d'adorables choses puisque, pour les faire, on
risque toutes les autres... » Qu'est-ce à dire? Paulette
est une curieuse, une « cérébrale », comme on dit
dans l'argot d'aujourd'hui. Une âme plus vieille et

plus usée que les rues, une âme ironique, incapable de
joie, incapable de foi, incapable d'amour, incurablement blasée et éternellement inquiète — l'âme de
la vieille humanité parvenue au moment aigu de
l'âge de la critique, qui est peut-être pour elle « l'âge
critique », vit, enveloppée d'une grâce malfaisante,
dans ce corps de poupée. Et c'est pourquoi Paulette
est immense ; Paulette est une marionnette presque
symbolique... Croyez-vous que son second mariage
dure longtemps ? Elle n'aura peut-être pas d'amants.
Mais plût au ciel qu'elle en eût ! C'est qu'un peu
d'innocence lui serait revenue.

Tout autour de Paulette s'agitent des silhouettes
très vivantes, esquissées d'un trait juste et rapide :
Gaillac et Montespan, M. d'Hautretan, les avocats et
les juges. La station de Paulette à la Librairie nouvelle, son expédition rue Dauphine, sa rencontre
avec le magistrat galant et « nouveau jeu » qui demeure rue Monceau, l'interrogatoire et la déposition
de la duchesse de Corda-Potencia, la scène des plai-
doiries et du jugement, et bien d'autres encore, ont
ce ragoût parisien, offrent ce mélange de fantaisie
imprévue et d'observation exacte que nous aimons
tant dans les meilleures pages de Meilhac et d'Halévy.
Vous trouverez seulement, chez Gyp, quelque chose
de moins serré, de plus aventureux, de plus « va
comme je te pousse ».

Je serais curieux de voir au théâtre cette comédie
légère et capricieuse d'*Autour du divorce*. Je l'y trans-

porterais telle quelle. L'action, très simple, marche-
rait lentement, s'embarrasserait à chaque instant de
petits incidents inattendus, comme dans la réalité. Le
décor changerait à chaque scène, comme dans un
drame de Shakespeare. Dans l'acte où Paulette rend
visite aux trois juges rue de Condé, rue Férou, rue
de Monceau, il y aurait trois changements à vue :
pourquoi pas? Je garderais les innombrables monologues où Paulette exprime tout haut ses réflexions
intimes. C'est une convention nécessaire. Il n'y a pas
de meilleur moyen de nous faire connaître ce qu'un
personnage ne peut, avec vraisemblance, dire à
d'autres. Ainsi, je chercherais le plus de vérité possible (sans exclure la fantaisie) dans le fond et dans
la conduite du drame, et en même temps j'admettrais
autant de convention qu'on voudrait dans les procédés
qui nous mettent ce drame sous les yeux. On revien-
drait ainsi à une forme dramatique très élémentaire,
et cela semblerait charmant aux honnêtes gens qui
se moquent d'une action corsée. *Autour du divorce*
serait, sur un sujet moins triste, une tentative ana
logue à celle de *Sapho* l'an dernier, et même déjà
beaucoup plus hardie. Il est temps de chercher du
nouveau, car voyez : le théâtre languit, et les pièces
qu'on nous fait encore selon les anciennes formules
ne nous intéressent presque plus.

# LA DÉCORATION

## DES COMÉDIENS

---

19 juillet 1886.

On vient de décorer M. Porel pour le zèle qu'il apporte à diriger l'Odéon, pour son amour des bonnes lettres, et parce qu'il a perdu beaucoup d'argent, dit-on, avec le *Songe d'une nuit d'été*. C'est bien. On devait décorer M. Maubant pour la longueur de ses services, la sagesse de son talent et son respect de la tradition. Ç'eût été bien aussi[1]. Cela ne me choque en aucune façon que l'on décore les comédiens.

La plus grande partie du public n'a pas toujours été de cet avis et n'en est peut-être pas encore. Nos gouvernants non plus, à y bien regarder. Ce ne sont pas des comédiens qu'ils ont décorés jusqu'ici, mais des professeurs du Conservatoire. Le détour est puéril et en réalité personne ne s'y trompe; mais ce détour s'explique et doit être excusé. La décoration des comédiens est parfaitement fondée en droit et en bonne logique : mais, en fait, il y a contre eux, aujourd'hui

---

1. M. Maubant a été décoré depuis.

encore, un préjugé instinctif et invincible. On veut
honorer leur talent, mais non leur métier. On s'en
tire comme on peut, par une cote mal taillée.

J'ai essayé déjà de démêler les raisons de ce
préjugé que beaucoup d'honnêtes gens ont conservé
à l'endroit des artistes dramatiques. J'ai rappelé que,
dans la Grèce antique et dans la France du moyen
âge, le fait de monter sur les planches n'entraînait
aucune déconsidération, parce que ce n'était point
alors un métier, mais un service gratuit et volontaire,
et que tout le monde pouvait être comédien pour un
jour. A Rome, au contraire, et chez nous à partir du
XVIIᵉ siècle, depuis que les comédiens font de leur art
« métier et marchandise », ils peuvent être admirés,
acclamés, enviés, ils peuvent être aimés des femmes,
ils peuvent exciter une curiosité infiniment flatteuse
pour leur amour-propre ; malgré tout, un peu de mé-
sestime s'attache à leur profession. César fait monter
Labiénus sur le théâtre pour le déshonorer. Ce que
Bossuet, dans sa fameuse lettre, condamne surtout,
c'est, plus encore que l'immoralité des pièces, l'im-
modeste exhibition ; Bossuet dit : la prostitution de
corps purifiés par le baptême. C'est par le même sentiment que les mères très chrétiennes disent à leurs
petits enfants que c'est un péché de faire des grimaces ou de mettre un masque et que cela fait pleurer
la sainte Vierge.

Le préjugé dont les comédiens continuent d'être
victimes est à la fois romain, féodal et chrétien.

On juge que se montrer publiquement pour de l'argent afin d'amuser les autres hommes et là, sur des tréteaux, exprimer des idées et des passions qui ne sont point les vôtres, faire semblant d'être ce qu'on n'est pas, c'est se manquer à soi-même, c'est violer en soi la dignité du citoyen, de l'homme libre et du chrétien racheté par un Dieu. Et c'est pourquoi les Romains considéraient les acteurs comme des hommes incomplets, « décapités » (*capitis diminuti*) ; c'est pourquoi nous concevons mal qu'une certaine fierté délicate, une certaine noblesse d'âme se puisse accommoder du métier de comédien ; c'est pourquoi un gentilhomme qui monterait sur les planches nous semblerait y descendre ; c'est pourquoi enfin (sans parler des autres raisons), les prêtres ne feront jamais que tolérer les comédiens.

Voilà le préjugé, autant que je le puis saisir dans ses origines cachées[1]. Or ce préjugé est injuste, de

1. Ce préjugé est moins fort contre les femmes, et avec raison. Il semble, en effet, qu'en jouant la comédie elles compromettent moins que les hommes leur dignité. Car elles sont dans la vie beaucoup plus naturellement comédiennes; l'on n'a point coutume d'attendre d'elles autant de sincérité qu'on en exige des hommes, et dès lors elles ont moins à mentir pour jouer un rôle. Et de même, en s'exhibant sur les planches elles pèchent moins gravement que les hommes contre la pudeur. Car justement une part de leur fonction dans la société est de s'exhiber pour plaire aux yeux, et nous approuvons qu'elles s'attifent, qu'elles s'habillent de riches étoffes, qu'elles se parent de bijoux et qu'elles découvrent leur gorge : toutes choses que les hommes ne font point et ne sauraient faire, j'imagine, sans un peu de ridicule.

La conclusion s'impose. S'il est vrai que les femmes, en

quelque côté qu'on l'envisage. Car, si c'est le salaire
qui diminue les comédiens, ils redeviennent donc des
hommes, au sens complot du mot, les jours de repré-
sentations de charité ; ils ont donc une dignité inter-
mittente ; et, d'autre part, les moins payés sont donc
les moins « diminués ». Si c'est en prenant un masque, en revêtant des personnages étrangers, qu'ils se
font tort dans notre estime, les jours où par hasard
ils jouent un rôle conforme à leur caractère, les jours
où ils ont l'occasion d'exprimer les beaux sentiments
qu'ils seraient capables d'éprouver, les jours où ils
ne mentent plus, ils retrouvent donc la tête que leur
enlevait la loi romaine ; et — conséquence bizarre,
— M. Maubant, qui ne joue que des rôles de vieillards
héroïques, est fort supérieur, moralement, à M. Coquelin, qui joue les Crispin ou les duc de Septmonts
et n'exprime presque jamais que des sentiments d'un
cynisme épouvantable. Enfin, si c'est en s'exhibant

montant sur les planches, s'exposent à une moindre diminution morale que leurs compagnons, il serait à souhaiter que
les femmes seules exerçassent une profession trop préjudiciable
à la dignité masculine. Au lieu qu'autrefois, en Grèce, à
Rome, et même en France jusqu'à Louis XIII (sauf exception),
c'étaient des hommes qui jouaient les rôles de femmes, les
femmes à leur tour pourraient jouer tous les rôles, y compris
ceux des hommes. Ne serait-ce pas charmant? J'en éprou-
verais, pour ma part, une grande joie et comme un soula-
gement de conscience. Car, si je loue les comédiennes avec
plaisir, je me trouve un peu gêné pour louer les comédiens :
je ne sais quelle pudeur chrétienne, ou féodale, ou romaine,
me fait souffrir pour eux et m'empêche souvent d'aller jusqu'au
bout de mon éloge. (25 janvier 1886.)

tout entiers devant de nombreux spectateurs que les
comédiens compromettent leur dignité d'hommes,
que dirons-nous des prêtres, des avocats, des orateurs
politiques et des conférenciers? — Mais ceux-là, la fin
qu'ils se proposent les absout : ils ne s'exhibent que
dans une pensée d'intérêt public. — Eh ! les comédiens également ! Il est aussi utile d'amuser ses contemporains que de les instruire et de les éclairer. Et
voyez : à le bien prendre, les comédiens se « prosti-
tuent » moins évidemment (au sens latin du mot) que
les autres hommes chargés de magistratures publi-
ques ; car ce que l'acteur expose, ce n'est plus son
corps à lui ; c'est, par une convention, par une fiction nécessaire, le corps du personnage qu'il représente, de Mascarille ou d'Agamemnon. Le corps du
comédien, ce n'est plus lui-même, ce n'est que la matière de son art. Et enfin il y a une raison qui emporte tout. Vous admettrez, j'imagine, que l'art
dramatique est une des plus belles et des plus glorieuses manifestations du génie humain ; d'autre part,
vous pensez que les pièces sont faites pour être jouées.
Or, comme il n'y a point de théâtre sans comédiens,
l'intérêt supérieur de l'art dramatique les couvre, les
absout, les sauve de toute indignité Que dis-je? ils
sont les seuls qui, tout en consacrant à l'art leur intelligence et leur cœur comme les écrivains et les
poètes, lui consacrent, en outre, leur personne physique et lui immolent toutes leurs pudeurs comme les
danseurs et les gymnastes. Ces martyrs ne méritent

point notre dédain et méritent mieux que notre indulgence.

S'ensuit-il qu'ils puissent mériter le ruban de la Légion d'honneur ? que le talent de nous amuser, non par des œuvres qu'on tire de son propre fond, mais simplement par la récitation mimée des œuvres d'autrui, doive être honoré publiquement et solennellement ? — Si le ruban rouge ne s'accordait qu'à la vertu, au dévouement, à l'héroïsme, la question serait tranchée ; je ne plaiderais point alors pour les comédiens, et même il me déplairait de voir le même signe sur la poitrine de Tabarin et sur celle du chevalier d'Assas. Car, comme dit Pascal, il y a trois ordres : celui des corps, celui des esprits, et celui de la charité, et ces trois ordres n'ont point entre eux de commune mesure. Mais justement la Légion d'honneur a été instituée pour récompenser des mérites qui n'ont guère de mesure commune, pour honorer toutes les supériorités, quelle qu'en soit l'espèce, — à condition qu'elles n'aient point un caractère notoirement immoral. Et rien n'égale, en effet, la diversité des raisons pour lesquelles on décore nos concitoyens. On décore l'un pour son talent, l'autre pour son succès ; celui-ci, tout jeune, parce qu'il est dans la diplomatie ; celui-là, tout décrépit, parce qu'il s'est assis trente ans sur un rond de cuir ; un autre parce qu'il a fabriqué beaucoup de chocolat, ou parce qu'il pense « bien » en politique, ou parce qu'il est le fils de son père. On décore le nom, la situation, les

opinions, l'âge ; il n'y a vraiment aucun motif pour ne
pas décorer le talent de dire et de mimer de la prose
ou des vers.

Mais alors il faut aller jusqu'au bout. Il faut décorer les comédiens, non comme fonctionnaires, mais
comme comédiens. Il faut renoncer à des hypocrisies
superflues. Est-ce le poète, est-ce le conteur qu'on
vient de décorer en M. Armand Silvestre ? Point ;
c'est le bon employé du ministère des finances. Cela
est admirable ! On a jugé que le fonctionnaire puri-
fiait le conteur et excusait le poète. Il faut honorer
les rimeurs parce qu'ils riment, et les comédiens parce
qu'ils jouent la comédie. Et peu importe le théâtre,
peu importe le genre, du moment que l'excellence de
l'artiste est reconnue. J'ajoute : peu importe le sexe.
Pourquoi ne pas décorer aussi les comédiennes éminentes ? Cherchez une raison : vous n'en trouverez
point. Je demande qu'on décore M. Coquelin d'abord
(peut-être cela le fera-t-il rester : ainsi l'on prend avec
du drap rouge les rainettes innocentes) ; puis M. Dupuis, des Variétés, et M. Baron. Je demande qu'on
décore M<sup>lle</sup> Reichemberg, mais aussi M<sup>lle</sup> Réjane et
M<sup>lle</sup> Mily-Meyer. Et qu'on ne s'en tienne pas aux artistes qui parlent. Les muets ont du bon. Je demande
qu'on décore les Hanlon-Lee et M<sup>lle</sup> Carmen. Pourquoi pas ? Il est aussi utile, et plus difficile assurément, de donner l'exemple de la souplesse et de l'a-
gilité que « l'exemple de la fortune », pour parler
comme M. Victorien Sardou. Le talent d'un excellent

18

gymnasiarque suppose, outre la conception d'un
certain genre de beauté, autant d'efforts et autant de
qualités morales (courage, sobriété, patience), que la
possession de la richesse, même acquise par le travail et non héritée. Je vous assure que je parle très
sérieusement.

Maintenant les comédiens ont-ils raison de tenir tant
que cela à être décorés comme de simples bourgeois?
C'est une autre question. M. Henry Fouquier et quelques autres sages ont expliqué maintes fois aux acteurs qu'ils feraient beaucoup mieux de rester dans la
situation exceptionnelle que leur métier et les préjugés même du public leur ont faite. Et je crois aussi
qu'à en vouloir sortir ils perdraient plus de privilèges
qu'ils ne conquerraient d'avantages. Même en leur
cédant, le préjugé ne désarmera pas : on se moquera
d'eux un peu plus et l'on sera moins indulgent. Ou
bien on s'habituera tellement à les traiter et à les
juger comme des notaires, qu'ils trouveront eux-mêmes que c'est trop. Mais quelle rage ont-ils donc d'être
officiellement honorés et d'attacher à leurs pourpoints
bergamasques et à leurs habits de carnaval les signes
conventionnels du respect public, — quand ils ont
déjà tant de choses, et ce que n'ont point les autres
artistes : l'ivresse de l'applaudissement immédiat et
direct ? A leur place, je serais fier d'être « à part ». Je
laisserais aux chefs de bureau, aux diplomates et aux
marchands de bois, je laisserais à la société régu-
lière les distinctions banales qu'elle m'offre de si mau-

vaise grâce. Je songerais à mes aïeux du *Roman comique*, ces joyeux déclassés, et je ne voudrais point les trahir en mendiant la considération des bourgeois. Je dirais à mon ancêtre Gautier-Garguille : « De ta suite, j'en suis ! » Je penserais : « Quelque chose de plus grand que moi excuse et glorifie l'offrande publique que je fais de mon corps. Je suis en dehors du troupeau, comme le prêtre ou le soldat. On me refuse ou l'on me marchande ce qu'on prodigue à M. Perrichon ? Tant mieux ! Je n'en veux pas. » Et je dirais fièrement comme François Villon :

> Nous deffuyons honneur : il nous deffuit,

et je ne reculerais même pas devant le refrain de la ballade :

> Dans ce... tripot où tenons notre estat.

En résumé, je pense qu'on a bien tort de refuser la croix aux comédiens. Mais je pense également qu'ils ont bien tort de la demander. Qu'ils prennent garde que ni M. Sarcey, ni M. Zola, ni M. de Maupassant ne sont décorés (je cite les noms qui me viennent) ; et ils regarderont leur propre boutonnière d'un œil plus serein.

Mais ils me répondront sans doute qu'ils ne sont point forcés d'être plus philosophes que les neuf cent quatre-vingt-dix-neuf millièmes des autres Français. Et je leur pardonnerais même de l'être moins, car leur métier ne les prépare guère à la philosophie ni au mépris des vanités.

Il y a en France trois principales façons de penser et de sentir, touchant le ruban de la Légion d'honneur.

Je ne parle de la première que pour mémoire. C'est celle des sages accomplis, des hommes complètement détachés des vanités humaines. Ils sont en fort petit nombre. Ceux-là, — chose étrange, invraisemblable, — ne désirent point être décorés. Ils jugent d'abord qu'il y a certains mérites qui se trouvent assez récompensés (quand ils le sont) par le respect, l'estime ou l'admiration spontanée du public, et qui même ne sauraient être récompensés autrement; que, d'ailleurs, les gens chargés de distribuer ces distinctions honorifiques sont très souvent incompétents pour discerner ceux qui en sont dignes, en sorte qu'ils se trompent une fois sur deux — au moins — soit en honorant la médiocrité, soit en oubliant le mérite. J'ajoute que les philosophes austères qui pensent ainsi sont en général des esprits absolus, des Alcestes qui apportent dans leur dédain des distinctions extérieures beaucoup de parti pris, et à qui leur détachement procure de grandes jouissances d'orgueil. Ou bien encore, s'ils font peu de cas de ces décorations, c'est qu'elles ne peuvent plus leur apporter aucun avantage ; c'est qu'ils sont au-dessus par leur réputation, ou qu'ils sont trop vieux pour accueillir une récompense qui devient presque ridicule quand elle vous arrive dans l'âge de la décrépitude.

La seconde attitude est celle des sages tempérés, de ceux qui disent : — Moi, cela m'est égal d'être décoré ;

mais cela ferait tant de plaisir à ma famille ! Puis
cela vous fait bien voir des garçons de café et vous
recommande aux employés de chemins de fer. Après
tout, ce ruban est toujours le signe d'une supériorité,
réduite à ce que vous voudrez, mais réelle en son espèce. S'il n'indique pas nécessairement que vous êtes
un homme de mérite, il signifie, pour le moins, que
vous avez de la fortune, ou que vous êtes bien appa-
renté, ou que vous avez une jolie femme. Il ne faut
pas se presser de dire, en voyant le ruban rouge sur
l'habit d'un monsieur dont la tête ne vous revient pas :
« Qu'est-ce que cet idiot a bien pu faire pour cela ? »
— Si tous ceux qui mériteraient d'être décorés ne le
sont pas, du moins la plupart de ceux qui le sont mé-
ritaient à peu près de l'être, voilà la vérité. Vienne
donc ce ruban ! continue notre philosophe, je ne le
refuserai pas. Cela ennuiera quelques-uns de mes
meilleurs amis. Les bonnes gens de la petite ville d'où
je suis me prendront pour un grand homme. Enfin,
les femmes aiment cela. Une femme est fière, dirait
Labiche, de s'appuyer sur un bras qui porte un ruban rouge à sa boutonnière.

La troisième attitude est celle de M. Homais. C'est
aussi celle du plus grand nombre des Français. C'est
la passion dévorante (dissimulée ou non), le désir
aigu, féroce et naïf. Il est fort heureux qu'il en soit
ainsi. La Légion d'honneur est par là un des moyens
de gouvernement les plus puissants qui soient. Un
ministre habile peut en tirer un excellent parti. Et

non seulement ce ruban excite, *avant*, l'émulation des citoyens ; il les soutient, *après*, les encourage à persévérer dans le bien, à ne point démériter. Honneur oblige : le monsieur décoré se surveille. Tel qui a commis des infamies pour avoir la croix devient honnête homme quand il l'a. Pour en revenir aux comédiens, si l'on accordait la décoration aux artistes des deux sexes, peut-être que le niveau des mœurs s'élèverait subitement dans le personnel des théâtres. — Y tenez-vous beaucoup ? — Évidemment. J'arrive à cette conclusion banale : la Légion d'honneur est une institution excellente, qui ne va ni sans ridicules, ni sans absurdités, — comme beaucoup d'institutions humaines.

# LES BALLETS

I

Eden-Théatre : *Speranza*, grand ballet en quatre actes et douze tableaux, de M. Luigi Danesi, musique de M. Dall' Argine.

7 décembre 1885.

*Speranza* est un ballet italien dont l'action se passe en Espagne, et qui est dansé sur un théâtre français devant un public cosmopolite. Est-ce mieux que *Excelsior* et que *Messalina ?* Je ne sais, mais ce qu'on peut dire, c'est que l'action de *Speranza* convient mieux pour un ballet; car, de traduire par des danses un des plus sombres chapitres de Tacite, ou d'exprimer par des cabrioles cette idée, que le progrès doit enfin triompher de l'ignorance et de la misère, c'était d'une assez belle extravagance. Cette fois, l'histoire est plus modeste : c'est celle d'une jeune personne que se disputent un jeune sculpteur et un vieux richard, et qui épouse enfin son amoureux. Mais qu'importe ?

Tous les sujets sont bons, pourvu que nous puissions voir se nouer et se dénouer des pas harmonieux ou fantasques dans une lumière d'apothéose. *Speranza* est une orgie admirablement réglée de couleurs qui chatoient et de formes mouvantes qui composent, en fuyant, des systèmes de lignes courbes savamment combinées. Le ballet tout entier est comme une traduction, pour les yeux seuls, de quelque poème somptueux de Théodore de Banville, et chaque « figure » apparaît éclatante et précise comme un sonnet de José-Maria de Heredia.

*Speranza* met en branle un nombre considérable de jolies créatures. Avez-vous remarqué que, dans un ballet, toutes les danseuses semblent bien faites? D'où vient cela? Sans doute il est des artifices qui corrigent la nature, et ce n'est pas uniquement de chairs rebondissantes que les maillots sont pleins. Mais surtout dans cette fuite perpétuelle des jambes et des bras l'œil ne saisit que des contours changeants, et ne peut qu'avec la plus grande peine arrêter, parmi ce grouillement, une anatomie complète et isolée. Et quand le mouvement se ralentit ou s'arrête un instant, de cette rangée de corps féminins, dont les lignes se trouvent sensiblement parallèles (car leurs déviations se compensent), une forme moyenne se dégage, la seule que l'on voie, une et multiple, et qui doit être à peu près parfaite. Le plaisir que donne un ballet ne consiste-il pas justement dans cette poursuite, à travers les lignes

et les couleurs papillotantes, d'un corps féminin
idéal, qui, toujours près d'être saisi et fixé, toujours
s'échappe et se dérobe? Tant qu'enfin cet éparpil-
lement du regard, sollicité par des images trop nombreuses et trop fugitives, devient presque une
souffrance...

Même les pas dansés par une seule ballerine sont
trop complexes et trop rapides et ne reposent pas
assez les yeux. La Cornalba est divine, et, comme
l'indique son nom, pareille en beauté à un blanc
croissant de lune; la señora Carmen est un ange
brun qui a le diable au corps, et M<sup>lle</sup> Laus donne
envie de s'écrier: *Laus Laudi!* Mais ces bonds
éperdus et ces tournoiements, est-ce donc toute la
danse? Je voudrais parfois, après les pointes, les
pirouettes et les entrechats, quelqu'une de ces belles
danses d'Orient qui ne sont qu'une série lente et expressive de délicieuses attitudes. Tandis que four-
millait sous mes yeux ce ballet démesuré, un souvenir me revenait. C'était en Algérie; la chambre
avait bien dix mètres carrés. L'unique danseuse s'appelait Barkaoum; elle était jolie. Son nez légèrement
aquilin, ses yeux très fendus, ses lèvres saillantes et
son menton court rappelaient les élégantes figures
gravées sur les monuments égyptiens. D'épaisses
nattes de cheveux noirs mêlées de laines voyantes
faisaient un large encadrement à son visage couleur
de brique et tatoué d'étoiles bleues. Elle avait une
robe d'un rouge éclatant, brodée d'or sur la poitrine;

aux oreilles, de grands cercles d'argent; à ses bras
nus et à ses jambes, des bracelets d'argent très
lourds; sous le ventre, une grosse serrure d'argent
qui pendait au bout d'une longue chaîne.

Ses bras se pliaient et se déroulaient; ses mains,
élevant et laissant retomber tour à tour un voile de
couleur éclatante, cachaient ou découvraient ses yeux
doux comme des étoiles. Elle semblait appeler et fuir
l'amour et peu à peu se laisser vaincre et, furieusement, s'abandonner. Elle avançait ou reculait à
petits pas, d'un mouvement insensible, avec une clau-
dication légère et rythmée; mais sur ses jambes
presque immobiles son ventre roulait, et la serrure
d'argent oscillait comme une pendule. Tout son
torse, pris entre ses hanches comme dans une
gaine, ondoyait et se balançait au-dessus. Et cependant sa tête, un peu renversée, restait impassible
et chaste, les lèvres entr'ouvertes par un clair sourire. Le contraste du ventre tumultueux et du visage
paisible me frappait à la façon d'un symbole gran-
diose et vivant. Ainsi, pensai-je, la face de la terre
demeure innocente et sereine tandis qu'un rut éternel
émeut ses flancs. Cette danse est profonde comme
une métaphysique. Et cette danse n'est plus sensuelle; elle est triste, presque effrayante, car elle
exprime quelque chose de fatal, d'universel et de
mystérieux.

« La voilà, la vraie danse, la voilà! » dirait
Dupuis. Oui, je voudrais, au milieu de nos ballets

trop tourmentés, quelques *soli* moins pétulants, qui nous seraient comme des reposoirs voluptueux. Hérode, qui n'était pas une bête, se contentait de la seule danse de Salomé, comme il appert de l'*Hérodias* du grand Flaubert.

## II

Eden-Théâtre : *La Folie parisienne*, ballet-pantomime en deux actes et quatre tableaux, livret deM. Henri Agoust, musique de M. Francis Thomé; *Djemmah*, ballet en deux actes, livret de MM. Léonce Détroyat et Pluque, musique de M. Francis Thomé.

22 février 1886.

*La Folie parisienne* est une agréable pantomime qui a plu par une « scène dans la salle » (procédé infaillible), et par un mélange imprévu d'habits noirs et de basquines, de chapeaux à haute forme et de résilles espagnoles. Au moment où le jeune Oscar va épouser, sans conviction, la nommée Angéline, des amis immoraux l'entraînent dans un hippodrome des environs de Paris, où il rencontre la danseuse Carmen, qui lui inspire immédiatement la plus folle passion. Il va donc la voir danser à l'Eden-Théâtre. Mais il n'y peut tenir, enjambe le velours de l'avant-scène et vient tomber aux pieds de la danseuse. Son papa et sa future belle-mère l'ont aperçu : ils se précipitent à sa suite et envahissent le théâtre avec toute la noce. Cette irruption d'habits noirs à travers le per-

sonnel d'une course de taureaux, picadors, toréa-
dors, chulos et gitanes, au milieu du clinquant et
des paillons d'une fête espagnole incendiée par la
lumière électrique, était faite pour ravir un peintre
impressionniste. C'est comme si l'on renversait une
bouteille d'encre sur un tableau de Fortuny. Ajoutez
que ce véhément contraste de couleurs a fait douloureu-
sement sentir au public la mélancolie toute pessimiste
du costume contemporain. Comment pourrions-nous
être gais sous des vêtements si mornes? Nos pères,
qui portaient des dentelles, des plumes, des habits
rouges, bleus, gorge de pigeon, vert pomme et lilas
tendre, devaient se sentir plus enclins à la joie et à
l'action, en se voyant fleuris comme des parterres.
C'est sous des costumes pittoresques que nos armées
ont fait jadis le tour de l'Europe. Le jour où la mode
nous forcerait de nous promener dans les rues en
habit zinzolin, nous serions sauvés du doute et de la
désespérance.

M^{lle} Carmen a dansé plusieurs pas espagnols. Ce
sont des merveilles de précision et de vie énergique dans la grâce la plus parfaite. Elle a une façon
de se retourner d'un coup de reins, qui réveillerait
un mort. C'est quelque chose de violent et d'emporté
qui se trahit soudain parmi l'harmonieuse souplesse
des mouvements. Ces vives secousses tout enveloppées
de grâce font songer à l'œuvre du Printemps, aux
poussées de la Vie, irrésistibles et brutales sous la douceur des apparences : et ainsi la danse de M^{lle} Carmen

19

prend une signification hautement symbolique. Au
reste, toute la poésie de la race espagnole est peut-
être dans ce mélange d'une énergie presque sauvage
et d'un charme voluptueux.

J'ai moins aimé *Djemmah* que *la Folie parisienne*.
Sans doute il n'est point nécessaire que le livret
d'un ballet soit un prodige d'invention ; mais vraiment
les auteurs du livret de *Djemmah* se sont contentés à
peu de frais. Nous assistons d'abord au triomphe d'un
roi de Perse, vainqueur de je ne sais quel peuple en-
nemi. Des guerriers défilent portant le butin. Trop de
casques, et des couleurs trop criardes. Ces guerriers
ont l'air de pompiers fantastiques costumés par un
peintre incohérent. Des derviches tourneurs rendent
hommage au roi en tournant comme des toupies ; puis,
ils tombent à plat ventre, et, seuls, leurs longs bonnets
en pains de sucre s'agitent sur la jonchée de leurs
corps bruns. L'effet est d'une cocasserie facile, propre
à divertir les âmes simples. Arrive alors une espèce de
Nana-Sahib, couleur jus de réglisse, avec des roues de
cabriolet aux oreilles. Il prie le roi de lui rendre une
jeune captive, Djemmah, et lui offre en échange son
cheval de guerre. A partir de cet endroit, mes impressions s'embrouillent un peu. A ce qu'il m'a semblé, le
fils du roi de Perse, Arisch, amoureux de Djemmah,
s'enfuit avec elle. Nana-Sahib les rejoint, et offre traî-
treusement à son rival une coupe et une fleur empoi-
sonnées. Djemmah, en dansant, brise la coupe et jette
la fleur ; sur quoi Nana-Sahib poignarde la jeune fille.

M<sup>lle</sup> Cornalba danse le rôle de Djemmah avec une légèreté incomparable. Si ce genre littéraire florissait encore, j'aimerais à esquisser le parallèle de Cornalba et de Carmen, comme on faisait jadis celui de Turenne et de Condé, ou de Démosthène et de Cicéron. Carmen est brune, la Cornalba est blonde. L'une est pétrie de plus de matière, mais que cette matière est heureusement façonnée! L'autre est une âme de papillon dans un corps svelte et allongé qui ne pèse pas une once. L'une a plus de vigueur et l'autre plus de grâce. L'une danse surtout avec ses reins et l'autre avec ses jambes. Celle-ci danse comme Psyché et celle-là comme Vénus. Les pas de Carmen plaisent davantage aux philosophes matérialistes; ceux de la Cornalba respirent l'idéalisme le plus pur et ont de quoi ravir les platoniciens. Tour à tour on croit voir bondir une bacchante ou voltiger un ange du paradis. L'une pourrait danser, comme Salomé, devant Hérode; l'autre devant l'Arche, comme le saint roi David. Ainsi, après que les bonds emportés de Carmen et l'élasticité de son enveloppe mortelle ont éveillé dans votre cœur un trouble délicieux et malfaisant, l'aile invisible de la Cornalba vous rafraîchit et vous apaise; et, comme c'est elle qui clôt le spectacle, vous vous sentez meilleur en sortant de l'Eden-Théâtre.

Je suis obligé de dire qu'il n'y a dans *Djemmah* que la Cornalba. Le reste est médiocre. Au moins il y avait dans *Speranza*, qui aurait dû fournir une plus longue carrière, deux ou trois tableaux tout à fait

ingénieux et charmants, par exemple le réveil et le
ballet des étoiles, et, dans un autre genre, le ballet où
des nounous de huit ans plantaient là leurs nourris-
sons représentés par de grandes filles, pour s'en aller
valser avec d'imposants militaires. Vous ne trouverez
même pas dans *Djemmah* ces vastes « figures » d'ensemble, qui valent par la précision des mouvements,
par le fourmillement rythmé d'une mêlée harmonieuse. Je crains aussi qu'on n'ait voulu, cette fois,
faire des économies sur le costume et le décor et
même sur la qualité plastique des danseuses. Or, c'est
une chose adorable qu'un ballet, mais à de certaines
conditions.

Le véritable objet, avoué ou non, de cette sorte de
divertissement, c'est l'exhibition savante, enveloppée
et discrète, du glorieux corps féminin. Les ballerines
qu'on nous met sous les yeux doivent donc être choisies avec le plus grand soin. Sans doute, ainsi que je
l'expliquais à propos de *Speranza*, le mouvement
continuel des formes trompe ici sur leur qualité ; et,
de plus, de tous ces corps qui se meuvent parallèlement, une image moyenne se dégage, qui doit nécessairement approcher de la perfection. Mais au
moins faut-il qu'aucun de ces corps, surtout quand
le nombre en est très limité, comme dans *Djemmah*,
ne soit disgracieux en lui-même, qu'aucun ne
pousse au delà d'un certain point la sveltesse ou
l'ampleur. Car cette moyenne que nous poursui-
vons, nous ne pourrons plus nous la façonner que

par opération réfléchie de l'intelligence, si les
données extrêmes sont par trop éloignées l'une de
l'autre. Bref, il ne faut, dans un ballet, ni boules ni
échalas. Les bras trop longs en devront aussi être ex-
clus, et les nez trop pointus et les profils trop plats.
Il ne serait pas mauvais qu'une commission de l'Académie des Beaux-Arts fût préposée au choix des ballerines. Je le dis presque sérieusement, et vous voyez
pourquoi. Un ballet, s'il ne séduit pas les yeux victo-
rieusement et sans résistance possible, leur devient
bientôt presque pénible. C'est, de tous les genres,
celui qui supporte le moins la médiocrité. Et même
la médiocrité ne s'y comprend point. Cette vision de
grâce féminine accomplie, que le ballet doit nous
suggérer, nous l'avons ou nous ne l'avons pas, cela
ne se discute point. Le ballet est proprement un
charme, ou il n'est rien.

Mais ces corps aimables, sinon irréprochables, qui
sont nécessaires dans un ballet, il faut un prétexte à
les mouvoir harmonieusement ; il faut une action, une
fable. A vrai dire, j'admettrais fort aisément qu'un
ballet se passât de livret, n'exprimât rien de précis ni
de suivi, ne fût qu'une succession de « figures » plai-
santes aux regards. Mais j'accorde qu'à la grâce des
mouvements chorégraphiques peut se joindre la poésie
d'un drame léger, d'un joli conte bleu, et que même
la fable peut soutenir la danse, la forcer d'être plus
variée et plus expressive. Par malheur, les poèmes de
nos ballets sont pour la plupart d'une extrême pau-

vreté. Exceptons, si vous le voulez, *Coppelia*, *Sylvia*
et la *Korrigane*. La composition de ces poèmes devrait
toujours être confiée à quelque poète lyrique épris
des formes et des couleurs et qui ait aussi le don de
la fantaisie et du rêve. Volontiers je demanderais un
ballet à Théodore de Banville, et je voudrais qu'on
mît à la scène ceux qu'a laissés Théophile Gautier. Il
est étrange que l'on écrive *Djemmah* quand on a sous
la main les contes des fées, des milliers de légendes
de tous les pays, le répertoire de la comédie italienne,
les féeries de Shakespeare et toutes les gracieuses inventions des grands poètes depuis Homère jusqu'à
Victor Hugo. C'est dans ce riche fonds qu'il faudrait
puiser des sujets de ballets. Et je voudrais aussi que
nos chorégraphes fussent à leur tour plus vraiment
artistes et poètes qu'ils ne sont. La danse n'est plus
guère chez nous, à l'heure qu'il est, qu'un exercice
d'agilité, une série de sauts extrêmement compliqués.
Tout ce que les Italiens ont imaginé, c'est de mettre
en mouvement de grandes masses et de faire de la
danse quelque chose d'analogue aux belles manœuvres
militaires. Je voudrais que la danse redevînt profondément expressive, comme elle l'a été dans l'antiquité
grecque et romaine, comme elle l'est encore dans tout
l'Orient. Je voudrais qu'on reprît toutes les danses
nationales, les seules originales et savoureuses. Je
voudrais qu'on s'en inspirât pour inventer des pas
nouveaux. Il me semble qu'on peut faire, avec le corps
féminin pour instrument et par des systèmes de mou-

vements et d'attitudes, bien autre chose encore que
ce qu'on a su faire jusqu'à présent. Quoi? je ne sais
pas au juste, et peut-être que les limites de l'art chorégraphique sont plus étroites que je ne pense. Qu'on
me donne, en attendant, un petit nombre de danseuses, mais choisies, des costumes dont les couleurs auront été assorties par un grand peintre, une
musique écrite par un grand musicien, un livret
composé par un grand poète, et une danse qui
exprime toute la poésie du livret, et je m'en conten
terai.

## III

Eden-Théâtre. — Reprise de la *Cour d'Amour*

22 mars 1886.

Cette fois, pour varier mes impressions, je me suis surtout appliqué à considérer en philosophe les jambes éternellement fuyantes des innombrables ballerines. Elles sont toutes différemment expressives selon leur forme et aussi selon le maillot qui les revêt. D'abord celles de la Cornalba sont élégantes et longues, celles de Carmen robustes et un peu massives. Et ainsi la structure même des ressorts qui les meuvent est en harmonie avec le caractère de la danse de ces deux éminentes artistes. De plus la Cornalba porte simplement la petite jupe classique de gaze rose qui est proprement le costume des sylphides, et sa danse ne suggère en effet que des idées innocentes et glorieuses d'agilité surhumaine et fantastique, de victoires aisément remportées sur la pesanteur de la matière. M^lle Carmen au contraire porte, du moins au premier acte, une jupe qui lui descend jusqu'aux genoux; mais cette jupe trompeuse est faite de minces lanières au bout desquelles sonnent des grelots ; ces lanières en s'éparpillant, la découvrent parfois... et je n'insisterai pas sur le genre de plaisir que nous peuvent donner cette hypocrisie et ce mensonge du vêtement, ces visions partielles et rapides de chairs rebondissantes.

Mais les maillots sont aussi un élément d'expression qu'il n'est point permis d'oublier. Il y a les maillots roses qui n'évoquent dans notre esprit qu'une image générale de la plastique féminine. Il y a les maillots écaillés d'or et d'argent, qui font rêver de reptiles somptueux, glissants et froids, qui éveillent des idées de souplesse serpentine, des images de femmes sinueuses, mystérieuses, cruelles, de Circés et de Sirènes. Il y a les maillots rayés qui allongent les jambes, leur prêtent une sveltesse excessive, gracieuse encore, mais un peu comique et clownesque, rappellent les jambes d'Arlequin, nous ouvrent le fantasque pays bleu de la comédie italienne. Il y a les maillots coupés d'une petite botte à l'écuyère, qui ont le charme paradoxal des travestis et qui, par d'insensibles associations d'idées, nous remémorent l'étrange invention de l'androgyne antique en ce qu'il a, non de pervers et de troublant, mais de piquant et d'inattendu. Il y a les maillots mi-partis qui font que, dans la mêlée des jambes, le spectateur, qui malgré lui les apparie d'après leurs couleurs, brouille tout, confond tout, ne sait plus au juste à quels torses elles appartiennent. Or, s'il est vrai que le plaisir que donne un ballet consiste es-

sentiellement dans la poursuite d'une forme idéale à
travers l'enchevêtrement des corps toujours mobiles,
le caractère de cette forme rêvée et jamais atteinte se
modifie lui-même, à mesure que des groupes de
maillots et de costumes d'une expression différente
nous passent sous les yeux; et ces changements per-
pétuels, en déroutant notre poursuite, en lui mar-
quant sans cesse un objet nouveau, nous font sentir
enfin la secrète mélancolie de ce désir vague, toujours
à demi contenté, jamais assouvi. Ainsi la danse peut
émouvoir aussi mystérieusement et profondément
que la musique, et presque de la même façon. Et
c'est peut-être pour cela que, lorsqu'on sait regarder
un ballet comme il faut, on oublie souvent d'écouter
l'orchestre : car une seule âme ne pourrait suffire en
même temps à deux ordres de sensations aussi sub-
tiles et aussi fortes.

## IV

Eden-Théâtre : *Brahma*, ballet de M. Monplaisir;
musique de M. Dell'Argine.

7 juin 1886.

L'Éden-Théâtre nous a donné un grand ballet,
*Brahma*, où plusieurs choses sont à louer. La donnée est simple et se prête à des exhibitions variées,
ce qui est l'essentiel pour un ballet. La scène représente d'abord un rideau de nuages; une lucarne
s'ouvre dans les nuages, par où Brahma, chassé du
paradis pour une faute qu'on nous laisse ignorer,
saute sur les planches. Il s'abandonne à une mimique
désespérée. En même temps se déploient sur sa tête,
en lettres lumineuses, ces mots fatidiques : « Brahma,
tu ne rentreras dans le séjour des dieux que lorsque
tu auras trouvé sur la terre une femme qui t'aime
d'un amour pur et désintéressé. » Ce prologue a
quelque chose de cocasse et de bon enfant : on dirait
les théogonies de l'Inde interprétées dans une bara-
que de la foire au pain d'épice. Cependant des
femmes sanglées, harnachées, vêtues sans aucune
simplicité et les lèvres toutes saignantes de fard, cir-

culent lentement dans le promenoir, parmi les archi-
tectures ultra-babyloniennes, avec l'intention bien
arrêtée de vendre le plus cher possible à leurs contemporains quelques minutes décevantes. Et comme
nous sommes dans un pays où la gratuité est visiblement exclue de l'amour, où il y a partout des tourni-
quets à la porte de ce que M. Renan appelle si élé-
gamment le paradis de l'idéal, l'évocation de l'amour
« pur et désintéressé » y prend une énorme valeur
comique.

Voilà donc Brahma en quête de la femme qui l'aimera pour lui-même. Il la cherche dans le monde
entier, ce qui permettait à l'auteur du ballet de choisir, pour nous en donner l'image chorégraphique, les
pays les plus jolis et les plus pittoresques du monde.
A mon sens, il n'a que médiocrement usé de la permission. Il promène Brahma en Chine, en Espagne,
en Perse; mais il n'y a que le Céleste-Empire qu'il ait
su exprimer avec quelque originalité. C'est une
trouvaille que cette longue, cette interminable enfi-
lade de magots accroupis les uns derrière les
autres, balançant tous à la fois, d'un mouvement
mécanique, leurs têtes rondes et leurs éventails
de plumes, tandis que d'autres magots, et des man-
darins et des mandarines, dansent à l'entour, à tous
petits pas, avec des gestes et des attitudes de personnages de paravents. Toute la Chine est là, dans
un éclair; on a, d'un coup, la vision complète et intense de tout un peuple puéril et souriant, gracieux

et rabougri, sautillant sur de petits bancs, les deux
index levés à la hauteur des yeux obliques... L'impression eût été plus vive encore si les ballerines eussent été maquillées de jaune et coiffées d'encre de
Chine. M<sup>lle</sup> Rivolta, dans le petit rôle de la mandarine,
est assurément délicieuse. Mais c'est une statuette de
Diane en cire, ce n'est point une mandarine; car
qu'est-ce qu'une mandarine rose, avec des cheveux
blonds? Décidément, le ballet ethnographique, tel
que je le conçois, est encore dans l'enfance. Si, malgré tout, la Chine de M. Monplaisir est, à un certain
moment, excessivement chinoise, sa Perse et son Espagne manquent un peu de saveur propre et de couleur. Cela n'est point désagréable à voir; c'est même,
si vous voulez, éclatant et somptueux, mais c'est
médiocrement expressif. Si j'avais composé *Brahma*,
je me serais souvenu des danses voluptueuses et
lentes que nous décrit Robert de Bonnières dans le
*Baiser de Maïna*, et je me serais rappelé les danseuses
aux voiles blancs, soulevés, comme des ailes de
chauves-souris, par les longues mains dont les ongles
sont enfermés dans des étuis, les danseuses pareilles
à des mortes, qui épouvantent les matelots ivres dans
le roman de Pierre Loti... Et, puisque M. Monplaisir
avait le monde entier à sa disposition, pourquoi, après
les ballets des pays ensoleillés, ne nous a-t-il pas
déroulé les danses des pays neigeux et glacés? Pourquoi son Brahma n'irait-il pas en Norvège, ou plus
haut encore, vers le pôle? J'imagine, dans un décor

de cristal, un ballet très lent et tout blanc, tout blanc,
d'une mélancolie mystérieuse, dansé par des jeunes
filles pâles, aux cheveux de lin, un ballet d'âmes, un
ballet swedenborgien, un rêve de Séraphitus-Séra-
phita... La poésie de chaque pays et de chaque époque pourrait être ainsi exprimée par des danses et
des costumes. Ce serait l'histoire et la géographie
dansées, la « légende des siècles » traduite par des
pas entrelacés et par des étoffes de couleur flottant
sur de souples corps féminins. Mais il faudrait que le
chorégraphe eût l'imagination de Victor Hugo et
l'esprit de M. Renan. Verrons-nous jamais cela?

Après avoir rencontré une Chinoise et une Espagnole et constaté avec douleur que ces deux aimables
créatures ne l'aiment pas pour lui-même, l'infortuné
Brahma découvre enfin une jeune Persane, Padmana
qui lui donne des preuves multipliées d'un amour gratuit et pur. Je passe sur ces aventures que je n'ai pas
toutes très bien comprises; car le langage des jambes
n'est clair qu'en un sens, et la plus mauvaise prose
vaudra toujours mieux pour raconter des histoires.
Mais, au reste, on n'éprouve pas le besoin de comprendre dans le détail. Sachez seulement que Brahma
est enfin condamné à être brûlé vif et que Padmana
veut être brûlée avec lui. Comme ce n'est évidemment
pas par intérêt, Brahma est pardonné, le ciel s'ouvre
et l'apothéose flamboie. La scène du bûcher est pré-
cédée par des danses funèbres qui m'ont assez plu.
Les ballerines sont enveloppées d'écharpes de tulle

noir. Ce deuil n'a rien d'attristant. Il rappelle, au contraire, l'artifice dont se servent communément des femmes habiles dans leur art pour paraître plus blanches. Ce pas des funérailles est d'ailleurs presque joyeux. Et pourtant c'est bien de la mort qu'il s'agit, et rien n'est plus singulier, quand on y songe, que cette évocation de la mort, dans cet endroit, parmi tout cet appareil de plaisir. Et, plus cette danse d'enterrement est allègre, plus les danseuses se trémoussent dans la transparence des plis noirs et sourient et font des mines, et plus le spectacle devient lugubre. La mort plane sur toute cette chair offerte ; c'est pour la mort que dansent ces petites. Car tous leurs mouvements et toutes leurs poses tendent à exprimer et à provoquer l'amour, et l'amour est le pourvoyeur de la mort. Et alors le sourire des danseuses apparaît effrayant. Ce sourire, s'adressant à tous, ne s'adresse à personne ; il n'exprime rien de particulier, il est vide et vague, il ne traduit rien que le désir indéterminé de plaire, l'offre générale d'un sexe à l'autre. Ce sourire est donc impersonnel, comme le rire des têtes de morts. C'est le rire du squelette d'ivoire que les antiques épicuriens dressaient sur la table de l'orgie. Et c'est au fond ce même rire mystérieux, indéfinissable, que le peintre Willette prête à ses Parisiennes ; c'est ce rire de la mort qu'il fait éclater, tout blanc, entre leurs lèvres écartées, et c'est ce qui leur donne, je ne sais comment, un air de stryges et de goules innocentes...

# V

## Les Achantis au Jardin d'acclimatation

19 septembre 1887.

De spectacle nouveau, il n'y en a point cette semaine. Je ne vois guère que les Achantis, au Jardin d'acclimatation. Il est charmant, ce jardin. Il ressemble à un alphabet en images ou à une illustration vivante du *Robinson suisse*. Les petits enfants ont la joie d'y retrouver les bêtes mystérieuses dont il est question dans les histoires de voyages. Il peuvent se faire voiturer par l'autruche, se jucher sur le chameau ou sur l'éléphant. Et, pour que rien ne manque à la fête, on leur montre des sauvages.

Déjà le Jardin d'acclimatation nous avait fait voir des Fuégiens, des Cynghalais, je ne sais quels échantillons encore des « païs estranges », comme dit la chanson des rois Mages. Ces exhibitions ne donnent pas une fière idée de l'humanité. Les Achantis sont affreux. — Vous me direz qu'ils nous trouvent peut-être fort laids de leur côté, qu'ils ont raison, et nous aussi, que la beauté est une idée toute relative, etc...

— Eh bien! non, je maintiens qu'ils sont affreux.

Il y a une beauté humaine, soyez-en sûrs. Un beau visage est celui qui, par sa conformation, n'éveille point l'idée des fonctions nutritives et des instincts égoïstes, mais n'exprime que des sentiments de sociabilité ou des préoccupations intellectuelles. Une belle bouche, par exemple, est celle dont on oublie qu'elle est faite pour manger, et que l'on croit formée uniquement pour sourire, pour chanter, — ou pour être baisée. Or, la bouche des Achantis est trop évidemment faite pour manger, et pour manger malproprement, à grands coups de canines dans la chair sanglante. Elle est deux ou trois fois grande comme la nôtre; elle est soutenue par de très larges mâchoires; elle dépasse de beaucoup la ligne du nez; elle est toute jetée en avant; elle menace. Leur nez ne semble fait que pour flairer la proie et leurs yeux pour la guetter. Le retrait du front sans pensée fait de leur visage un mufle. Si un animal avait cette gueule, il pourrait être un fort bel animal, et qui même n'aurait pas l'air plus méchant qu'un lion ou un léopard. Mais cette tête carnassière, étant supportée par des corps semblables aux nôtres, fait peur et fait mal, peut-être parce que, ainsi placée, elle nous rappelle brutalement nos origines bestiales. En somme, ces bons Achantis sont déplaisants à voir, non parce qu'ils ont des têtes d'animaux, mais parce que, ayant ces têtes, ils ont cependant l'air d'être des hommes.

Il est vrai que, s'ils sont horribles, du moins ils ne

sont pas ridicules. Leurs visages sont, je crois, moins
fâcheux à considérer que ceux des trois-quarts de
nos compatriotes. Rappelez-vous les spectacles que
donne l'humanité de chez nous dans les omnibus,
dans les gares ou sur les bateaux-mouches : les profils
cocasses, les nez multiformes, les bouches pincées ou
molles, les gencives aux dents gâtées, les faces
décharnées ou trop grasses, les museaux et les trognes, les mines niaises, chétives ou basses, les
figures marquées du pli des métiers serviles, de
l'égoïsme rapace ou de la suffisance béate. Et je ne
parle pas des corps, ni des anatomies qu'on devine
sous les jupes, les corsages et les braies. (Je puis bien
dire ce que je pense de cette foule, puisque j'en suis.)
J'arrive donc à cette conclusion mitigée : Je préfère
encore, pour le plaisir de mes yeux, la tête des Achantis à celle de la plupart des Parisiens ; mais j'aime
mieux celle d'un tigre ou d'un buffle que celle des
Achantis. J'ajoute seulement que je préfère tout de
même la tête de M$^{me}$ Jane Hading ou de M$^{lle}$ Rosa
Bruck à celle d'un tigre des jungles ou d'un buffle
des savanes.

Du moins les Achantis (je ne parle que des mâles)
ont d'assez beaux corps, — moins beaux cependant
que ceux des gymnastes de nos cirques, et portés sur
des jambes un peu grêles. — Les femmes ont des têtes
plus présentables que les hommes, et une douceur de
bêtes soumises dans les yeux et dans la bouche. Mais
elles sont petites, massives, le torse court, les jambes

comme des piliers, les mamelles longues et pendantes comme des outres et, au bout, des rugosités de peau d'éléphant qui forment le mamelon. — Les deux sexes sont ceinturés de cotonnades rayées ou de peaux teintes de couleurs vives.

Les hommes, avec des cris gutturaux, des cris de sauvages (naturellement), jouent à la guerre, simulent des combats et des massacres. De temps en temps, l'un d'eux feint de tomber mort, et les autres exécutent autour de lui des danses d'une allégresse féroce. Ces danses sont pénibles à voir, parce que les mouvements en sont trop rapides et trop violents : la bête y cherche sa joie dans la détente éperdue des muscles, sans nul souci et même sans nul soupçon de l'harmonie des évolutions et de l'équilibre des lignes déplacées. On n'y sent que le déploiement aveugle de forces animales. Et les mouvements n'y sont pas, comme dans les bonds des fauves, assouplis par le caoutchouc des pattes ni enveloppés et ouatés par le moelleux des pelages et par le flottant des peaux qui revêtent les ossatures. Cette danse de nègres est gracieuse comme un ouragan.

Pendant ce temps, deux femmes, têtes rondes comme des pommes, troncs pareils à de courtes saucisses bien cirées, s'amusent à lutter front contre front, les bras autour des nuques. Horribles, les quatre jambes épaisses et brèves. Horrible, entre ces quatre supports, le ballottement des quatre seins pareils à des pis vidés. — Mais, après la danse guer-

rière, voici la danse amoureuse. Un homme et une
femme s'avancent l'un vers l'autre, avec des mouvements saccadés des hanches et du ventre. Quand ils
se touchent presque, la femme se dérobe, d'un glis-
sement de côté, et la cérémonie recommence. Cette
danse est parfaitement obscène (songez à l'effet qu'elle
produirait, dansée par un blanc et une blanche), et,
chose singulière, personne ne s'en doute, et ce n'est
qu'à la réflexion qu'on s'avise de cette obscénité.
D'où vient cela? C'est sans doute que les créatures
qui se livrent à cette gymnastique sont trop laides
pour être indécentes. — Point, direz-vous ; car, si on
leur substituait deux blancs, *même très vilains*, l'impureté de cette danse nous frapperait aussitôt : ce
n'est donc pas la laideur des mimes qui empêche de
sentir l'infamie de la mimique. Oui ; mais la laideur
de ces blancs serait celle de notre race, et par conséquent éveillerait en nous l'idée de la beauté blanche ;
et c'est pour cela que la vue de leurs ébats choque-
rait une délicatesse en nous. C'est donc bien le sentiment de la beauté humaine qui a créé la pudeur.

L'amour se cache pour faire son œuvre, parce que
son œuvre altère cette beauté par des violences de
mouvements et des déformations d'expression, et
semble violer et déshonorer un mystère. J'avais donc
raison : si la danse abominable des Achantis ne nous
tente ni ne nous indigne, c'est qu'ils sont affreux ou
que, s'ils sont beaux, c'est à la façon des bêtes, dont

les ébats ne déshonorent rien qui nous soit sacré et,
par suite, ne nous font point rougir. — Et vous pensez
bien que je vous donne cette explication pour ce
qu'elle vaut. ·

Tandis que ces sauvages dansaient, je me répétais
malgré moi la vieille réflexion qui est dans la *Sagesse*
de Pierre Charron et qui devait être déjà dans quelque
auteur ancien : « Il y a plus de différence d'homme à
homme que d'animal à homme. » Allez voir ces fils
monstrueux de l'Afrique équatoriale : vous aurez
sûrement cette impression que l'abîme est moindre
entre les bons chiens qui jappent près de là et un
Achanti, qu'entre un Achanti et M. Taine ou M. Her-
bert Spencer.

Oui, je sais ce qu'on répond : — Ces nègres ont la
faculté de concevoir des idées générales, et ils ont un
rudiment de langage parlé; et cela seul les met beaucoup plus loin d'un caniche que d'un homme de génie.
— Hélas! qu'en savons-nous? Il y a presque sûrement
des animaux qui raisonnent, et certaines idées générales peuvent être le produit naturel de multiples
expériences retenues par la mémoire. — Mais ces
nègres ont la parole. — Eh! les animaux trouvent le
moyen de se dire entre eux bien des choses. — Mais
ces nègres ont un petit commencement de moralité.
— Eh! qui osera affirmer que les bêtes n'en ont point,
surtout celles qui vivent en société? — Mais ces
nègres sont perfectibles. — Peut-être.. Je veux bien

d'ailleurs que, entre l'intelligence d'un chien et celle
d'un sauvage, il y ait une différence de nature (quoique je n'entende pas clairement ce que cela signifie),
tandis que, entre l'intelligence d'un sauvage et celle
de Max Muller, il n'y a qu'une différence de degré.
Mais, à la considérer de notre point de vue d'êtres
vivants en rapport avec les autres êtres, cette seconde
espèce de dissemblance n'est-elle pas plus profonde et
aussi incurable que la première? Certes, un Achanti
diffère moins d'un bon chien que de M. Renan, *pour
ce que nous en faisons.*

Et, comme nous sommes invinciblement « causefi-
naliers », que nous voulons qu'il y ait un plan et un
dessein de l'univers et que tout ce qui existe serve à
quelque chose, quelqu'un, auprès de moi, demandait
ingénument et presque avec colère : — Mais, enfin, à
quoi les Achantis servent-ils? Pourquoi y a-t-il des
Achantis? Qu'est-ce que ces gens-là sont venus faire
au monde?

Ils y sont venus manger, boire, danser, jouir, souffrir, dormir, mourir, — tout comme les civilisés. C'est
déjà bien joli. Mais vous pensez peut-être que cela
ne les excuse pas suffisamment de vivre? Vous croyez
que nous, les Aryas, nous avons seuls ou presque
seuls, par nos rêves, par notre art, par nos vertus,
par la connaissance toujours plus grande que nous
prenons de l'univers, de valables raisons d'exister?
— Eh bien! disons donc que les Achantis et les autres
sauvages existent pour nous servir un jour. Quand la

terre commencera de se refroidir, les races supérieures, obligées de redescendre vers l'Afrique cen-
trale, seront bien aises que ce pays leur ait été préparé
et rendu habitable par ces pauvres nègres. Mais au
reste, avant cela, tel d'entre eux pourra conduire et
sauver de la mort quelque voyageur européen, et
contribuer ainsi, indirectement, à l'accroissement de
la science, de la puissance et de la dignité humaines.
Et puis, dès maintenant il doit bien se produire parfois, chez ces êtres affreux, quelque acte de bonté et
de désintéressement. A cause de cela, ils méritent de
vivre.

Ne les chicanons pas trop sur leurs titres à
l'existence. Soyons modestes. Les quatre-vingt-dix-
neuf centièmes des blancs ne vivent également que
pour vivre, — ou pour faire vivre leurs petits. Mais
de cette masse énorme de créatures occupées à des
besognes égoïstes sort de temps en temps un homme
de génie ou un saint. Cela suffit. Il y a des noirs
parce que les noirs (tout en les mangeant quelquefois)
peuvent être, d'aventure, utiles aux blancs; et l'existence de tous les blancs ensemble est assez justifiée
par la production d'une tragédie de Racine ou par un
acte de charité de saint Vincent de Paul. C'est Pan-
gloss qui me l'a dit et M. Renan qui me l'a fait croire.
Amen.

J'ai donc quitté les Achantis d'une âme plus bienveillante que je ne les avais abordés. J'ai songé,
d'ailleurs, qu'ils devaient être bien meilleurs à voir,

chez eux, sous le soleil et parmi les végétations des
tropiques. Je me suis souvenu que d'autres nègres
m'avaient tout à fait plu jadis, en Algérie. Il est vrai
que c'étaient de bons nègres, ceux-là, des nègres
bienveillants, presque des nègres de vaudeville. Mais
enfin, s'ils « conspiraient aux fins idéales de l'univers », ils ne s'en doutaient pas plus que les Achantis,
et ils n'avaient, en dansant, guère plus de grâce ni de
décence. Cela ne m'avait pas empêché de les haran-
guer en vers (je faisais des vers dans ces temps
heureux). Ces vers, j'ai bonne envie d'en redire quelques-uns aux pauvres Achantis, par grand regret de
les avoir peut-être méconnus :

> Chers primitifs, ô Bamboulas,
> Benjamins de la terre antique,
> Grands innocents qui n'avez pas
> De morale ni d'esthétique,
>
> O vous qui ne songez à rien,
> Qui n'avez ni Codes ni Bibles,
> Que méprise l'Européen
> Et qui n'êtes pas perfectibles !
>
> Puisque c'est un chemin sans bout
> Que nous ouvre l'étude austère,
> Plus heureux par l'oubli de tout,
> Vivez la vie élémentaire !
>
> Et riez, comme aux cieux sereins
> Rit le soleil, père du monde ;
> Jouissez de sentir vos reins
> Piqués par la chaleur profonde ;

Et dansez sous ses flèches d'or,
Dans l'ivresse de la lumière,
O bons nègres, tout près encor
De l'inconscience première !


FIN

# TABLE DES MATIÈRES

www.ingramcontent.com/pod-product-compliance
Lightning Source LLC
Chambersburg PA
CBHW071616220526
45469CB00002B/365